Herzlichen Glückwunsch!

Hast Du diese Möglichkeit
schon in Erwägung gezogen?
(nimms nicht so ernst!)

Silke

David

Gisela Graichen / Nanou Ellerbrock

„... mir reicht's!"

Gespräche mit Aussteigern

Hoffmann und Campe

CIP-Kurztitelaufnahme der Deutschen Bibliothek

Graichen, Gisela:
»...mir reicht's!«: Gespräche mit Aussteigern /
Gisela Graichen; Nanou Ellerbrock. – 1. Aufl.
– Hamburg: Hoffmann und Campe, 1981.
(Bücher zur Sache)
ISBN 3-455-08807-4

NE: Ellerbrock, Nanou:;.GT

Einbandgestaltung Jan Buchholz und Reni Hinsch
Gesetzt aus der Korpus Times-Antiqua
Satzherstellung Süddeutsche Verlagsanstalt, Ludwigsburg
Druck- und Bindearbeiten Clausen & Bosse, Leck
Printed in Germany

INHALT

VORWORT

Weihnachten 1979. Wir hatten uns vorgenommen, die Feiertage mit unseren Familien auf Korsika zu verbringen.
Joe holte uns am Flughafen ab. Wie vor drei Monaten, als wir zum erstenmal hier waren.
Joe, der vor fünf Jahren auf die Insel gekommen war – und zwei Stunden später Besitzer eines Hauses an der Westküste wurde, per Handschlag, versteht sich.
»Natürlich hatte ich das nicht vor«, erzählte er, »ich kannte Korsika doch vorher noch nicht. Aber in dem Moment, als ich die Insel betrat, wußte ich, daß ich hierbleiben wollte.«
Wir hatten in den wenigen Tagen unseres Aufenthaltes ein Dutzend Menschen wie Joe kennengelernt, die irgendwann einmal nach Korsika gekommen und nie wieder weggegangen waren.
Ein Arzt hatte seine Praxis in einem Vorort von Paris verlassen, der Direktor der französischen Eisenbahnen seinen gutbezahlten Job aufgegeben, und der Professor, der seit sieben Jahren oben in den Bergen Schafe züchtete, hatte vorher Philosophie an der Sorbonne gelehrt. Übrigens hat er gerade einen Preis für den besten Schafskäse bekommen.
»Korsika ist voll von *marginaux,* Aussteigern, Menschen, die die Nase voll hatten«, sagte Joe. Da war wieder dieses Wort, das wir so oft in Deutschland gehört hatten.
Zurück in Hamburg wollten wir mehr wissen. Aussteiger – was ist das? Wir befragten den Großen Meyer, neueste

Ausgabe, Band drei: keine Angaben. Nachtragsband 1980: nichts! Ein Wort, das es nicht gibt und das in aller Munde ist. Aussteiger? Das sind Ausgeflippte, Hippies, hörten wir. Faulpelze und Drückeberger, die sich auf unsere Kosten ein gutes Leben machen. Das ist nichts als Flucht, Flucht vor Leistung und Verantwortung in unserer Gesellschaft. Aber die Vorteile, die nehmen sie gerne in Anspruch. Leben auf unsere Kosten, von unseren Steuergeldern.
Und: Die sind ja krank. »Wie könnt ihr euch nur mit so labilen Menschen beschäftigen?« fragte uns ein junger Hamburger Kaufmann.
Der typische »Aussteiger« – so erklären uns die Massenmedien den in letzter Zeit in Mode gekommenen Begriff – ist zwischen zwanzig und vierzig, lebt in der Kommune auf dem Land oder – falls in der Stadt – auf einem »alternativen« Fabrikgelände. Man ißt selbstgebackenes Brot, und die Tomaten und Kohlköpfe züchtet man auch selbst, »biologisch« versteht sich. Ansonsten werden Aussteiger, Grüne, Linke und Gorleben-Besetzer meist in einen Topf geworfen. Längst haben clevere Geschäftsleute hier einen neuen Markt entdeckt. Reiseveranstalter spekulieren mit der Sehnsucht vieler Menschen nach dem Elementaren. Gegen teures Geld werden Überlebensübungen auf Elba angeboten. Für DM 8,50 gibt es bereits ein »Alternatives Adreßbuch«, auf umweltfreundlichem Papier gedruckt, mit 30 000 computergespeicherten Adressen. Die Gesamtzahl der westdeutschen Jugendlichen, die sich für ein Leben außerhalb der bürgerlichen Gesellschaft entschieden haben, wird auf 100 000 bis 700 000 geschätzt. In den USA sollen bereits fünf Millionen Menschen ihr bisheriges Leben aufgegeben haben. Zukunftsforscher vermuten, daß es bis zum Jahr 2000 neunzig Millionen sein werden.
Was sind das für seltsame Menschen, die die Segnungen unserer Zivilisation nicht zu schätzen wissen? Deren Dasein

sich eine übersättigte Gesellschaft (noch?) als Luxus leistet, weil man ja so reich und demokratisch ist. Ist es nur ein bloßer Modetrend? Sind es die Hofnarren, die wir uns halten, um zu zeigen, wie tolerant wir sind? Gehört heute weniger Mut dazu, weil das soziale Netz enger geknüpft ist? Weil Aussteigen von vielen sogar als »in« und »chic« angesehen wird?

Wir unterhielten uns mit vielen, ganz »normalen« Mitbürgern. Wir hörten von Inselvisionen und Robinson-Crusoe-Träumereien, spürten ein solches Interesse und Engagement, daß wir mehr wissen wollten.

Tante Betsy, nicht mehr die Jüngste, verheiratet, zwei Kinder: »Kind, seit dreißig Jahren stehe ich nun Tag für Tag in der Küche. Was meinst du, wie oft ich die Nase voll hatte und abhauen wollte.«

Und Dr. G., 65, Pfarrer: »Sie können gar nicht ahnen, wie oft in meinem Leben ich damit spekuliert habe wegzugehen. Irgendwohin, alles stehen und liegen lassen. Nur weg. Sind solche Gedanken nicht manchmal die einzige Rettung im Alltag?«

Selbst bei lebhaftester Phantasie konnten wir uns weder Tante Betsy noch Dr. G. vorstellen, wie sie ihre Tomaten selber anbauten, um diese anschließend in Gorleben Polizisten entgegenzuschleudern.

Nein, Aussteigen mußte mehr sein als das berühmte alternative Leben auf dem Lande.

Wir waren neugierig geworden. Kann man sich wirklich von unserer Gesellschaft lösen, in der man aufgewachsen ist, die einen geprägt hat? Wird man wirklich freier und glücklicher dadurch?

Sind die Aussteiger vielleicht gar nicht die Kranken, sondern die Gesunden, die sich so weit wie möglich von unserer Gesellschaft entfernen, um gesund zu bleiben? Eine Gesellschaft, als deren bloßes Produkt sie sich vorkommen, manipuliert und verwaltet von anonymen Organisationen, undurchschaubaren Bürokratien und deren Computern. Menschen, die in Leistungsfetischismus, Konsum- und Wachstumseuphorie keinen Sinn mehr sehen?

Alle redeten über das Aussteigen. Wir wollten mit denen sprechen, die es getan hatten. Dabei interessierten uns nicht die Namen aus dem »Alternativen Adreßbuch«, wir suchten einzelne Menschen, die zum Teil schon vor vielen Jahren ihren eigenen Weg außerhalb unserer Gesellschaft gegangen waren, zu einer Zeit, als es das Wort »Aussteiger« noch gar nicht gab. Wir wollten sie in ihrer neuen Umgebung erleben, wollten ihre Motive wissen, warum sie »ihre Schuhe auszogen und barfuß weitergingen« (wie Carlo es formuliert). Wollten ihr neues Leben kennenlernen, ihnen ins Gesicht schauen und versuchen herauszubekommen, ob sie jetzt glücklicher sind. Wollten erfahren, welches ihre alten Probleme waren und welches die neuen sind. Oder ob sie gleichgeblieben sind.

Die Schwierigkeit war nur, wie diese Menschen finden, die wir suchten. Korsika schien uns ein guter Anfang zu sein. Schließlich hatten wir hier vor drei Monaten die ersten Kontakte geschlossen. Deshalb hatten wir dieses Mal zusätzliches Gepäck dabei: Tonbandgerät und Cassetten – viel zu wenige, stellte sich später heraus. Und Nachschub gab es selbst in Ajaccio nicht, denn wir hatten ein Spezialgerät, das – irgendwo auf dem Tisch liegend – alle Stimmen im Raum aufnimmt. Man muß sich also nicht steif, mit dem Mikrofon in der Hand, gegenübersitzen. Ein großer Vorteil, wie wir später merkten. Unsere Partner hatten nicht das Gefühl, an einem professionellen Interview teilzunehmen, das es nicht sein sollte und konnte, sondern an einer ganz normalen Unterhaltung.

Und das war es ja auch. Ohne vorbereitete Fragen und Antworten. Die meisten Menschen kannten wir vorher nicht, hatten von ihnen nur über Freunde von Freunden gehört.

Wie bei Sibylle und Karin zum Beispiel. Eines Tages tauchte unser Freund Ronald in Hamburg auf. Auf dem Weg von Paris, wo er jetzt wohnt, nach Berlin, wo er als Student mit Karin in einer Wohngemeinschaft gelebt hatte.
Er hatte am Tage zuvor die beiden Mädchen auf ihrem Bauernhof in Schleswig-Holstein besucht und brachte uns selbstgemachten Schafskäse von dort mit.
Wir riefen sie an, fragten, ob wir mit ihnen ein Gespräch führen dürften. Sie wollten nicht, scheuten die Öffentlichkeit. Hätten auch gar keine Zeit zu so etwas.
Schließlich willigten sie ein. Es war ein Abenteuer, sie zu finden. Es hatte seit Wochen geschneit; Norddeutschland lag unter einer dichten Schneedecke. Wir wußten, daß ihr Hof völlig einsam mitten im Moor lag. Wege waren kaum zu erkennen. Wir fuhren die Gehöfte ab, klopften die Menschen heraus, bis wir jemanden fanden, der von den beiden Mädchen aus der Großstadt gehört hatte. Er wies uns den Weg. Als wir endlich ankamen, war es schon dunkel. In der einzigen warmen Stube des Hauses hockten wir uns um den alten Ofen. Karin und Sibylle trugen selbstgestrickte Latzanzüge aus der feinen Wolle ihrer Schafe.
Es gab Tee, wir hatten Rum mitgebracht.
Und dann erzählten sie.

Friedrich May war leichter zu finden. Schon lange wußten wir von ihm, der sich vor vielen Jahren auf einen Berg in der Eifel zurückgezogen hatte. In einem Karnevalsumzug des benachbarten Dorfes hatte man ihm einen ganzen Wagen gewidmet. So waren wir auf ihn aufmerksam geworden.
André machte uns mehr Kopfzerbrechen. Mit ihm wollten wir unbedingt sprechen. Wir kannten ihn aus der Zeit, als er

noch der großspurige, etwas angeberische Besitzer einer Drogeriekette war. Von seiner Familie wußten wir, daß er sich plötzlich von allem zurückgezogen hatte. Wie sollten wir ihn finden? Keiner wußte, wo er war.
Dann hörten wir, daß er gesehen worden war. Auf einem Markt in Hoch-Savoyen, wie er selbstgebastelten Schmuck verkaufte. In demselben Ort, wo er früher mit seiner Familie in einer großen Villa gewohnt hatte. Durch seinen Bruder fanden wir heraus, daß er sich für die Wintermonate den Anbau eines alten Hofes in den Bergen gemietet hatte.
Die Fahrt zu ihm werden wir so schnell nicht vergessen. Über Nacht war in den französischen Alpen ein Schneesturm aufgekommen. Wir konnten nur wenige Meter weit sehen. Der Wagen rutschte gefährlich auf den eisglatten Straßen. Wir trafen uns in der kleinen Stadt, wo wir uns verabredet hatten. Von dort ging es noch höher hinauf in die Berge zu dem Gehöft, das wir alleine niemals gefunden hätten. Auch hier war es eisig kalt. Doch anders als bei Karin und Sibylle gab es keinen Ofen. Nur einen Kamin – aber kein Holz.

Der Aufenthalt bei Johannes an der Ostseeküste schien uns dagegen wie ein angenehmer Ausflug. Wie konnten wir wissen, daß er zur gefährlichsten Reise wurde: Auf dem Rückweg platzte bei 150 Stundenkilometer der linke Hinterreifen. Wir schleuderten über die Autobahn und landeten nach etlichen Drehungen im Graben. Einlieferung ins Krankenhaus. Diagnose: Schädelprellung.

Doch dies waren nur die äußeren Schwierigkeiten. Die Rückkehr in unsere Umgebung war nach ein paar Tagen Aussteiger-Leben nicht immer einfach. Wir brauchten eine gewisse Zeit, um die Diskrepanz zu verkraften. Denn wir hatten uns für eine Zeitspanne mit den Gedanken und dem

Leben unserer Gesprächspartner identifiziert. Und sicher ist manches haften geblieben. Uns war noch bewußter geworden, wie viele falsche Notwendigkeiten unser Leben bestimmen.
Die Ursprünglichkeit und Menschlichkeit, die Konsequenz in der Verfolgung des für sich selbst als richtig erkannten Weges – auch unter äußeren Opfern –, die wir zumindest bei einigen fanden, haben uns nachhaltig beeindruckt. Auch die Gespräche mit Menschen, die nach vielen Jahren außerhalb unserer Zivilisation zurückgekehrt sind – und die sich in unserer Gesellschaft nicht mehr zurechtfinden, die sich hier völlig verloren vorkommen. Wir sahen Tränen der Verzweiflung und Hilflosigkeit bei fünfzigjährigen Männern.
Und wir sahen, daß diejenigen, die »draußen« geblieben sind und die wir von ihrem früheren »normalen« Leben her kannten, viel glücklicher wirkten als vorher: weicher, gelöster, menschlicher. Selbst ihre Stimme hatte den harten, geschäftsmäßigen Klang verloren, sie konnten wieder zuhören. Und wir hörten *ihnen* zu, ganz einfach, ohne zu werten, ganz offen.
Einige weigerten sich, auf Tonband und für eine eventuelle Veröffentlichung zu sprechen. Wir verstanden und akzeptierten ihre Einstellung.
Andere bestätigten uns, daß sie glücklich über das Gespräch seien, weil sie dadurch gezwungen waren, sich über ihren Weg Gedanken zu machen und diese zu formulieren.
Von manchen Gesprächspartnern erfuhren wir zum Schluß eine kaum unterdrückte Aggression. Sie brauchten offenbar Ruhe nach der Leere am Ende eines Gespräches. Das wiederum machte uns zu schaffen, rief in uns das Gefühl hervor, sie belästigt zu haben, in ihr ureigenstes Leben eingedrungen zu sein. Und wir nahmen Rücksicht darauf, wenn sie uns zum Abschied baten, gewisse Äußerungen nicht zu veröffentlichen. Wir hoffen nur, daß alle unsere

Gesprächspartner gefühlt haben, daß wir niemanden aufs Glatteis führen wollten, daß unsere Fragen von ehrlichem und ernsthaftem Interesse geprägt waren. Dies ist bis zum Schluß so geblieben, die Interviews sind nie zur Routine geworden.

Eine Auswahl der – gekürzten – Gespräche mit Franzosen, Spaniern, Holländern und Deutschen zwischen 20 und 73 Jahren ist im folgenden abgedruckt. Die Namen haben wir zum Teil geändert. Vom ehemaligen Zuhälter in Paris bis zum erfolgreichen Architekten und Bauunternehmer, der heute ein Leben in den Bergen Sardiniens vorzieht: Sie alle sind sich des Konfliktes zwischen ihrem Selbst und den gesellschaftlichen Anforderungen bewußt geworden; sie alle sind ihren eigenen Weg gegangen. Ohne Rücksicht auf das, was Verwandte, Freunde oder die Gesellschaft von ihnen erwarteten.

Wird Aussteigen allmählich zu einer Massenbewegung, weil immer mehr Menschen dieses Spannungsverhältnis zwischen Individuum und Gesellschaft bewußt erleben? Nach einer Umfrage im vergangenen Jahr sahen über vierzig Prozent der Siebzehn- bis Dreiundzwanzigjährigen keinen Sinn mehr in unserer Routine-Gesellschaft. Und mit zunehmender Vergesellschaftung wird die Tendenz immer stärker, sich ihr zu entziehen. »Vor allem Kontakt mit Menschen. Eine Aufrichtigkeit in den Gefühlen. Wärme und Offenheit«, antwortete ein junger Franzose auf unsere Frage, wonach er sucht. Eigenschaften, die fast alle unsere Gesprächspartner in unserer Zivilisation vermissen und zum Teil in einer anderen gefunden haben. Dr. med. Rolfson: »Ich glaube, daß einige Regeln in unserer Gesellschaft den ganz einfachen Regeln des menschlichen Zusammenlebens, Hilfsbereitschaft, Toleranz, Freundschaft, Gastfreundlichkeit, entgegenlaufen. Fröhlichkeit und Toleranz habe ich erst in Afrika gelernt.«

Und Achim hat bei seinen Märschen durch die Wüste und seinem Zusammenleben mit Naturvölkern gelernt, »zu unterscheiden, was wichtig und was nicht wichtig ist«.
In dieser Gesellschaft zu leben, ihre Rolle zu spielen, darin sehen viele keinen Sinn, ja, werden krank dadurch, daß ihre eigene Natur nicht im Gleichschritt mit den gesellschaftlichen Anforderungen läuft.
Carlo: »In einem bestimmten Moment wurde mir bewußt, daß das gewohnte Leben in dem vorgegebenen System mit seinen Regeln nicht meinem eigenen Individuum entspricht... Wenn man Ihnen sagt, daß Sie Äpfel essen sollen, nur weil sie im Überfluß vorhanden sind, sind Sie doch nicht gezwungen, sie zu essen.«
Wenn nun die eigenen Auffassungen von Gut und Böse, von »richtigem« und »falschem« Handeln und Leben andere sind als die, welche die Gesellschaft uns vorschreibt, was kann der einzelne tun? – Sich anpassen, das heißt aber auch Gefahr laufen, sich selber zu deformieren. – Oder versuchen die Gesellschaft zu verändern, wie es noch die 68er Generation getan hat. – Oder sich persönlich von der Gesellschaft absetzen, wohin heute der Trend zu gehen scheint.
Jeder einzelne kann nur für sich selbst die Frage beantworten, ob er sich zu seiner Selbstverwirklichung tatsächlich ganz aus seinem bisherigem Leben zurückziehen will oder muß. Jeder muß für sich selbst prüfen, ob er im Rahmen seines Kontextes alle Chancen ausgeschöpft hat, die die Gesellschaft ihm einräumt, um seine individuellen Bedürfnisse zu befriedigen und seine persönlichen Vorstellungen zu realisieren, ohne sich selber aufzugeben.

Gisela Graichen Nanou Ellerbrock

SIBYLLE

Sibylle, 39, Vater Architekt, Abitur in Hamburg, Ausbildung zur Auslandskorrespondentin, neun Jahre Sekretärinnentätigkeit, Boutiquenbesitzerin in Berlin. Verläßt mit 32 Jahren Berlin und lebt drei Jahre allein in einer Kate in Nordfriesland. Züchtet heute Schafe auf einem Bauernhof mitten im Moor.

KARIN

Karin, 38, geschieden, abgeschlossene Lehre als Bürogehilfin und Ausbildung zur medizinisch-technischen Assistentin in Hamburg. Gibt ihre unkündbare Stellung an der Universität Berlin auf und zieht im Alter von 35 Jahren zu Sibylle aufs Land. Verspinnt die Schafwolle und strickt.

WILLEM

Willem, 31, Holländer, geschieden, Vater ungelernter Arbeiter, Abteilungsleiter in einem großen Kaufhaus, Taxifahrer in Berlin. Seit anderthalb Monaten bei Sibylle und Karin auf ihrem Bauernhof. Sucht nach der Einheit zwischen Leben und Arbeit, will Spinnräder bauen.

AUF IHREM BAUERNHOF IM MOOR

Wir haben euch erzählt, was wir machen wollen, und ihr habt gesagt okay, wir machen mit.
Sibylle: Wir haben ja auch keine Geheimnisse ...
Vielleicht kann sich jeder von euch vorstellen: Was ihr gemacht habt, bevor ihr hier auf den Hof gezogen seid.
Sibylle: Also, okay, ich bin Sibylle, bin ganz schön alt, schon neununddreißig, habe mich spät, dafür aber auch ziemlich – wie nennt man das – konsequent entschlossen. Also für mich steht fest, daß ich hier bleibe, auf jeden Fall auf dem Land, mit Schafen zusammenbleibe. Das sind für mich Dinge, die feststehen, und das ist es über mich.
Vielleicht können wir noch ein bißchen hören ...
Sibylle: Ich komme aus Hamburg, mein Vater ist Architekt. Nach dem Abitur habe ich eine Ausbildung als Auslandskorrespondentin gemacht und bin dann ziemlich schnell losgezogen, weil ich nicht zu Hause leben wollte. Habe neun Jahre richtig am Schreibtisch gesessen, so von acht bis fünf Uhr, und gearbeitet, erst in Bielefeld im Meinungsforschungsinstitut, dann in Berlin. In Berlin hab' ich auch diesen Laden aufgemacht und einen Haufen Geld verdient.
Was für einen Laden?
Sibylle: Ich hab'n Laden gehabt mit altem, türkischem Schmuck, Silberschmuck und Antiquitäten. Das war eigentlich der auslösende Faktor, dieses Auf und Ab, überhaupt so dieses Am-Geld-Hängen und Sich-Freuen, wenn die Kassen klingeln abends. Je mehr Geld drin ist, desto besser ist man gelaunt, und wenn nur ein paar Mark drin waren, dann war ich gar nicht mehr anzusprechen, und so ging das über Jahre, bis ich merkte, daß ich mein Leben abhängig machte vom Geldverdienen.
Ist dir das plötzlich bewußt geworden oder durch jemand andern?
Sibylle: Nee, es war schon 'ne Sache, die nicht plötzlich kam,

ich wollt's auch erst nicht wahrhaben, weil ich an sich an dem Laden hing, also mir haben die Sachen Spaß gemacht, und das Einkaufen in der Türkei hat Spaß gemacht, es war abenteuerlich und schön, und so'n bißchen hab' ich diesen Geldgedanken noch versucht zu verdrängen. Doch irgendwann kam halt immer mehr hoch, zusammen hing das auch noch ganz stark mit dieser entsetzlichen Stadt Berlin, wenn man da neun Jahre gelebt hat, da kocht man über.

Du hättest doch eine Boutique in einer anderen Stadt aufmachen können?

Sibylle: Nee, Boutique wollt' ich eben gar nicht mehr, das war schon sehr wichtig, daß ich damit aufhörte, mit Geldverdienen und Boutique und Laden und Freundlich-sein-müssen, was mir unheimlich schwer gefallen ist, und immer schwerer, was auch irgendwann nicht mehr klappte und man empört war über meine Unfreundlichkeit. Ich kann das nicht gut, jedenfalls nicht über Jahre... Da hat es auch lustige Geschichten gegeben... Und dann kam, zufällig, daß wir 'ne Gruppe in Berlin waren, eben 'ne lockere Gruppe, mit der man sich traf und in Kneipen rumsaß, und diese Gruppe, aber unabhängig von mir, plante aufs Land zu gehn. Ich war nur bedingt begeistert, weil mir das alles zu wenig umrissen erschien, ich wußte nicht, was die Leute machen wollten, das schien mir alles zu wild und zu ungeplant. Ich hab' dann aber doch mitgemacht, das heißt, wir haben zwanzig Leute in Berlin aufgetrieben, jeder mit viertausend Mark, haben dann einen Hof gekauft für achtzigtausend Mark in Niebüll hier in Nordfriesland, es war ein schöner Hof, war auch lustig, ging aber sofort in die Hose...

Wie lange ging das denn gut?

Sibylle: Ja, Mensch, wie lange ging das...

Karin: Mußt ein Dreivierteljahr da gewesen sein...

Sibylle:... Ja, mag so'n Dreivierteljahr gewesen sein...

Warum hat das in Niebüll nicht geklappt?
Sibylle: Weil's ein wilder Haufen war, zwanzig sind einfach zu viel. Jeder mit 'ner andern Vorstellung, der eine wollte 'ne Wochenendidylle vorfinden, wenn er abgearbeitet aus Berlin kam, der andere wollte da leben, der dritte wollt' sich sonnen, und alle eigentlich wollten so wenig wie möglich tun, so lange wie möglich schlafen... Ich bin ausgezogen, habe mir ein kleines Häuschen in der Nähe gemietet, bei Leck, eine ganz kleine Kate, sehr einsam gelegen, wirklich am Ende der Welt, wo nur ein Feldweg hinführte. Das war vor gut sechs Jahren.
Wie lange hast du in der Kate gewohnt?
Sibylle: Drei Jahre, das war auch schön, mutterseelenallein mit lauter bunten Tieren.
Schöner als die Zeit jetzt hier auf eurem Bauernhof zusammen mit Karin und Willem?
Sibylle: Es war schön, weil es unbeschwert war, schöner will ich gar nicht sagen, man kann das nicht vergleichen. Weil ich noch keine Problematiken sah, sondern einfach drauf los lebte, das eine oder andere Tierchen, das mich lieb anguckte, kaufte oder mir schenken ließ, ein halber zoologischer Garten. Ich hab' einfach mit den Tieren gelebt, mich unheimlich wohlgefühlt, den Garten gemacht, aus dem Garten gelebt, Hunde gehabt, Katzen, Ziegen...
Wenn du die Natur und die Tiere so liebst, muß es doch ziemlich schlimm für dich in Berlin gewesen sein?
Sibylle: Berlin war auch unheimlich schön und aufregend, mit all seinen Reizen. Und als ich meine Boutique aufmachte, das war schon ein Schritt zur Selbständigkeit. Ich konnte wieder tragen, was ich wollte, was man eben als Sekretärin oder Auslandskorrespondentin nicht darf, da muß man sich schon bestimmten Normen anpassen. Ich hab' mich dann ganz lustig anziehen mögen, 'n bißchen ausgeflippt, und das fand ich toll. Das gehörte zur Boutique.

Karin: Sie trug nur noch selbstgenähte, also von einer anderen natürlich, also von jemand, der's konnte, genähte Lederklamotten, die längsten Lederröcke, die man sich vorstellen kann, wo überall was dran hing zum Klingeln und Schwingen ...
Sibylle: ... so'n Kopfschmuck natürlich auch ...
Karin: ... und dann an jedem Finger mindestens ein' Ring ...
Sibylle: ... irre ...
Karin: ... wie ein Tannenbaum behängt. Aber lustig war's, schön! Paßte unheimlich gut in diesen klüngeligen Laden rein.
Du fandst dich gut so und hast es genossen?
Sibylle: Na ja, und wie. Das war wirklich eine schöne Zeit, rundum schön.
Wie lange hast du das gemacht?
Sibylle: Fast fünf Jahre. War'n vielleicht anderthalb Jahre zuviel. Aber man kann ja nie sofort sagen, mir gefällt's nicht mehr, ich hör' auf, sondern das muß ein bißchen wachsen.
Das war ein ziemlich großer Schritt, diese Boutiquenzeit in Berlin und dann dein Leben auf dem Bauernhof, völlig zurückgezogen. Wie bist du dazu gekommen?
Sibylle: Du, ich glaub' ich bin nicht dazu gekommen wie manch ein andrer, nachdem er es jahrelang vorplant. Hätt' ich das gemacht, mehr Geld gespart, das hatt' ich leider nicht, sondern ich hab' irgendwann meinen Laden zugemacht, leider Gottes. Hätt' ich das also geplant, wär' einfach viel mehr Puffer gewesen.
Du sagst also rückblickend, es wär' gut gewesen, wenn du dir mehr gespart hättest?
Sibylle: Ja, natürlich, das wäre sehr gut gewesen. Ich muß gestehn, daß vieles Zufall war, ich hab' mich ein bißchen gehn lassen, einfach mal gelebt, geguckt, mich beobachtet, gemerkt, daß ich mich immer wohler fühlte, bin dann immer

ein bißchen ernsthafter geworden. Auch in dem, was man hier macht, in den Ansprüchen und den Zielen, die jetzt ganz klar sind. Dieses hier ist kein Zufall mehr, ich bin nicht zufällig hier und hätte ebenso gut woanders sein können. Damals in Leck mit den ganzen Tieren, das war schon Zufall. Aber jetzt ... Ich finde die Entwicklung ganz stetig. Irgendwann hab' ich mir das überlegt und mich eigentlich gefreut, das ist wirklich eine ganz gute Entwicklung, für mich gut, also mir gefällt's. Ich bin jetzt wirklich sicher, daß das hier meine Sache ist, daß ich dableiben will.

Warum bist du nach drei Jahren, die du ganz allein gelebt hast, mit Karin hier auf diesen Bauernhof gezogen?

Sibylle: Karin besuchte mich, wir haben zusammen gelebt und gearbeitet und uns wohlgefühlt, uns sehr wohlgefühlt und ein bißchen Pläne gemacht. Bei mir ging es so los, daß ich sagte, ich kann hier nicht ewig bleiben, ich würd' zwar gern das Haus kaufen, aber das wird nicht verkauft, und ich merkte schon, daß ich nicht ewig so rumspielen konnte mit den ganzen Tieren, die mich viel Geld kosteten, aber nie irgend etwas einbrachten.

Wovon hast du in der ganzen Zeit gelebt?

Sibylle: Du, das ist der uninteressanteste Punkt, weil ich eben ... Ich hätte gerne von dem gelebt, was ich geschaffen hab', das konnt' ich nicht, denn ich hab' so gut wie nichts geschaffen. Ich hab' ein paar Hühner gehabt, hab' regelmäßig die Eier ins Dorf getragen, das war'n immer so sieben bis acht, ein paar Mark gekriegt und war entsetzt, wenn diese Frau, die einzige Abnehmerin, sagte, ich hab' grad kein Geld da, machen wir's morgen.

Du hast also von einem Tag zum andern gelebt?

Sibylle: Ja, ich brauchte diese zwei Mark zehn und war dann wirklich geplättet, ging völlig niedergeschlagen, ohne Eier und ohne Geld wieder nach Hause.

Bist du in dieser Zeit nicht auf die Idee gekommen, Mensch,

ich halt das doch nicht durch, ich geh' lieber wieder nach Berlin zurück oder nehm' meinen alten Job an?
Sibylle: Nee, das überhaupt nie, weil's hat mir schon unheimlich gefallen. Ich hab' da auch so'n bißchen mit Wolle angefangen, Wolle zu verspinnen, über Karin verkauft, sie hatte die ersten Abnehmer in Berlin aufgetan.
Hattest du manchmal nichts zu essen?
Sibylle: So war's fast leider nicht, das hätt' ich toll gefunden, wenn ich wirklich konsequent dagesessen und echten Hunger gehabt hätte! Das ist dann wirklich der letzte Punkt, wo man sich selber ja auch kennenlernen kann. Das hätt' ich gerne gehabt, aber das war nicht so. Ich hab' Eltern, die ich, wenn's mal gar nicht mehr geht, ansprechen kann. Ich hab' schon wahnsinnig sparsam gelebt, bei Telefongesprächen überlegt, ob ich nicht lieber mit dem Fahrrad hinfahren könnte und hab's dann meistens gemacht...
Du hast also deine Eltern, wolltest du grad sagen, doch manchmal um Geld gebeten...
Sibylle: Ja.
Ist dir das schwergefallen?
Sibylle: Sehr schwer. Eben weil das Geld leicht kam, ist es mir sehr schwergefallen. Ich wollte nicht immer diese Möglichkeit ausnutzen. Ich brauchte im Prinzip nur anzurufen, mußte dann allerdings auch sagen, ich komm' nicht mehr zu Potte, schickt mir mal... Dann kamen natürlich Ängste und Sorgen, komm' doch wieder nach Hause, und das wird doch nix...
Wie haben deine Eltern reagiert, als du vor sechs, sieben Jahren aufs Land gezogen bist, Berlin, deine Freunde, dein Geschäft, Geld, zurückgelassen hast?
Sibylle: Wie die eben so reagieren, sie verstanden es nicht.
Hat eure Beziehung so darunter gelitten, daß ihr euch nicht mehr gesehen habt, oder haben sie es irgendwann akzeptiert?

Sibylle: Sie kamen mal, haben mich da besucht, das war sehr lustig, weil da hatt' ich irgendwie nur so lustige Küchenmöbel, und meine Mutter, die eben auch entsprechend alt ist, die konnte auf den Stühlen nicht sitzen, hat das ganze Wochenende draußen im Auto gesessen.
Weil das der einzig bequeme Sessel war?
Sibylle: Nein, nein, war nicht so, die schlief ja in meinem Bett, ich hab' ein sehr hartes Bett, da kriegte sie in der ersten Nacht irgendwas, na, was kriegt man, 'n Hexenschuß oder was, es war aber auch psychisch, jedenfalls kam sie morgens sehr angegriffen aus dem Bett, ging dann ins Auto und stieg nicht mehr aus.
Und dann sind sie nicht mehr so oft gekommen?
Sibylle: Gar nicht mehr, aber nicht nur deshalb. Die können eben mit solchen Dingen nicht so viel anfangen, das versteh' ich auch, das ist kalt und feucht und unbequem und unangenehm für ältere Leute, die 'n bißchen Komfort brauchen.
Du hast also damals eine Zeitlang mit Karin zusammengewohnt?
Karin: Ja, sechs Wochen, in meinem Urlaub.
Ferien auf dem Bauernhof.
Karin: Richtig, so die Art, ich hatte Sibylle lange Zeit nicht gesehen. Mit viel Fragen hatte ich ihr Haus gefunden und Sibylle überrascht.
Sibylle: Das war wirklich 'ne Überraschung . . .
Eine angenehme?
Sibylle: Doch, angenehm, weil so selten Leute kamen, das war wirklich angenehm.
Du hast dich also doch schon gefreut, wenn ab und zu einer kam?
Sibylle: Du, ich hab' mich so gefreut, daß ich den Postboten ab und an aufgehalten hab', wenn er morgens kam, einfach, um mit ihm zu reden, weil ich mußte ja auch reden. Das war auch ein Grund, mit jemandem zusammenzuziehen, weil ich

irgendwann Schiß hatte, daß ich ein bißchen tüttelig werde, das wirst du zwangsläufig. Ich hab' tagelang mit keinem Menschen gesprochen, nur mit den Tieren, aber das nimmt dann irgendwann überhand.
Hast du auch schon mit dir selber gesprochen?
Sibylle: Das wär' vermutlich der nächste Schritt gewesen, ich kenn' die Entwicklung nicht. Ich hab' einen sehr netten alten Bauern gehabt, der kam ab und an, hat Tee getrunken und mir Geschichten erzählt, wie es früher war. Das war'n meine einzigen Kontaktmöglichkeiten, und als dann Karin kam, das war schon 'ne tolle Geschichte für mich.
Karin: Wir haben damals sechs Wochen lang zusammengelebt. Es war ein sehr, sehr trockener Sommer, wir hatten kein Wasser mehr, eben auch nicht für die Tiere. Wir mußten es mit Kanistern vom Dorf her ranschaffen, wobei die auch ungerne Wasser abgeben, weil sie's auch bezahlen müssen. Die sind sehr pingelig damit. Bei der Gluthitze mußten wir das Wasser mit der Handpumpe hochholen und mit dem Eimer über sieben Stacheldrahtzäune steigen. Wenn wir zu Hause wieder ankamen, war der Eimer halb ausgeplempert.
Bei den Schwierigkeiten habt ihr in den sechs Wochen schon merken können, ob es mit euch beiden klappte, ich meine zusammen leben, arbeiten?
Karin: Ja, diesen Eindruck hatte ich schon ...
Sibylle: Würd' ich auch sagen ...
Karin: Sibylle und ich hatten ausgemacht, wenn sie sich ein anderes Haus kauft, daß da irgendwo möglicherweise eine Ecke ist, die ich mir später ausbauen kann. Ich wollte daraufhin Geld zusammensparen, ich verdiente sehr gut. Ich fand das finanzielle Polster damals so unendlich wichtig. Sibylle ging auf die Suche. Ich hatte es noch gar nicht so eilig, mit meinem Sicherheitsdenken im Nacken.
Ich war geschieden und mit Christian befreundet, der ist

Architekt in Berlin. Der hatte eigentlich immer vor, nach Süddeutschland zu gehen, weil ihm Schleswig-Holstein zu platt ist. Aber das war ein Zeitpunkt, wo ich mich nicht mehr von der Entscheidung eines Mannes abhängig machen wollte. Ich wollte partout was mit Sibylle machen, das war für mich ganz klar.

Wie habt ihr das Haus hier gefunden?

Sibylle: Mit Anzeigen, rumhören und auf Anzeigen hin rumfahren. Irgendwann wurden mir Häuser angeboten, von denen mir ein, zwei wirklich gut erschienen. Da hab' ich Notruf nach Berlin gemacht und gesagt, du mußt kommen, wir müssen uns die Häuser angucken, geht das?

Karin: Und dann bin ich hochgekommen...

Sibylle: War das eigentlich die Tour, wo wir diese ganzen schrotten Höfe besichtigt haben?

Karin: Ja.

Sibylle: Es war einer schlimmer als der andere. Es waren alles, wie nennt man das, diese Angebote... »Liebhaberobjekte«, das ist toll, Liebhaberobjekte sind entweder ohne Dach oder ohne Fußboden, manchmal nur morsche Wände, unvorstellbar, aber zum Teil schön gelegen.

Und teuer?

Sibylle: Teuer, irrsinnig teuer.

Karin: Fünfundsiebzigtausend Mark wollten sie für diese eine Grotte...

Sibylle: ... für nichts, ja...

Karin: ... die hättst du plattwalzen müssen.

Sibylle: Ja, wir wurden auch immer deprimierter, also wirklich, beim ersten waren wir noch gut gelaunt...

Na, dann haben wir dieses aufgetan, es ist mir von einem Makler angeboten worden.

Was hat es gekostet?

Sibylle: Achtzigtausend, vor drei Jahren.

Wo hattet ihr das Geld her?

Karin: Ich hatte einen Bausparvertrag, den ich hab' auflösen müssen mit der Bank, weil er noch nicht fällig war.
Sibylle: Ich muß überlegen...
Hast ganz viel Eier verkauft?
Sibylle: Ganz viel Eier verkauft, nee, ich bin am Überlegen... entweder ich hab's selber noch aus dem Ersparten gezahlt, oder ich hab's nicht selber bezahlt.
Von deinen Eltern?
Sibylle: Ja, ja. Das kann ich dir im Moment wirklich nicht genau sagen.
Ist das nicht ein störendes Gefühl, daß man doch die Eltern wieder braucht?
Sibylle: Ja, wenn du mich so fragst, sehr, nur ich denk' da ganz bewußt nicht mehr dran, sonst würd' mich das zu häufig stören. Das ist aber mit ein Punkt, der mich ab und an wirklich unzufrieden macht. Es ist meine Wunschvorstellung, daß ich irgendwann den Punkt erreicht hab', wo ich das gleiche mach' oder ähnlich, und nicht mehr auf Gelder von den Eltern oder sonstigen Leuten angewiesen bin. Die Eltern werden es immer sein, das macht mich schon ein bißchen mißgestimmt, weil ich möchte oder man möchte immer so gerne autark sein, tut es auch kund mit dem Brustton der Überzeugung, nur letztlich muß ich bei jeder Kleinigkeit anrufen und bei größeren Sachen erst recht, das ist nicht toll.
Geld ist eben doch wichtig?
Karin: Ja.
Sibylle: Geld ist wahnsinnig wichtig.
Bei dem großen Wort Selbstverwirklichung oder Freiheit braucht man eben auch Geld?
Sibylle: Geld ist wichtig, nur, ich möchte es nicht mehr so verdienen wie in Berlin. Da hätte ich so viel gehabt, um mir dieses Leben hier dick leisten zu können, nur, ich möchte mich nicht mehr korrumpieren lassen. Aber ich denke, daß

es immer besser wird, so eine ganz konstante Linie erkennbar ist, seit wir hier sind.
Karin: Wir wußten, daß wir hierher wollten, aber auch, daß es für zwei Leute zu groß ist. Es war von vornherein eins ganz klar, daß Sibylle dieses Haus alleine nicht bewirtschaften konnte, erst recht nicht, was rundherum ist.
Hätte sie aber viele Tiere reingekriegt...
Karin: Ja eben drum, und je mehr Tiere, je mehr Arbeit...
Wieviel Land habt ihr denn rundherum?
Karin: Wir haben noch dazugekauft, insgesamt sind's jetzt drei Hektar. Auf jeden Fall, ich beschloß von heute auf morgen, meinen Job in Berlin abzubrechen. Sibylle ist erst mal hergezogen, und ich bin drei Monate später nachgekommen.
Erzähl' doch jetzt ein wenig von dir.
Karin: Ja, also ich bin medizinisch-technische Assistentin, hab' zwanzig Jahre in Hamburg gelebt und bin nach meinem Staatsexamen nach Berlin gegangen, weil ich... also ich bin in Berlin geboren, und ich hatte einfach das Gefühl, daß es mir da besser ginge als in Hamburg. In Hamburg ging es mir aus bestimmten Gründen nicht gut, speziell also in meiner Kindheit nicht, weil ich von außen kam und Zugereiste war, das ist in Hamburg ja untunlich, zumal als Kind. Deswegen hab' ich einen gelinden Haß auf Hamburg entwickelt. Ich hab' am Tag nach meinem Examen meine Sachen gepackt und bin nach Berlin gegangen. Ich hatte davor noch eine Lehre gemacht, wie nennt man denn so was – na so Tippse, wie sagt man, so 'ne Schreibkraftgeschichte, so 'ne Lehre hab' ich gemacht.
Bürogehilfin.
Karin: Büro-, richtig, so was. Bürogehilfin. Ja.
Das ist ein richtiger Ausbildungsberuf.
Karin: Ja, ja. Das is'n Lehrberuf. MTA hab' ich schon

erzählt, daß ich das war. Aber das war alles eine Sackgasse. Eigentlich tu' ich gern was Manuelles, damals schon. Aus der Zeit begründet, wurde das von meiner Umgebung nie so recht akzeptiert, denn es war zu einer Zeit, wo man sich politisch und soziologisch informierte, bestimmte Bücher las und sich nicht hinsetzte, um zu stricken oder zu basteln. Das war nicht adäquat. Das hat mir zwar nie jemand verboten, aber ich hab' oft, um bestimmten Kommentaren zu entgehen, heimlich irgend etwas gemacht. Wenn ich zum Beispiel Holzeisenbahnen anmalte, das machte ich Abende lang, kam irgend jemand rein, der sagte, kannst du nicht mal was and'res tun, als immer nur hier so rumzuhocken ... Um dem zu entgehn, hab' ich dann eben heimlich gebastelt.
Du warst damals verheiratet. Hat dein Mann dich dabei verstanden?
Karin: Nee. Nee, Nee. Hinzu kam in Berlin, daß ich, obgleich ich manuelle Dinge gerne machen und auch neue Dinge entwickeln wollte, auf der andern Seite die Unsicherheit hatte, ob ich's wirklich schaff'. Oft will man es ja auch nicht so ganz genau wissen, ob man es schafft oder nicht, sondern man liebäugelt so damit. Die Stadt ist einfach ein unheimlich guter Ablenkungsmechanismus. Man kann sich immer drücken davor, weil man ja so unbedingt eine Freundin besuchen muß, oder man muß unter Leute kommen, man hat auch immer Rechtfertigungen für sich selber. – Ja, deswegen waren diese sechs Wochen, die ich bei Sibylle war, ganz bestimmend für mich.
Du hattest vorher nie mit dem Gedanken gespielt?
Karin: Ich war überhaupt nicht auf den Gedanken gekommen, aus Berlin wegzugehn oder aufs Land zu ziehen.
Du hast mehr ein unbewußtes Unwohlsein gehabt?
Karin: Ja.
... dem du aber selber nicht nachgegangen bist?
Karin: Nee.

Man ahnt ja auch manchmal, daß es gar keinen Sinn hat in dem Moment?
Karin: Ja ... ich bin auch so unselbständig gewesen in vielen Dingen, ich hätte Angst gehabt, solche Dinge plötzlich allein in die Hand zu nehmen. Ich bin vom Elternhaus in diese Ehe reingerutscht. Er war erheblich älter als ich und hatte schon eine Ehe hinter sich und wußte eben, wie alles ging, und ich fand das außergewöhnlich bequem.
Ihn also machen lassen ...
Karin: Ja.
... und dich völlig untergeordnet.
Karin: Entscheidungen haben wir zwar irgendwo schon gemeinsam gefällt ...
... wie man so schön sagt.
Karin: Ja. Wahrscheinlich hatte ich vor all diesen Geschichten ein bißchen Angst.
Du hättest das nie alleine gemacht?
Karin: Vermutlich nicht. Nein. Nein, so alleine wie Sibylle da in dieser Hütte, das hätt' ich nie gemacht. Ich hätte immer darauf gewartet, daß aus der Stadt einer mitgeht, so einen Rücksicherungsfaktor hätt' ich ganz gerne gehabt. Hinzu kam, daß es mir in der Stadt körperlich nicht so wahnsinnig gut ging, daß ich ständig Rückenschmerzen hatte und plötzlich feststellte bei Sibylle nach drei, vier Wochen, daß es mir hervorragend ging mit meinem Rücken.
Trotz der körperlichen Arbeit?
Karin: Ja. Wegen der körperlichen Arbeit, offensichtlich. Das hat mich eben sehr bestärkt. Ich konnte mir gut vorstellen, in dieser absoluten Ruhe, die da herrschte, für mich zu arbeiten, manuelle Sachen zu machen. Ich wollte das Spinnen gerne lernen, was Sibylle ja damals schon machte, ich bin einigermaßen strickgewandt. Das macht natürlich Spaß, wenn man sich sein eigenes Material herstellen kann. Dann wollte ich Holzspielzeug machen.

Habt ihr in den sechs Wochen viel diskutiert?
Karin: Ja, über das, was wir machen könnten. Da haben wir viel drüber geschnackt.
Ich mein' jetzt nicht, was ihr praktisch machen könntet, sondern theoretisch, vom Denkansatz her. Die grundsätzliche Frage nach dem berühmten alternativen Leben.
Sibylle: Vieles muß man nicht lange bereden, sondern vieles kann man erleben und erfühlen, wenn man sechs Wochen sich so wohlgefühlt hat wie Karin.
Karin: Ja, das war schon besonders schön, aber da braucht man nicht lange zu reden, man merkt es, wie man sich fühlt und wie gut man schläft. Das sind ja alles Dinge, die in der Stadt schwierig sind. Der Rhythmus gefiel mir eben auch sehr gut. Ich bin jemand, der morgens nie gerne lange im Bett liegt. In der Wohngemeinschaft, in der ich 'ne Weile gewohnt hab', war ich sonntags immer die erste, die auf war. Also ich kann halt bis zehn, elf nicht im Bett rumliegen. Bei Sibylle ging's eben morgens um sechs los. Und da noch einer mit aufstand, war's nun besonders lustig. Auch daß wir abends so früh ins Bett gingen, hat mir gut getan. Ich kam rundherum erfüllt in die Stadt zurück mit dem Motto, das Leben mit den Rhythmen und diesem regelmäßigen Essen, das machst du in der Stadt. Also abends um neun gehst du ins Bett und morgens stehst du schön früh auf, und dann läuft das alles toll, und das macht man vierzehn Tage und dann ist alles wieder vorbei. Da hat man nämlich seine Ablenkungsmechanismen wiedergefunden, und dann geht man doch abends in die Kneipe, und dann wird's eben doch zwölf, und dann steht man morgens nicht um sechs auf, sondern schläft bis auf'n letzten Punkt und hetzt wieder herum.
Ist es dir nach den sechs Wochen auf dem Lande schwergefallen, in Berlin wieder dein altes Leben zu leben?
Karin: Ja, da liebäugelte ich nun also damit, irgendwann rauszugehen.

War die Entscheidung also schon in den sechs Wochen gefaßt, nur der Zeitpunkt war noch unklar?
Karin: Richtig. Damals hatte ich noch diese existentielle Sorge. Mein Sicherheitsdenken war da noch ganz stark. Ich war unkündbar bei der Uni, das alles aufgeben, beim Arbeitsamt rumhängen, damit man gleich wieder in eine Stellung reinrutschte. Zu Anfang meinte ich nämlich, daß ich das schaffen könnte, hier draußen einer richtigen Arbeit nachzugehen. Aber das ist zeitlich gar nicht zu machen.
Wieweit seid ihr finanziell unabhängig?
Sibylle: Sind wir überhaupt nicht, das kann man noch nicht sagen, aber irgendwann hoffen wir, wobei wir so Klötze wie den Hausausbau oder so natürlich n i e selber finanzieren können, das ist klar. Aber wir hoffen eben, daß wir irgendwann autark leben können, mit Auto, Telefon, Tieren und Futter. Das Tägliche können wir jetzt schon selber bezahlen. Letztes Jahr ging es ganz gut, so daß wir sagen konnten, Mensch, es ging doch prima, wir haben unser Auto, was wir bezahlen können und die Rechnungen, die Schafe werden aufs allerbeste ernährt, das ist sauteuer. Was dann nicht geht, ist, wenn plötzlich das Auto zum TÜV muß, und das kostet tausend Mark, dann sind wir wieder am Punkt Null.
Seid ihr dann sehr deprimiert?
Sibylle: Ja, und wie, doch.
Der Griff zum Telefon?
Sibylle: Ja, man wird dann wieder in seiner Freude beeinträchtigt. Man möchte sich wohlfühlen, sich an Dingen erfreun und kriegt dann aber durch irgend so 'ne blöde Rechnung einen auf den Kopf. Letztlich geht es doch immer wieder um dieses verdammte Geld, davon kann man sich nicht freistrampeln, das ist so, das wird auch immer so bleiben.
Gut, ihr nehmt das alles in Kauf. Bist du nun zu dem gekommen, was du dir vorgestellt hast, Karin?

Karin: Die Idee, die ich eigentlich hatte, um rauszugehn, nämlich manuell was für mich zu tun, die hab' ich bis jetzt noch nicht verwirklichen können. Ich komme hier noch weniger dazu als in der Stadt, weil mich diese Tagesarbeit einfach auffrißt. Es ist zuviel für zwei.

Trotzdem hast du in den drei Jahren nicht geliebäugelt zurückzugehn?

Karin: Nee, nie. Nie, nein.

Dann wollen wir den jungen Mann mal interviewen. Du lebst jetzt seit anderthalb Monaten mit Sibylle und Karin zusammen ...

Willem: Also der junge Mann ist der Willem, der kommt aus Holland, ist einunddreißig Jahre alt ...

... das Nesthäkchen.

Willem: ... und war vorher zehn Jahre in Berlin.

Was hast du da gemacht?

Willem: Früh geheiratet, eine Zeitlang in einem Kaufhaus als Abteilungsleiter gearbeitet.

Was machen deine Eltern?

Willem: Ich würde sagen, ich habe ein proletarisches Elternhaus. Mein Vater war ungelernter Arbeiter. Und meine Mutter einfach Hausfrau. Na gut, dann kam eben diese politische Phase in Berlin, da hab' ich aufgehört zu arbeiten bei Karstadt und hab' dann zwei, drei Jahre alle möglichen Jobs gemacht. Die letzten fünf Jahre habe ich als Taxifahrer gearbeitet. In einem Kollektiv mit zwei anderen. An diese Studentengeschichten angekoppelt war diese Wohngemeinschaftsbewegung, also die ganzen Diskussionen um die Zweierbeziehung überhaupt.

Habt ihr darüber theoretisch diskutiert oder praktisch ...

Willem: ... mit Wohngemeinschaften fing das an, man ist zusammengezogen und hat versucht, in Gruppen zu leben. Das war eine ziemlich lange Zeit, wo ich auch häufig die Gruppen gewechselt hab'.

Was war der Grund, warum du gewechselt hast?
Willem: Meistens war der Grund für diese Wechsel eine Unfähigkeit, Probleme zu lösen.
... gemeinsam zu lösen?
Willem: ... gemeinsam zu lösen, Veränderungen gemeinsam zu vollziehen, so daß sich immer wieder die Notwendigkeit ergab, die oder ich. Nun, vor etwa zwei Jahren fing man an, über eine alternative Form auf dem Lande zu sprechen, daß das Stadtleben eben diese Befriedigung nicht mehr garantieren würde. Ich bin dann in einige Gruppen gezogen, die unter dem Aspekt zusammenlebten, irgendwann gemeinsam auf's Land zu ziehn. Da ist aber als Gruppe niemals was draus geworden, es waren immer wieder individuelle Aktionen von einzelnen Leuten, die ihr Vorhaben verwirklicht haben. So ist es eigentlich hier bei mir auch gelaufen. Karin kannte ich aus Berlin aus einer Wohngemeinschaft vor, na, vor sechs Jahren haben wir da gemeinsam gelebt. Vor einem halben Jahr, ich wußte, daß sie hier war, hab' ich mich eines Tages spontan entschlossen, sie mal zu besuchen. Ich war morgens hier und bin hier angetanzt und war einen Tag hier. Das hatte mir gut gefallen. Darauf folgten zwei längere Besuche, zweimal vierzehn Tage. Da hat sich alles verdichtet, konkretisiert. Ich hab' für mich entschieden, ja, das is 'ne Möglichkeit für dich. Und dann bin ich hierhergezogen vor anderthalb Monaten.
Wie haben deine Freunde reagiert?
Willem: Das Übliche, das is ja toll, das mußt du uns mal erzählen. Sehr interessiert und auch 'n bißchen neidisch.
Du bist nicht mehr verheiratet?
Willem: Geschieden.
Hattet ihr Kinder?
Willem: Nö.
Wenn du Kinder gehabt hättest...
Willem: Du, wenn ich Kinder gehabt hätte, also ich glaube,

dann hätt' ich's wahrscheinlich eher gemacht, noch viel schneller...

Wieso?

Willem: Wenn ich Kinder gehabt hätte, wäre für mich der erste Schritt raus aus der Stadt. Den Kindern zuliebe.

Was hat dich am meisten an deinem Leben in der Stadt gestört?

Willem: Das ist unheimlich vielschichtig. Zum Schluß, also jetzt das letzte halbe Jahr, ist es für mich irgendwie zur Notwendigkeit geworden, aus der Stadt wegzugehen. Ich hatte für mich das Gefühl, die Sensibilität zu verliern. Die ganzen zehn Jahre in Berlin habe ich nicht meine Befriedigung gefunden.

Wie hast du versucht, sie zu finden?

Willem: Durch Gespräche und die Gruppenexperimente, in denen ich versuchte, eine Art ganzheitlicher Lebensform zu finden, also die Einheit zwischen Leben und Arbeit. Das heißt, daß meine Arbeit mit meinem Leben zu tun hat und mein Leben mit meiner Arbeit. Das heißt, daß ich für mich, erstmal für mich persönlich, diese Aufteilung überwinde zwischen Arbeitszeit und Freizeit.

Von acht bis fünf am Schreibtisch, dann kommt man nach Hause, wirft die Arbeitskleidung ab und sagt, jetzt beginnt mein Leben...

Willem: Ja, und das geht noch weiter, nicht nur Arbeitszeit und Freizeit, sondern auch Geld und Konsum. Geldverdienen und Konsumieren. Was beides für mich unbefriedigende Zustände sind, also nur für Geld zu arbeiten und das Geld dann in meiner Freizeit durch Konsum auszugeben.

Was haben denn Sibylle und Karin gesagt, als du mit der tollen Idee kamst, ich will zu euch ziehen.

Willem: Also meine Besuche hier liefen in erster Linie über die Karin. Die Karin kannte ich von früher, wir haben zusammengelebt, und auch bei meinen Besuchen hier war von vornherein wieder ein sehr kommunikatives Verhältnis zu ihr da. Wir haben sehr oft dann zu zweit darüber gesprochen. Wir haben es dann irgendwann der Sibylle eröffnet, und die fand das auch in Ordnung.

Karin, du hast gesagt, daß du wegen der vielen Arbeit froh bist, daß Willem hier ist?

Karin: Ich hab' gezielter gesucht. Es ist nicht Sibylles gezieltes Interesse gewesen, uns zu vergrößern.

Weil du gesehn hast, das schaffen wir zwei Mädchen alleine nicht mehr?

Karin: Nicht nur das. Diese Zweisamkeit, die Sibylle und ich hier leben, ist ja extremer als die von Leuten in einer Partnerschaft in der Stadt, weil sie Ausfluchtmöglichkeiten haben. Wir sind aber keine Partnerschaft in dem Sinne, sondern wir sind befreundet, sind aber existentiell aufeinander angewiesen, in einer ganz anderen Form als Partner in einer Stadt, in einer Zweizimmerwohnung. Ohne Ausfluchtmöglichkeiten. Als wir im vergangenen Winter hier eingeschneit waren und keiner mit dem Auto rauskonnte, saßen wir vier Wochen lang wirklich absolut allein. Ich hab' ausgesprochenes Interesse, mit Leuten Kontakt zu haben. Ich find' es völlig uneinsichtig, hier ein Riesenprojekt zu haben und sich mit anderthalb Leuten totzuarbeiten. Und das tun wir im Moment. Das ist einfach ein Rundumprogramm, speziell im Frühjahr, wenn das draußen losgeht, den Sommer über bis in den Herbst hinein ist vieles nicht zu schaffen. Ich bin der Meinung, wenn es Leute sind, die Interesse haben, in der gleichen Weise hier zu arbeiten, hätt' ich überhaupt nichts gegen einen vierten.

Suchst du gezielt nach einem vierten?

Karin: Es ist schwer, danach zu suchen. Wie will man da rangehn, Leute zu suchen, die mitmachen, die also bestimmte Vorstellungen haben von der Arbeit auf dem Lande und bereit sind, knapp zu leben, auf verschiedene Dinge zu verzichten, auf, ja, Herrgott, da kommt so viel zusammen, also solche Leute sind Zufallsprodukte.

Willem: Was mich aber vor allen Dingen sehr angesprochen hat, ist, daß das Projekt hier eine Sicht auf Autarkie hat, also einen Stand zu erreichen, wo man davon existieren kann. Diese Zwischenexistenzform mit so'n bißchen Arbeitsamt- oder Elternunterstützung oder irgendwo jobben ...

Sibylle: Es ist alles zum Kotzen. (Geht ihre Tiere füttern.)

Willem: ... und denn noch was im Gärtchen, 'n paar Tiere, das gibt's zuhauf. Aber ein Projekt, das nach vornehin, also zur Zukunft hin offen ist, eine Grundlage bieten kann, das hat mir sehr gut gefallen.

Zu Anfang habt ihr hier teilweise zu dritt gelebt, als Karin noch mit Christian befreundet war. Jetzt lebt ihr zu dritt mit Willem. Kommt es nicht zu Eifersüchteleien, wenn zwei eine engere partnerschaftliche Beziehung führen?

Karin: Sibylle hat im Prinzip kein großes Interesse an Partnerschaft, also eine enge Zweierbeziehung zu haben. Wir haben mit ihr häufig gesprochen, ob sie sich ausgeschlossen fühlt, aber wir haben immer alles zu dritt gemacht. Es gab eigentlich nichts, wo Christian und ich gesagt haben, tschüs, jetzt gehn wir spazieren. Solche Aktionen wie nach Dänemark fahren, das haben wir immer zu dritt gemacht. Sibylle ist sehr gern alleine, was ich streckenweise auch sehr gerne bin, und zieht sich unheimlich gerne zurück in ihren Bereich ... Sie hat auch die Möglichkeit, ihre Tür hinter sich zuzumachen, was hier in meinem Zimmer nicht gegeben ist, wegen des Durchgangs. Sie hat nie Schwierigkeiten gehabt, hier durchzulaufen, obgleich Christian und ich hier noch gesessen und geredet haben. Sie hat sich dazugesetzt, oder sie ist durchgegangen ...

Das gab also keine Schwierigkeiten?

Karin: Keine offensichtlichen, auch keine von ihr je formulierten, obgleich wir sie darauf angesprochen haben. Natürlich, ich weiß nicht, was verdrängt ist, aber ich will jetzt nicht den Psychologen spielen.

Du bist jetzt über drei Jahre hier, wie ist dir das körperlich bekommen?

Karin: Ich hatte Schwierigkeiten. Ich bin das erste halbe Jahr hier beim Unkraut zupfen auf einer Plastiktüte mit'm Kissen drin auf den Knien durch den Garten gerutscht. Anders konnt' ich diese Bückhaltung nicht machen, weil bestimmte Muskeln nicht da waren, weil ich körperlich nie gearbeitet habe. Ich konnte über keinen Elektrozaun steigen, mit denen die Schafe auseinandergehalten werden, wenn sie tageweise ihre Koppel zugewiesen kriegen. Über so'n Zaun konnt' ich nicht wegsteigen. Es war mir unmöglich, die Beine hochzuheben. Das sind alles Dinge, die sich gelegt haben. Ich fühle mich hier viel gesünder als in Berlin.

Willem: Das ist auch ein Aspekt für mich.

Würdest du das jetzt nach diesen anderthalb Monaten schon sagen?

Willem: Für mich war es so herrlich, schon bei den Vierzehntagebesuchen. Da ich die letzte Zeit in Berlin sehr häufig in Kneipen rumgezogen bin und oberflächliche Kommunikation hatte, hab' ich immer gemerkt, wenn ich zurückkam nach Berlin, daß die Leute gestaunt haben, wie siehst du denn aus, ganz toll, gut gelaunt, kräftig. Hier auf dem Lande merkte ich, daß diese dunkle Stimmung dem eigenen Körper gegenüber verschwindet, daß man seinen eigenen Körper sehr viel bewußter mitkriegt.

Karin: Das fällt auch einem Außenstehenden wirklich auf.

Willem: Weil du mit dem Körper arbeitest, du bist in Aktion, da merkst du Grenzen und Schwierigkeiten. Das war für mich toll, meine Hände plötzlich zu spüren, da hatte ich also Holz gehackt oder in der Werkstatt gearbeitet, und abends haste Hände ... Du wäschst dir die Hände, und da sind die Finger so richtig gespannt.

Denkt ihr nicht manchmal, das körperlich nicht durchzuhalten? Du hast das gerade positiv dargestellt, man kann ja auch sagen, oh, meine armen Hände ...

Karin: Im Winter, als wir hier so wahnsinnig Schnee schaufeln mußten, da haben wir manchmal gedacht, das schaffen wir nicht. Da war das Auto weg und mußte vom Weg runter, weil der Wagen zum Räumen kam. Da mußten wir das Auto freischaufeln, wo nur noch die Antenne rausguckte. Wir haben zwei Tage lang gebraucht, um das Auto freizuschaufeln, haben stundenlang mit diesen Schippen rumgemacht, und wenn man den Schnee zwei Meter hochwirft, das hat ja bald 'n Ende, irgendwann wirfst du eben drei Meter hoch.

Du warst mit Sibylle alleine hier, in dieser Zeit?

Karin: Ja, und da kam so'n Punkt, als uns dann noch die Elektrizität wegblieb, da haben wir schlichtweg geheult.

Wart ihr an dem Punkt so weit, daß ihr gesagt habt, wir sind's leid, wir gehn zurück?

Karin: Nee, als die Elektrizität wegblieb und wir kein Brennmaterial mehr hatten, haben wir uns in unserer Not an Leute gewandt hier in der Nähe, junge Leute, mit denen wir telefonieren konnten, die uns Brikett auf einem Wellblech quer über die Äcker gezogen haben, so daß wir wieder mal warme Hände hatten, denn bei uns hat das ja Konsequenzen, wenn der Strom wegbleibt, haben wir kein Wasser, weil die Pumpe dann nicht läuft. Wir hatten natürlich Schnee draußen, aber nun tau mal Schnee auf einem Ofen auf, selbst wenn du Brennmaterial hättest. Da stehst du nur immer mit'm Pott mit beiden Händen voll, hin- und herrennen, denn die Schafe brauchen Wasser, die trinken also am Tag bestimmt zwanzig Liter, und das auf einem Ofen, der sowieso nur 6 Grad Raumtemperatur produziert. Und das war so'n Punkt, das war an der Leistungsgrenze.

An der körperlichen oder auch an der psychischen?
Karin: Der psychische Knacks... Man weiß ja nicht, wann die Elektrizität wiederkommt.
War euch klar, daß ihr durchhalten mußtet?
Karin: Ja. Haben wir auch nie drüber gesprochen.
Auch nicht dran gedacht?
Karin: Nein. Also ich hab' nicht dran gedacht. Da war es eben wichtig, daß ich unheimlich gut mit Sibylle kann. Es gibt selbstverständlich Reibereien, das gibt's überall. In solchen Zeiten, wo wir so aufeinander angewiesen sind, haben wir immer eine gute Stimmung zueinander. Das ist ganz merkwürdig, das ist dieses Aufeinanderangewiesensein. Das hätte noch gefehlt, daß hier einer schlapp macht, sagt, ich kann nicht mehr, ich muß hier raus. Wir haben gesagt, jetzt einen Dritten hierbei, der nicht mitspielen kann und der es echt nicht kann, dann hätten wir noch die Belastung gehabt, daß jemand hier das nicht durchhalten kann, das wär' also ganz schlimm gewesen.
Sagt mal, was macht ihr eigentlich mit eurem Liebesleben, wenn ihr hier so einsam lebt? Oder spielt das überhaupt keine Rolle?
Karin: Hm...
Willem: Ja...
Es ist sicher eine Frage, die sich viele stellen.
Willem: Ja, also im Moment gibt's eigentlich keine Sexualität. Es gibt eine Form der Körperlichkeit zwischen Karin und mir, ja, eine Zärtlichkeit, eine Zuwendung, eine, ja, man erreicht sich körperlich, man ist spürbar. Aber eben keine sexuelle Beziehung.
Karin: Solange ich Christian hatte und er in Etappen kam, war das unproblematisch für mich. Da hatte ich zwar hier ein Vierteljahr keine sexuellen Möglichkeiten, aber ich steh' da nicht so stark unter Druck, das machte mir nichts aus, ich hab' mich dann halt gefreut, wenn er kam.

Und als Christian dann nicht mehr kam?
Karin: Da war ich ohnehin in so 'ner Phase, wo man nicht ganz scharf drauf ist, sofort zu einem andern ins Bett zu steigen. Ich hab' gesagt, ich werde mich bemühen, jemanden wieder kennenzulernen. Ich bin nicht jemand wie Sibylle, die das dann eben lassen kann, ich hab' da vielleicht auch nicht so einen guten Verdrängungsmechanismus, ich brauch' schlichtweg jemanden, jetzt nicht nur für die Sexualität. Das hab' ich natürlich im Moment relativ bequem, daß ich jemand für mich habe, in Form von Willem. Dinge, die mich wirklich angehn, die mich berühren, die kann ich mit ihm besprechen. Und so jemanden brauch' ich eigentlich primär.
Und das kann Sibylle nicht sein?
Karin: Nein, das hat aber nichts damit zu tun, daß Sibylle ein Mädchen ist.
Willem: Bei den Gesprächen in Berlin haben mich die Leute immer gefragt, wie das nun wäre, ob ich da nun zwei Frauen hätte. Die haben Vorstellungen. Mir war das klar, daß es so sein wird. Ich hatte in Berlin das letzte Jahr Phasen mit häufig wechselnden Partnern, Sexualpartnern, was mich also 'n bißchen überdrüssig gemacht hat. Ich hatte so das Gefühl, das ist 'ne Art Inflation, die ich da betreibe.
Gehörte das auch zu den Ablenkungsmechanismen, die du dir aufgebaut hattest, dieser sexuelle Partnerwechsel?
Willem: Ja, sicher, im Grunde ist es eine Form des Konsumierens, die dann auch in den emotionalen Bereich hineinreicht, es hat mich, nicht währenddessen, aber im Nachhinein ziemlich frustriert.
Karin: Ich bin gewöhnt gewesen durch diese Wohngemeinschaftssituation, eben auch durch die Zeit, die ich mit Sibylle alleine war, an eine Körperlichkeit zwischen Mädchen, jetzt also keine sexuellen Kontakte, sondern dieses »Sich in den Arm nehmen mögen«, das Anfassen. Das konnte ich mit

vielen, diese praktischen Streicheleinheiten, aber das Bedürfnis hab' ich zu Sibylle eigentlich so gut wie nie. Ich hätte das Bedürfnis schon, weil ich ... aber bei Sibylle, also Sibylle hat es nicht. Nicht den Wunsch, woll'n wir mal so sagen, jemand anderen in den Arm zu nehmen.
Willem: Vielleicht ist das auch einfach Sibylles norddeutsche Art.
Sibylle ist ja im Moment bei ihren Tieren draußen, aber man merkt ganz deutlich, daß sie nicht ausgeschlossen ist. Das ist es, was du vorhin mit der menschlichen Dreierbeziehung meintest?
Karin: Ja.
Was macht sie jetzt draußen?
Karin: Die Milchschafe kriegen so'n Kraftfutter.
Ihr habt die Katzen, den Spitz und wie viele Schafe?
Karin: Sechzehn. Was ich gerne möchte, ist, daß wieder Hühner herkommen. Wir hatten Hühner hier. Wir ließen sie frei laufen, und da kam der Bussard und hat uns die Hühner geschlagen. Wir hatten mit acht angefangen, das letzte, was übrigblieb, hab' ich mit Sibylles Hilfe geschlachtet, weil wir nicht eingesehen haben, daß nun der Bussard das letzte auch noch holt. Der Hahn ist zwischendurch vom Fuchs geholt worden, hier direkt vor unsrer Gartenpforte. Er hat es zwar überlebt, aber wir mußten ihn notschlachten lassen, wegen der Tollwutgefahr. Wir sind hier in einem Tollwutsperrgebiet. Füchse, die am hellichten Tag so nah ans Haus kommen, sind immer verdächtig, tollwütig zu sein. Wir haben jetzt beschlossen, ein Hühnerhaus und ein Gehege zu bauen. Die Hühner können wir eben nicht frei laufen lassen, so unnatürlich das ist, sie einzupferchen, aber wir sind so weit außerhalb einer Ortschaft. In die Ortschaften gehn die Bussarde nicht.
Wo ist die nächste Ortschaft?
Karin: Der nächste Bauer ist jetzt im Winter sichtbar, dann

der nächste ist zu Fuß eine Viertelstunde, gut einen Kilometer entfernt.

Und die nächste Ortschaft zu Fuß?

Willem: Eine gute halbe Stunde.

Kümmert sich Sibylle alleine um die Schafe?

Karin: Sie macht vorrangig die Tierpflege. Die Schafzucht hat aber eine Größe erreicht, die Hilfe für Sibylle notwendig macht.

Das machst du, also die Hilfe?

Karin: Richtig. Nur kommt man dabei sehr leicht in das Fahrwasser des anderen, daß man nur noch Hilfestellung gibt. Man produziert nichts Eigenes mehr, es ist einfach nichts für einen da. Es wäre schön, wenn ich da nebenbei meine Sachen hätte.

Hast du nicht?

Karin: Hab' ich nicht, nein. Das ist es auch manchmal, wenn's mich dann überkommt, meine Traurigkeit, daß es eben alles Hilfsarbeiten sind, die ich mache, es ist eben nichts Eigenes.

Gar nichts Eigenes?

Karin: Ja, doch, ich mach' eigenständig die Küche, mit Abwaschen und Frühstück aufdecken und Frühstück abdecken und Mittagessen kochen und Einkochen, wobei das Einkochen auch ab und an Spaß macht, das geb' ich gerne zu, Marmeladen machen. Eben diesen Hauswirtschaftskram, der dann als selbstverständlich angenommen wird. Vielleicht mecker' ich nicht oft genug, oder ich mach' die Leute nicht drauf aufmerksam, daß bestimmte Arbeiten prinzipiell für mich übrigbleiben. Also, Klo wird nicht sauber gemacht...

Ich will keinem unterstelln, daß er das bewußt für sich im Hinterkopf sagt, also, Flur ist dreckig, den Flur wird Karin schon irgendwann sauber machen, sondern es ist einfach so...

Gewohnheitsrecht . . .
Karin: Richtig!
So wie du jetzt sagst, Hammer, Nagel, Willem?
Karin: Ja, das ist genau so, ich nutz' das jetzt aus. Ich freu' mich dran, ich genieß' es . . .
. . . freust dich richtig, wenn du mal 'n neues Bild aufzuhängen hast?
Karin: Ja, so die Art.
Willem: Das stammt selbstverständlich auch aus der Zweierzeit, daß da natürlich eine Aufgabenteilung war. Vor allen Dingen, wenn es Druck mit der Arbeit gibt, daß es dann eben einfach heißt, es hat gar keinen Sinn, daß man sich abwechselt.
Und was machst du jetzt, welchen Teil hast du übernommen?
Willem: Diese Eingefahrenheit der Aufgaben wird jetzt, glaub' ich, aufgelockert werden . . .
Karin: . . . daß du auch manchmal abwäschst . . .
Willem: . . . daß ich den Vorschlag mach', ich mach' mal den Abwasch oder diese Dreckarbeiten in der Küche, Holz holen, Briketts holen.
Wie stellst du dir deine Arbeit hier vor?
Willem: Ich bin hierhergekommen mit der Absicht, nun endlich was für mich selbst zu tun, reine Arbeit für mich zu haben, bin dabei, meine Werkstatt aufzubauen. Ich will Spinnräder bauen.
. . . die du dann verkaufen kannst?
Willem: Ja, mit dem Ziel, ein gutes Produkt herzustellen.
Im Moment lebt ihr nur von den Schafen?
Karin: Auch von der Wolle, dem Käse, den wir herstellen . . .
Willem: . . . und von Spinnaufträgen, von Leuten, die Wolle haben wollen.
Karin: Und Strickaufträge. Ich strick' also, Sibylle hat auch

angefangen, Westen zu machen. Bis jetzt hab' ich die Strickaufträge gehabt.
Willem: Wir können alle drei spinnen, ich kann's auch.
Mit eurer eigenen Wolle?
Karin: Nicht nur die eigene, unsere Milchschafwolle ist besonders fein und schön, die spinnen wir für uns selber und geben den Rest mit in die Partie, die wir zusätzlich kaufen. Wir kaufen frisch geschorene Vliese beim Bauern oder bei unserem Tierarzt, der auch selber Schafe hat, die gehen dann weg zum Waschen, ehe wir sie verarbeiten. Wir können das Waschen nicht übernehmen, weil wir a) keine Möglichkeit haben, etwas zu trocknen, und b) eben nur ein Waschbecken. In einem Waschbecken kann man nicht hundert Kilogramm Wolle waschen...
Willem: ... ja, ist unmöglich...
Karin: Und so Partien in der Größe müssen wir haben, weil sich die Farben immer eine Spur ändern, und damit wir eine möglichst lange Phase die gleichen Farbschattierungen haben, haben wir zwei-, dreihundert Kilogramm Wolle auf dem Boden.
Machen sechzehn Schafe denn soviel Arbeit, daß das einer allein nicht schafft?
Willem: Du darfst nicht vergessen, daß es Zuchtschafe sind, alles eingetragene und geprüfte Tiere.
Karin: Also keine Gebrauchsschafe.
Willem: Das sind reinrassige Schafe. Das ist wie bei Rennpferden. Die brauchen ihre tägliche Pflege, die über das Futter hinstellen hinausgeht. Der Stall muß pikobello in Ordnung sein, und das macht die Sibylle natürlich sehr konzentriert. Und die brauchen 'n bißchen Zuspruch. Das ist eine unheimlich feinpflegerische Geschichte, diese Zucht, das ist nicht einfach ein Tier, fressen, und dann kommt da was raus.
Karin: Im Frühjahr geht das mit der Arbeit los. Die Schafe

kommen auf abgeteilte Stücke. Jeden Tag muß der Schafzaun umgesetzt werden. Das alleine dauert gut eineinhalb Stunden, dann kommt der Punkt, wo die Schafe getrennt werden, die Lämmer von den Müttern weg und nachher die Böcke von den weiblichen weg. Das heißt, wir haben immer zwei Felder, die wir jeden Abend umsetzen.
Willem: Die Schafe kriegen jeden Tag ein neues Stück ...
Karin: ... Gras, damit sie nicht beliebig nur das wegfressen, was sie gerne möchten und ...
Willem: ... und wenn sie das kahlgefressen haben, dann kommen sie auf das nächste Stück, dann wächst das besser nach.
Karin: Dann kommt noch die Wurmgeschichte hinzu. Sie holen sich sehr leicht Würmer, und, wenn sie Würmer hatten und sie wurden entwurmt, dann sollen sie auf das Stück sechs Wochen nicht wieder ...
Wie habt ihr das alles gelernt?
Karin: Sibylle war in einem Schaflehrgang für Milchschafe und hat darüber ein Buch. Sehr viel erfahren wir von unserem Tierarzt, der uns sehr bereitwillig Auskünfte gibt. Dann geht das los im Frühjahr mit dem Rübenanbau für die Schafe. Im vergangenen Jahr haben wir Futtermöhren gemacht. Das hat so Unmengen an Zeit in Anspruch genommen. Die Möhren müssen alle von Hand verzogen werden, Unkraut zwischengehackt, das ist also viel Arbeit!
Willem: Die Rüben müssen gehackt werden, also ich hab's jetzt im Sommer mitgemacht ...
Karin: ... eine Knüppelarbeit ...
Willem: ... das ist eine Wahnsinnsarbeit.
Hast du Angst vor der Arbeit, die hier auf dich zukommen wird?
Willem: Ich bin da eher neugierig.
Wie beurteilst du diese ersten anderthalb Monate hier?
Willem: Da waren viele, viele *ups* und *downs,* zuerst mal

rein vom Äußerlichen her. Ich bin hierhergekommen mit der Absicht, eine Werkstatt aufzubaun. Da mußten unheimlich viel Klamotten rausgeschafft werden, die erste Zeit war gezeichnet von Frustration und Unsicherheit, klappt das überhaupt, kannst du das leisten, und – Erfolgserlebnissen.

Siehst du eine Entwicklung in den anderthalb Monaten?

Willem: Ja, ich lerne mit den Werkzeugen umgehen, kann was aussagen über das Werkzeug, weiß, was gut, was schlecht ist, komm' mit dem Holz besser zurecht, mit der Bearbeitung. Das ist für mich ein ganz intensiver Aspekt, wenn nicht das Intensivste überhaupt hier. Weil mir sehr viel dran liegt, möglichst bald ein verkaufstüchtiges Produkt herzustellen.

Des Geldes wegen?

Willem: Doch, auch das ...

... oder wegen der Einheit, die du immer suchtest?

Willem: Selbstverständlich. Der finanzielle Aspekt ist bei mir verflucht wichtig, weil ich sehr ungern hier weggehe, um irgendwo anders als Fahrer oder im Krankenhaus zu arbeiten. Das wäre das Wiederaufreißen dieser Einheit. Na ja, außerdem beschäftigt mich ständig der Gruppenprozeß. Diese Wohngemeinschaften, die in Berlin im letzten Jahr in freier Sexualität und der Auflösung aller Türen und Wände gipfelten ... Wir haben in einem großen Raum mit fünfzehn Leuten zusammengelebt. Da gärt in mir unheimlich viel nach von solchen Erfahrungen, von intensiven Kommunikationen in ihrer verschiedenen Form, gut und schlecht. Dieser Aspekt spielt für mein Gefühl hier eine zu geringe Rolle. Ich merke immer wieder, daß wir an den Tagen, wo jeder arbeitet und eine alltägliche Kommunikation läuft, das intensive Moment dieses Ich-Du-Erlebnisses fehlt.

Meinst du das auch sexuell?

Willem: Im Moment empfinde ich das nicht als Mangelsitua-

tion, aber ich weiß, daß das bald kommen wird.
Was macht ihr dann?
Willem: Was wir da machen? Dann müssen wir Wege finden. Da müssen wir aufeinander zugehn, anders geht es nicht.
Siehst du das auch so?
Karin: Ich hab' mir das überhaupt noch nicht überlegt. Es wäre durchaus eine Möglichkeit; aber ich weiß es jetzt nicht zu sagen, es muß ja auch nicht mit mir stattfinden, es wär' ja auch eine Möglichkeit, daß er außerhalb jemanden kennenlernt.
Willem: Es gibt aber den Gedanken der Sexualökonomie, also in Gruppen.
Du meinst also, mit den beiden Mädchen zusammen? (In diesem Moment kommt Sibylle zurück, sie hat Willems Äußerung mitbekommen.)
Sibylle: Katerchen ...
Sibylle, wir sprechen gerade über eure sexuellen Probleme.
Sibylle: Ich habe keine.
Funktioniert dein Verdrängungsmechanismus so gut?
Sibylle: Weißt du, ich habe genug erlebt. Vor allem in den letzten Jahren in Berlin. Ich brauchte und brauche eine Pause. Ich fühle mich wohl. Meine Tiere geben mir die Wärme, die ich brauche. Sie sind dankbar für das, was ich ihnen gebe, und widersprechen nicht.
Was sagst du zu Willems Gedanken der Sexualökonomie?
Sibylle: Ich weiß nicht, wie Karin dazu steht. Wir sprechen nicht darüber. Für mich ist das im Moment kein Thema, vielleicht später ...
Kannst du dir vorstellen, daß du eines Tages 'mal heiratest?
Sibylle: Wenn überhaupt, dann erst wenn ich älter bin, so einen Schäfer ...
Seid ihr politisch engagiert, was haltet ihr von den Grünen, den Umweltschützlern?

Karin: Wir sind politisch nicht organisiert. Was ich von den Grünen halte? Ich halte von den Grünen im Prinzip 'ne Menge, nur halte ich sie nicht unbedingt für eine politische Partei. Wobei ich toll fände, wenn sie die Fünfprozentklausel schaffen würden und mit in den Bundestag ziehen mit eineinhalb Leuten, weil sie vielleicht Möglichkeiten der Einflußnahme kriegen. Das würd' ich ihnen schon gönnen, aber ich weiß nicht, ob ich's erstrebenswert fände, wenn sie, rein theoretisch, die absolute Mehrheit erreichen würden. Da wüßt' ich nicht, ob ich mich gut aufgehoben fühlte.

Könntest du dir vorstellen, daß du da aktiv mitmachen würdest?

Karin: Vorstellen könnt' ich's mir. Ich kann es mir nur zeitlich nicht vorstellen.

Wie ist das mit dir, Willem?

Willem: Im Moment hab' ich kein großes politisches Interesse. Soviel ich aber davon weiß, halt' ich eine Bewegung wie die Grünen für sehr positiv.

Könntest du dir vorstellen, daß du aktiv mitmachst?

Willem: Nee, im Moment nicht.

Aus zeitlichen Gründen?

Willem: Ich bin im Moment sehr, sehr mit mir beschäftigt. Meine Welt hat sich unheimlich verkleinert. Es berührt mich eigentlich im Moment nicht.

Karin: Ich bin für die Grünen, weil wir Erfahrungen gemacht haben mit Spritzmitteln, die Vogelnistplätze zerstört haben. Oder daß man den Leuten das Handwerk legen sollte, die hier mit Schlagmaschinen entlanggehn und die Bäume abreißen, und es aussieht, als wär' hier ein mittlerer Weltkrieg über uns hergegangen, das sieht wirklich barbarisch aus, das muß man einmal erlebt haben, wie weh einem das tut, das ist unglaublich.

Sibylle, was würdest du sagen?

Sibylle: Politisch sag' ich überhaupt nichts mehr.

Hast du dich je engagiert?
Sibylle: Ja, '68 natürlich in Berlin. Da gehörte es zum guten Ton. Mir hat das persönlich viel gebracht. Ich war mit an der Front und konnte mitreden und mitmachen... Ich war schon interessiert, ich hab' gelesen, mich viel unterhalten, wollte viel wissen, aber was nachgeblieben ist... Wenn es echt gewesen wär', wär' mehr nachgeblieben. Mein Interesse ist gleich Null. Ob Grün oder nicht Grün interessiert mich nicht, wobei Grün noch die einzige Alternative zu dem ganzen andern Mist wäre, aber es interessiert mich wirklich wenig.
Sibylle, als du vorhin draußen bei den Tieren warst, haben wir schon darüber gesprochen. Habt ihr untereinander öfter Spannungen?
Sibylle: Wir haben schon Schwierigkeiten gehabt, miteinander zu leben und auszukommen, speziell in dieser Situation, wo man keine Ablenkung hat und sehr aufeinander angewiesen ist.
Mehr in der Zeit, wo ihr zu zweit wart oder wo ihr zu dritt seid?
Sibylle: Wo wir zu dritt war'n, war's eigentlich am schlimmsten.
Karin: ... also jetzt nicht mit Willem!
Sibylle: Aber ich bin sicherer geworden in vielen Dingen. Karin gegenüber und dem Leben hier gegenüber sicherer. Wir hatten schon große Schwierigkeiten, wobei ich finde, daß das sehr viel besser geworden ist...
Karin: Ja!!!
Sibylle: ... und nicht nur besser auszuhalten, sondern daß es wirklich sehr, sehr schön ist, mit immer noch Schwierigkeiten ab und an, dafür sind wir nun nicht eineiige Zwillinge, sondern kommen aus ganz verschiedenen Leben und haben ganz unterschiedliche Dinge hinter uns gebracht. Aber ich könnt' mir zumindest keinen vorstellen, mit dem ich das im

Moment lieber tät' als mit Karin.
Ist dieses Verständnis durch das gemeinsame Arbeiten gekommen?
Karin: Wir haben immer einen Seiltanz gehabt, und da wir sehr existentiell aufeinander angewiesen waren, hatte auch keiner den Mut, den Mund aufzumachen. Das staut sich an, und dann kommt irgend so eine Lappalie, da bricht plötzlich aus dem einen der ganze Unmut heraus, der sich wirklich an einer Kleinigkeit festmacht. Das haben wir richtig laut gemacht, wir haben uns richtig laut aufs heftigste, bis zum Türen schmeißen, gekracht. Weil wir die Möglichkeit nicht gesehen haben, und zwar alle beide nicht, Schwierigkeiten eher anzusprechen. Entweder liegt es nur an der Situation, oder es liegt daran, daß ich es mit Sibylle schwerer kann als mit jemand anderem. Ich hab' normalerweise diese Schwierigkeiten nicht, aber es kann durchaus sein, daß es für mich hier sehr existentiell ist, daß ich Angst hab' einzubrechen, ins Eis, abzusaufen. Das hat mich oft daran gehindert, Kleinigkeiten, die einen wurmen, zu sagen.
Das berühmte Wort »Aussteiger«. Seid ihr welche?
Willem: Aussteiger ist für mich ein inhaltsloses Wort. Ich weiß nicht, was ein Aussteiger ist. Wo steigt man aus?
Karin: Ja doch, ich bin eher bereit zu sagen Aussteiger, als alternativ, weil das »alternativ« mich einfach stört, weil es solche modische Bewegung ist. Ich bin ausgestiegen aus einer absolut finanziellen Sicherheit, aus einem Lebenskreis, der für mich kontinuierlich da und vorhanden war, aus meinen Ablenkungsmechanismen, aus meinem Konsumverhalten, aus, ach, ich könnt' 'ne ganze Reihe aufzählen!
Sibylle: Ich kann das Wort »Aussteiger« gut begreifen und auch benutzen, eher als das Wort »alternativ«, eben weil mir das zu modisch erscheint, und man zuviel von diesen Alternativen redet und zu wenig sieht. Mag sein, daß es wirklich viel gibt, was gut ist und ernsthaft ist, nur, ich hab' einfach

nicht die Möglichkeit, das nachzuprüfen. Ich hör' immer nur dieses Wort, und das stört mich. Aussteiger bin ich selbstverständlich, denn ich bin aus einer bestehenden Lebensform, aus einer sicheren Lebensform, ausgestiegen.
Viele argumentieren, sie sähen eine größere Leistung darin, ihre Verantwortung, ihre übernommenen Pflichten zu erfüllen.
Willem: Was heißt Verantwortung? Das ruft so ein Bild hervor von dem Menschen, der sich aufopfert, der abwägt, der ganz vernünftig ist ...
... für die andern ...
Willem: ... für die andern, der zwar Wünsche und Sehnsüchte hat, aber dennoch handelt er vernünftig. Ich halte das für ein Menschenbild, das es nicht gibt, das aufgesetzt ist. Ich halte es echt für bequemer, weiterzumachen ...
Sibylle: Ich mag das eine mit dem andern nicht vergleichen. Das sind für mich beides Lebensformen, die zu respektieren sind.
Karin: Für mich gelten auch beide Formen, aber wenn da jemand kommt und argumentiert, die größere Verantwortung ist, in der Stadt zu bleiben, würd' ich sagen, das ist Tinnef.
Wenn die Frau nicht bereit ist, mit ihm zu ziehen.
Karin: Es gibt doch auch einen gemeinsamen Konsens, warum leben Leute zusammen? Wenn es einen so drückt, auf das Land zu gehen, ist es gar nicht einsichtig, warum man sich von seiner Familie trennen muß.
Willem: Verantwortung hat mit Abhängigkeit zu tun.
Karin: Unter bestimmten Abhängigkeiten liegen wir hier eben auch.
Sibylle: Ja, in ganz starker, ich war noch nie so abhängig wie hier. Seit ich Tiere hab' zumindest, denn die machen mich abhängig.
Ihr könnt nicht vier Wochen Urlaub machen.

Sibylle: Überhaupt nicht. Einer kann im November wegfahren.
Und die Tiere?
Sibylle: Dann wird nicht gemolken, ist Ruhezeit, und die sind noch nicht hochtragend.
Kann jeder von euch sagen, was er für das Positivste und was er für das Negativste hier bei dieser Lebensart oder Lebensform hält?
Sibylle: Das Positive für mich ist das Leben hier, was ich hier gefunden hab', was ich hier realisieren kann. Das Negative ist, daß mich der Geldfaktor stört, regelrecht stört. Daß ich nicht so kann, wie ich möchte.
Willem: Hier tauchen ab und zu für mich Gefühle auf, ich weiß nicht, solche Gefühle der Winzigkeit...
Karin: Als ich aus Berlin wegging, haben mir in meinem Arbeitsbereich viele Leute gesagt, dich sehen wir in einem halben Jahr wieder, das wird sowieso nichts. Bei denen erfahr' ich nur ein Erstaunen, daß ich das aushalte, die mich inzwischen mit großen, runden Augen angucken und irgendwas ganz Tolles von mir erwarten, was in der Regel gar nicht kommt. Die Leute, die mich damals beneidet haben, die sitzen einem gegenüber und entschuldigen sich fast dafür, daß sie noch nicht auf dem Lande sind.
Willem: ... ein gewisser lebender Vorwurf...
Karin: ... ja, daß ich immer das Gefühl hab', ich müßte zurücknehmen und sagen, so gut ist es gar nicht auf dem Lande...
Willem: ... daß man den Leuten ihre Entschuldigung für ihr Dableiben oder für ihr Stadtdasein liefern muß.
Ist es für euch überhaupt keine Frage, daß ihr diese Art Leben weitermachen wollt?
Sibylle: Das ist so klar wie, ja, was soll ich sagen...
Karin: ... wie die Morgensonne aufgeht...
Habt ihr Angst vor Alter oder Krankheit?

Willem: Angst hab' ich da nicht vor, ich seh' das so, daß ich aktiv bleibe, bis ich sterbe.
Was würdest du machen, wenn du jetzt plötzlich sehr krank würdest?
Karin: Dafür sind wir ja auch zu dritt.
Du würdest hierbleiben, und ihr würdet denjenigen pflegen?
Karin: Das wäre eine abartige Idee zu sagen, wenn einer krank wird, muß der mal sehn, daß er hier wegkommt. Das ist ja wohl völlig selbstverständlich...
Willem: Aber das ist natürlich, du bist nicht raus aus dieser Welt. Wenn du als Einzelwesen mit solchen Sachen wie Krankheit, alt, gebrechlich sein konfrontiert bist, gibt es schließlich noch das Krankenhaus.
Seid ihr krankenversichert?
Sibylle: Und wie, werd' ich auch immer sein.
Karin: Das werd' ich auch nie aufgeben.
Willem: Das ist schon gefährlich, ohne. Was ich langfristig erwarte, ist das Leben in einem größeren Zusammenhang von Menschen. Auf diesem Hintergrund sehe ich auch das Älterwerden, daß das Älterwerden zwar ein individueller Zustand ist, aber innerhalb einer Gemeinschaft erlebt werden kann.
Ihr bekommt selten Besuch. Habt ihr Fernsehn?
Sibylle: Und wie.
Guckt ihr viel abends fern, oder was macht ihr abends?
Karin: Im Winter gucken wir durchaus ab und an, wobei im Sommer das Ding völlig außer Funktion ist.
Sibylle: Da gehn wir um neun schlafen.
Willem: Das ist bei uns ein bißchen ein rauschhaftes Erlebnis, so hinhocken und glotzen...
Sibylle: Abschalten und Beine hochlegen, wunderbar, möglichst dabei schon halb einschlafen und dann ins Bett, das ist ein schöner Tagesausgang im Winter, wunderbar.

War es bei euch ein bewußter Prozeß, in unserm Kulturkreis zu bleiben und hier »anders« zu leben?

Karin: Ja, ich bin hier groß geworden, ich bin klimatisch auf bestimmte Situationen eingefahren, mir bekommen bestimmte Wärmegrade nicht, jedenfalls nicht, daß sie mich aktiv machen. Ich mag diesen Herbst, ich mag den Winter, ich mag auch dieses regnerische, trübe Wetter, es stört mich psychisch nicht. Es gibt ja viele Leute, die davon stark abhängig sind. Hinzu kommt vielleicht, daß ich nicht wahnsinnig begabt bin, fremder Leute Sprache zu lernen, so daß es für mich nie zur Debatte stand, beispielsweise um des besseren Wetters willen nach Südfrankreich zu gehen. Es würde viel an Kultur verlorengehn. Sicher wird man da unten auch das eine oder andere deutsche Buch lesen können, aber die Auswahl und die Information über bestimmte Dinge, die kommen hier besser für mich an. Und damit leb' ich relativ stark, zum Beispiel politische Informationen.

Willem: Ich hab' das im letzten Jahr erfahren, als ich fast mit ein paar Leuten zusammen ein Haus in Norditalien gekauft hätte. Ich war in Italien, hab' die Sprache nicht beherrscht. Das kann ich voll bestätigen, das mit dem Kulturkreis. Da wär' ich im Exil.

Sibylle: Wir sind früher häufig nach Sylt gefahren, als es noch nicht so doof war wie jetzt, und wenn wir in Nordfriesland ankamen, kamen mir fast die Tränen, wenn ich diese kleinen nordfriesischen alten Häuschen sah. Das ist bei mir haftengeblieben. Ich mag diese Landschaft, noch mehr die nordfriesische. Der Norden ist für mich der einzige Fleck, an dem ich länger leben und bleiben möchte. Ich brauch' auch genau dies' Wetter, ich brauch' die Jahreszeiten, den kalten Frühling, der einen immer wieder hoffen läßt, den nie aufhörenden Winter, die anderthalb Sommertage, das ist für mich zur Gewohnheit und zur Notwendigkeit geworden. Das ist für mich so spannungsgeladen, dieses Wetter hier.

Ich hab' lange in der Türkei gelebt, es ist langweilig, mir sind die Farben auf die Dauer auf den Wecker gegangen, dieses ewig Knallige, knallrot, knallblau, jeden Tag das gleiche und jeden Tag das Wasser warm und die Leute immer von der gleichen, penetranten Freundlichkeit. Die waren wie die Hitze, nicht zu ertragen auf die Dauer. Hier muß man sich, wenn man an Menschen rankommen will, ein bißchen durchwühlen.

Es ist wohl wichtig, wo man geboren ist.

Sibylle: Ja, wenn man ehrlich ist, fühlt man sich da am besten. Ich kenn' Leute in Berlin, speziell einen Freund, der sucht nun, so alt er ist, nach dem Land, in dem er leben möchte. Ich sag', ach Junge, du mußt dich irgendwann mal entscheiden, es gibt so viele Länder, und du kannst nur in einem leben, sag doch mal zu diesem Land ja. Und dann fährt er wieder los und sagt, ich versuch's noch mal mit Griechenland, nee, das war nichts, dann mit Italien, nee, und dann Südfrankreich, nee. Dann haben die von Hawaii gesprochen. Das ist unfaßbar. Der ist vierzig, also auch nicht mehr fünfundzwanzig. Die finden es nie.

Willem: Die Welt als Selbstbedienungsladen, ohne Orientierung ...

Sibylle: ... es muß doch irgendwo einen Platz geben, der für dich geschaffen ist ...

... extra für einen, der wartet, daß man kommt ...

Willem: Du bringst selbst bestimmte Voraussetzungen mit, ein gewisses Bewußtsein über dich selbst. Irgendwas muß dir doch eine Orientierung geben, in dir selbst.

Karin: Ich glaube, diese Leute, die auf der Suche sind nach einem Land, das nicht existiert, haben irgendwo penetrante Schwierigkeiten mit sich und der Umwelt. Die nehmen sie nämlich immer schön mit, ihre Schwierigkeiten, deswegen kommen sie nämlich nie weiter, die können ans Ende der Welt reisen, das Problem bleibt immer dasselbe, weil es das

Problem ist, was sie mit sich rumschleppen.

Sibylle: Ich glaub' gar nicht, daß die so viel größere Schwierigkeiten haben, sondern sie suchen nach einem Plätzchen Erde, wo sie gar keine Schwierigkeiten mehr haben ... Das Wort Arbeit darf kaum erscheinen, Abhängigkeit ›um Gottes Willen‹ nicht, Lust und Freude und daher der Süden. Wenig frieren, arbeiten, essen, nicht ans Geld denken.

Es geht also um praktische Dinge?

Sibylle: Du, klar. Ich wasch' mich jetzt seit sechs Jahren im Eimer, weißt du, und das macht keinen Spaß.

Ihr habt draußen einen Bach?

Sibylle: Ist nichts mit Bach ...

Karin: Im Sommer haben wir eine komfortable Dusche aus dem Gartenschlauch, aber es ist hier im Norden selten so, daß man draußen duschen kann.

Sibylle: Wobei man sich in der Stadt auch zu häufig wäscht, dieses Täglich-zweimal-unter-die-Dusche ist völliger Tinnef, man wird einfach nicht so dreckig.

Karin: Auch wenn wir eine Dusche haben, werden wir nur einmal die Woche duschen, auch aus finanziellen Gründen, denn wenn jeden Morgen jeder erstmal 'ne halbe Stunde unter die Dusche marschiert, da werden wir arme Leute dabei. Es hat mich auch unheimlich gestört, daß wir zwei Jahre lang einen Kloeimer hatten, der je nachdem, ob mehr oder weniger Besuch da war, häufiger oder weniger häufig ausgekippt werden mußte. Dann haben wir ein Klo gekriegt, da ist also ein Klo gebaut worden für eine Kompanie Soldaten, so groß, daß man das nie warm kriegt. Mit dem Erfolg, daß dieses Klo abgestellt wird und man mit einer Gießkanne aufs Klo eilt. Wenn man dann so 39 Fieber hat, und man marschiert dann aus dem warmen Bett raus quer über den Flur oder quer über das Feld, das ist wirklich nicht so lustig. Also dieses Klo sieht mich nur einmal am Tag. Bei sieben, acht Grad minus, wenn die Nase zusammenzieht, dann friert

das schon so aneinander... Wir haben irgendwann eine Klärgrube gekriegt, aber angefangen hat es damit, daß ich jeden Kloeimer eingegraben habe, also erstmal ein tiefes Loch, also mit dem Spaten losgezogen bin.
Sibylle: Irgendwann sind wir doch auch ins Moor gegangen, und je nachdem wie eilig es war, mit Fahrrad und Spaten wie eine Verrückte rumgefahren. Wann war denn das? Hatten wir da keinen Eimer oder war der voll?
Karin: Da war das Klo noch nicht vorbereitet von uns und sah so aus, daß man da nicht mit der Kneifzange hin wollte. Da hat man sich die Zigarette verkniffen, um das so 'n bißchen rauszuzögern mit dem Aufs-Klo... Also grauenhaft. Das hört sich alles unheimlich witzig an, aber's ist eben zum Kotzen. Die Länge macht irgendwann die Last. Ich geh' auch hundertmal lachend mit einer Gießkanne aufs Klo, aber beim hundertundeinsten Mal, da reicht es.
Sibylle: Manch einer hat Verdauungsschwierigkeiten, sobald er unsern Kloeimer sieht, der verstopft, bis er wieder hier weg ist. Ich find' das schon positiv, daß man wieder lernt, sich in einer Plastikschüssel zu waschen, daß man sich nicht so verpäppelt. Diese lauwarm temperierten Badezimmer, die wir zu Hause kennen, das ist ja grausam. Man hat ewig so ein laues, lasches Gefühl körperlich. Hier friert man, kann man zittern, oder man bewegt sich, und dann ist einem wieder warm. Das find' ich toll. Auch, daß wir nur kaltes Wasser haben.
Setzt ihr euch denn auch manchmal zusammen, denkt nach, reflektiert, diskutiert über euer neues Leben?
Karin und Willem: Früher in Berlin haben wir nächtelang darüber diskutiert, heute haben wir gar keine Zeit mehr dafür, wir sind abends viel zu müde, um noch zu theoretisieren.

JEAN-LOU

Jean-Lou Julien, 35, Franzose, Vater Direktor eines südfranzösischen Unternehmens, verläßt die Ingenieurschule von Toulon, wird Zuhälter in Paris, heiratet eine wohlhabende Frau, wird mit ihr Geschäftsbesitzer in Toulon, lebt seit sieben Jahren auf Korsika, meint, hier unabhängiger von Gesetzen leben zu können als in Frankreich.

LEBENSKÜNSTLER UND NEINSAGER

Jean-Lou, Sie leben seit vielen Jahren auf Korsika. Sie leben bewußt hier und nicht auf dem Kontinent. Wie sind Sie dazu gekommen?
Ich bin am 10. Februar 1945 im Département Loiret geboren. Mit sechs Monaten bin ich nach Toulon gekommen, habe dort die Grundschule, dann das Gymnasium besucht. War dann auf der Ingenieurschule von Arsenal de Toulon. Zwei Jahre vor meinem Ingenieurabschluß habe ich alles hingeschmissen, um nach Paris zu gehen, wo ich mehr oder weniger den »Voyou« (Straßenjunge, Ganove) gespielt habe.
Wie haben Ihre Eltern reagiert?
Schlecht, sehr schlecht. Meine Eltern haben nicht verstanden, daß ich alles hingeschmissen habe, um ein Vagabundenleben zu führen.
Haben Sie Geschwister?
Eine Schwester. Sie ist Prokuristin in einer Bank.
Was macht Ihr Vater?
Mein Vater war in der Armee. Alter Legionär. Acht Jahre. Dann war er Direktor in einer Firma in Toulon.
Würden Sie sagen, daß Sie eine glückliche Kindheit hatten?
Ja, sehr. Nicht golden, aber glücklich.
Haben Sie viele Freunde als Kind gehabt?
Ja.
Wie war Ihre Schulzeit?
Glücklich.
Waren Sie ein guter oder schlechter Schüler?
Ich war ein sehr guter Schüler, ein besonders guter Schüler. Aber undiszipliniert.
Welche Fächer mochten Sie besonders?
Das einzige, was mich interessierte, war die Mechanik.
Warum haben Sie dann zwei Jahre vor Ihrem Abschluß mit der Ingenieurausbildung aufgehört?
Ich hatte keine Lust mehr. Basta.

Wie alt waren Sie da?
Achtzehn.
Was reizte Sie, als Sie nach Paris gingen?
Freiheit, Amüsement, Abenteuer. Ich hatte hundert Francs in der Tasche. Als ich in Paris ankam, hatte ich noch zwölf. Ich nahm ein Taxi, und da ich kein Geld hatte, um zu bezahlen, bin ich am Place de Clichy rausgesprungen. Es war dichter Verkehr, ich konnte entkommen.
Was stellten Sie sich vor, mit zwölf Francs in der Tasche in Clichy anzufangen?
Ich hatte gehört, daß viele Leute aus Toulon Cafés und Bars in dieser Gegend hatten. Ich wartete, bis die Bars öffneten.
Was hatten Sie vor?
Keine Ahnung.
Wo wollten Sie schlafen?
Ich war sicher, daß mir die Leute aus Toulon weiterhelfen würden. Es war nur ein halbes Abenteuer.
Hatten Sie Ihren Eltern vorher Bescheid gesagt, als Sie weggingen?
Ja, meinem Vater. Meine Eltern waren geschieden. Man hielt es für besser, daß ich wegging.
Heißt das, daß Ihr Vater Sie verstanden hat?
Nein. Er war ein gradliniger Mensch. In dem Moment, wo jemand rechts oder links abbog, verstand er das nicht mehr. Er versuchte gar nicht erst zu kapieren.
Hat Ihr Vater versucht, Sie zurückzuhalten?
Nein. Aber ich habe mich mit meinem Vater nie besonders verstanden.
Wären Sie auch abgehauen, wenn Sie in einer intakten Familie aufgewachsen wären?
Ja, das hat nichts damit zu tun.
Also auch, wenn Ihre Eltern sich nicht hätten scheiden lassen?

Ich wäre immer abgehauen.
Wollten Sie schon als Junge abhauen?
Ja, wie alle.
Wieso alle? Sicher, man hat Träume, Vorstellungen. Aber deswegen muß man nicht gleich abhauen.
Ich war immer ein Vagabund. Auch heute noch bin ich immer bereit, alles in Frage zu stellen.
Hatten Sie Ihr Weggehen vorbereitet?
Nein, ich machte das von heute auf morgen. Ohne Grund. Einfach so. Ich bin nach Paris gegangen. Ich hätte auch irgendwo anders hingehen können. In die Bretagne, in die Alpen... Ich bin sechs Monate in Paris geblieben, dann habe ich ein Mädchen aus Luire kennengelernt. Sie war dort Mathematiklehrerin. Ich bin zu ihr gefahren. Nach acht Tagen bin ich weggegangen, weil es mir zu kalt war. Es kotzte mich an. Da bin ich zurück nach Toulon.
Wovon haben Sie in Paris gelebt?
Von allem.
Was heißt das? Von Frauen?
Auch von Frauen.
Haben Sie gearbeitet?
Niemals!
Es ist sehr praktisch, davon zu leben, daß andere für einen arbeiten. Wie macht man das?
Ich hatte Freunde, die Bars hatten, wo sich alle trafen, sich alles abspielte... Mädchen, Voyous. Und wenn es etwas zu tun gab, dann habe ich mitgemacht. Ich habe in Paris sehr gut gelebt, war in den besten Nachtclubs...
Sie hatten also Frauen, die für Sie arbeiteten?
Ab und zu.
Gingen die Frauen für Sie auf die Straße?
Ja, eine.
Das Mädchen sorgte also für Ihr gutes Leben?
Ja, ich schob eine ruhige Kugel.

Sie waren damals achtzehn?
Achtzehneinhalb.
Und das Mädchen?
Dreißig.
Hatten Sie sie in Paris kennengelernt?
In Paris.
Bei Ihren Freunden?
Bei meinen Freunden.
In den Bars?
In den Bars.
Hat sie Sie geliebt?
Ich weiß nicht, ich habe sie nie gefragt.
Wie sind Sie zu dem Mädchen gekommen?
Sie machte es vorher schon.
Gut – aber warum machte sie es gerade für Sie? Wegen Ihrer schönen Augen?
Sie brauchte jemand. Sie konnte nicht alleine weiterarbeiten. In diesem Milieu ist es normal, daß ein Mädchen, das arbeiten will, von jemandem beschützt wird.
Warum gerade Sie? Waren Sie besonders stark?
Nein, nein ...
Hatten Sie einen besonders großen Einfluß bei Ihren Freunden?
Ich hatte keine Angst. Die Risiken waren mir egal. Ich war sehr jung. Ich nahm alles nicht so ernst. Es machte mir Spaß.
Das Mädchen fühlte sich also durch Sie beschützt?
Vielleicht nicht durch mich, aber durch meine Bande.
Aber Sie zogen den Nutzen daraus?
Es spielte keine Rolle, wer. Ich oder ein anderer von uns. Ich mochte dieses Milieu, aber das Mädchen war Zufall. Sie hat es vorher für andere gemacht. Der Typ vor mir war in Amerika zu einer langen Gefängnisstrafe verurteilt. Sie stand ihm weiterhin bei, schickte ihm Geld.

Was brachte Ihnen das Mädchen im Monat ein?
Damals so – das war so 1964 – eine Million.
Also zehntausend neue Francs. Eine Menge Geld damals. Gab sie Ihnen alles ab?
Nein, sie gab mir nur zum Leben, egal wieviel. Ich hatte damals Freunde, die Autos fuhren, die hunderttausend Francs kosteten. Die hatten wirklich Geld. Aber ich machte das nur zum Spaß.
Erinnern Sie sich an ihren Namen?
Wir nannten sie Dalida. Die Mädchen haben alle Spitznamen.
Wie sah sie aus?
Rothaarig. Und sonst ... ich weiß nicht. Ich war sehr jung, insofern war es damals schon wichtig für mich. Aber nicht sonderlich. Es war nur eine Etappe.
War sie Ihre erste Frau?
Nein.
Wann hatten Sie Ihre erste Frau?
Mit vierzehn oder fünfzehn.
Erinnern Sie sich noch an sie?
Nein.
Warum sind Sie aus Paris weggegangen? Sie hatten Freunde, Geld, Frauen ...
Geld hat für mich nie eine Rolle gespielt. Später habe ich viel mehr gehabt. War mir nie wichtig. Als ich verheiratet war, hatte ich Geld genug. Aber es interessierte mich überhaupt nicht. Aus meiner Sicht repräsentiert Geld überhaupt nichts. Bis heute nicht.
Warum sind Sie damals aus Paris weggegangen?
Ich hatte die Nase voll.
Und Ihre Freunde?
Die habe ich immer noch.
Und das Mädchen?
Weiß nicht ...

Sie haben sie im Stich gelassen?
Wenn Sie so wollen ... Ich habe sie in der Bar gelassen, bei meinen Freunden. Ich kannte dieses Mädchen aus Luire. Ich stellte mir vor, daß ich mich dort auf die faule Haut legen konnte. Aber davon wollte sie nichts wissen. Und außerdem war's kalt. Nach acht Tagen bin ich zurück nach Toulon.
Zu Ihren Eltern?
Nein, nein. Ich habe mir ein Zimmer gemietet.
Wovon haben Sie gelebt?
Von dem, was ich noch hatte. Dann war ich beim Militär, auf der Clemenceau, einem Flugzeugträger.
Wie lange waren Sie dort?
Die üblichen sechzehn Monate, außerdem noch sechsundachtzig Tage als Strafe. Ich war zweiundzwanzig Tage im Gefängnis. Ich hatte mich immer mit den anderen geprügelt. Außerdem hatten wir zu viert beim Admiral eingebrochen, um an seinen Proviant zu kommen.
Was haben Sie nach dem Militär gemacht?
Ich arbeitete in einer Boutique, verkaufte Klamotten. Ich arbeitete für meinen Chef. Ich war sehr korrekt. Doch als mein Chef in Urlaub war, kam seine Schwägerin und beschuldigte mich, an einen Freund etwas billiger verkauft zu haben. Aber das stimmte nicht. Im Gegenteil. Ich hätte eher noch eigenes Geld in die Kasse gelegt. Auf jeden Fall – als der Chef zurückkam, glaubte er seiner Schwägerin und sagte mir, daß er von mir enttäuscht sei. Da gab ich ihm seine Schlüssel wieder und sagte ihm, in Zukunft werden Sie nicht mehr enttäuscht sein. Dann ging ich weg. Sechs Monate war ich da. Dann lernte ich meine Frau kennen.
Wie hieß sie?
Therèse.
Wie alt war sie?
Zehn Jahre älter als ich.
Also damals einunddreißig. Was machte sie?

Sie hatte ein Geschäft für Farben, Tapeten usw. Wir lebten vier Jahre zusammen, ich arbeitete mit, wir verdienten viel Geld. Aber weil ich jede Nacht wegging, wurde sie immer nervöser, bekam Depressionen. Im Krankenhaus hat sie mich gefragt, ob ich sie nicht heiraten wolle. Ich habe gesagt, wenn du willst...

Wollten Sie sie heiraten?

Es war mir egal.

Haben Sie sie geliebt?

Schon, nicht sehr lange. Ich liebte vor allem das große Leben. Es gefiel mir. Ich ging allein aus. Ich hatte immer andere Frauen, auch als ich meine Frau liebte.

Sie hat es gewußt?

Sicher, aber ich kam ja immer wieder zu ihr zurück.

Haben Sie sie aus Mitleid geheiratet oder wegen des Geldes?

Nicht aus Mitleid. Eine Mischung von Liebe und Geld. Wir haben am 9. November 1969 geheiratet. Am 17. November bin ich in Skiurlaub gefahren, ohne sie. Am 2. Juli 1970 bin ich wiedergekommen.

Hatten Sie in dieser Zeit Kontakt mit Ihrer Frau?

Ja – ich brauchte Geld.

Sie ist mir nachgereist. Sie wollte wieder von vorne mit mir anfangen. Aber ich war dort mit einem anderen Mädchen.

Sie muß Sie sehr geliebt haben, daß sie das alles mitgemacht hat.

Ich denke.

Hatten Sie deswegen keine Gewissensbisse?

Doch – deswegen bin ich zurückgekehrt. Am 2. Juli. Am 4. bin ich wieder abgehauen – nach Korsika, hierher nach Cargèse.

Warum gerade Korsika?

Ich hatte da einen Onkel in einem Dorf. Außerdem hatte ich über diese Ecke hier gehört.

Warum haben Sie es nur zwei Tage ausgehalten?
Sie hat mir nur Szenen gemacht. Ich kann das nicht ausstehen. Das gefällt mir nicht.
Hatten Sie ein schlechtes Gewissen?
Nein, kein schlechtes Gewissen. Ich sah ein, daß ich Mist gemacht hatte. Das war alles. Aber schlechtes Gewissen hatte ich nicht. Ich weiß selber, was ich tue, das braucht mir keiner zu sagen. Ich brauche meine Freiheit.
Das wußten Sie, bevor Sie heirateten.
Ja – aber früher hatte ich mehr Freiheit. Ich will frei sein. Nach zwei Monaten bin ich wieder zu meiner Frau zurückgekehrt. Wir haben wieder zusammen im Geschäft gearbeitet, als ob nichts gewesen wäre. Zwei Jahre lang. Dann hat man uns erwischt. Meine Frau und mich. Wir hatten für fünfundsiebzig Millionen [alte Francs] Ware schwarz verkauft. Wir kamen erst einmal vier Monate ins Gefängnis. Als wir entlassen wurden, hatte ich die Nase voll. Ich bin wieder nach Cargèse gegangen. Ich kaufte mir einen Wagen von dem Geld, das übriggeblieben war. Das war im März '73. Im Mai '73 hatten wir das Gerichtsverfahren. Wir bekamen zwei Jahre Gefängnis auf Bewährung und neun Millionen [alte Francs] Geldstrafe. Ich sagte meiner Frau, sie solle das Geschäft behalten, die neun Millionen bezahlen – und daß ich nichts mehr damit zu tun haben wolle. Wir blieben Freunde. Seitdem bin ich hier in Cargèse.
Inzwischen lernte ich Ann kennen. Sie war für die Ferien hier. Das war nur etwas, um sich zu amüsieren.
Hat Ihre Frau Sie hier besucht?
Ab und zu.
Haben Sie sie gebeten zu bleiben?
Nein, ich wollte mit ihr nichts mehr zu tun haben.
Haben Sie sie um die Scheidung gebeten?
Nein, damals störte es mich nicht, verheiratet zu sein.
Warum hat Ihre Frau sich nicht scheiden lassen?

Sie wollte nicht. Ich bin erst seit einem Jahr geschieden. Und habe es auch nur durch Erpressung erreicht.
Wegen Ann?
Nein. Zu Anfang war es nichts Ernsthaftes. Am 15. August hatte meine Frau Geburtstag. Sie hatte mich nach Toulon eingeladen. Das war am selben Tag, als Ann auf den Kontinent zurückfuhr. Ich begleitete Ann, ohne ihr zu sagen, daß ich zu meiner Frau fahren wollte. Ann und ich feierten den 15. August zusammen, und ich kam zwei Tage später erst zu meiner Frau, um drei Uhr morgens. Da gab's wieder eine Szene. Ich sagte ihr, ich war mit einer Frau zusammen, und wenn es dir nicht paßt, kann ich ja wieder gehen. Daraufhin hat sie wieder ihre nervösen Depressionen bekommen, und ich bin wieder nach Cargèse zurück.
Mit oder ohne Ann?
Ohne. Sie ist nach Hause zurückgekehrt. Sie hatte mir gesagt, daß ich ja mal vorbeikommen könnte.
Wie alt war sie?
Neunzehn.
Liebten Sie sie?
Ich weiß nicht, ich fühlte mich bei ihr wohl.
Waren Sie ihr erster Mann?
Nein, nein.
Liebte sie Sie?
Ja, es war die große Liebe für sie. –
Eines Abends war ich sehr deprimiert. Ich hatte keinen Wagen mehr. Alles ging schief. Ich entschied mich, zu Ann zu fahren. Ich stahl einen Wagen, fuhr damit bis Ajaccio, nahm das Flugzeug nach Marseille, dann den Zug. Ich schickte ein Telegramm: Bin am Bahnhof, hol mich ab. Sie kam. Wir fuhren zu ihren Eltern. Ich guckte ganz schön. Ein Schloß aus dem 13. Jahrhundert! Ihrem Vater erzählte Ann, daß ich nur ein Freund sei. Als ich im selben Zimmer mit ihr schlafen wollte, fing der Ärger an. Da sagte ich zu dem

Vater, wenn Sie sich so anstellen, dann nehme ich Ann mit nach Cargèse. Ihr Vater hatte etwas dagegen. Sie hatte gerade ihr Kosmetikerinnendiplom gemacht und arbeitete in Carcassonne. Ihr Vater konnte mich mal. Um ihn zu ärgern, ging ich nach Carcassonne. Ich habe dort eineinhalb Jahre mit ihr gelebt. Sie hat gearbeitet, ich habe Geld mit Kartenspielen verdient. Dann wollte ich wieder zurück nach Korsika. Ich habe Ann ein Ultimatum gestellt. Entweder kommst du mit, oder ich gehe alleine. Sie kam mit. Das war im März 1975. Seitdem sind wir hier. Ich fing wieder an, als Maler zu arbeiten. Ann hat verschiedene Jobs gemacht. Den ersten Sommer lang haben wir zusammen eine Bar betrieben.

Als Ann vor zwei Jahren anfing, die Nase voll zu haben von Korsika, und auf den Kontinent zurück wollte, haben wir die Parfümerie für sie aufgemacht. Damit hat sie eine Beschäftigung. Ich gehe auf keinen Fall auf den Kontinent zurück.

Jean-Lou, Sie haben uns Bilder gezeigt. Ann scheint aus einer recht wohlhabenden Familie zu kommen. Ist es ihr nicht sehr schwergefallen, Ihnen hierher zu folgen?

Ja, sehr schwer. Die ganze Zeit, als wir in Carcassonne zusammenlebten, wollten ihre Eltern nichts mehr von ihr wissen. Eine Woche vor unserer Abreise nach Korsika bin ich zu ihren Eltern gegangen, um ihnen die Sachen aus der Wohnung zu bringen, die ihnen gehörten. Ich habe ihnen gesagt, ob Sie wollen oder nicht, ich scheiße auf euch alle, wir gehen nach Korsika.

Was macht Anns Vater?

Er war Directeur du Cabinet de la Présidence in Madagaskar. Sie gehören zum alten französischen Adel. Es ist die Familie ...

Ihr Onkel ist Chef des Protokolls im Elysee-Palast. Er war früher französischer Botschafter in Deutschland.

Ihr Vater hat mir unter vier Augen vorgeworfen, ich sei ein

Betrüger und nur hinter seinem Geld her. Ich stamme nicht aus ihrem Milieu, und ich solle Ann in Frieden lassen. Gut, ich kann die Eltern verstehen. Ann war zu einem besseren Leben erzogen. Sie verkehrte nur mit den Söhnen aus den feinsten Familien, Söhne von Botschaftern und so. Ich, als kleiner Maler, verheiratet... Ich habe alles durcheinandergebracht. Irgendwann habe ich ihrer Mutter gesagt, daß ich nicht vorhätte, Ann zu heiraten. Sie war geschockt, aber ein bißchen mehr oder weniger machte auch nichts mehr aus.

Hat Ann gewußt, was sie hier auf Korsika erwarten würde, das einfache Leben?

Nicht genau, sie kannte Korsika nur von den Ferien im Sommer her, wo man sich amüsierte, überhaupt, da ich gerne lache. Im Winter bekam sie einen Schock. Sie wollte wieder abreisen.

Sie ist geblieben, weil sie Sie liebte?

Ohne Zweifel.

Meinen Sie, daß sie manchmal bereut, Ihnen hierher gefolgt zu sein?

Ja.

Haben Sie manchmal Auseinandersetzungen? Es ist doch bestimmt manchmal nicht so einfach.

Zwischen uns ist es einfach.

Ab und zu denkt sie schon daran, auf den Kontinent zurückzukehren, aber wir haben dieses Geschäft... Sie hat mich mehrmals darum gebeten, auf den Kontinent zurückzugehen. Ich habe immer nein gesagt. Sie kann jederzeit weg, sie kann unser Kind mitnehmen unter der Bedingung, daß ich das Kind sehen kann, wann ich möchte.

Wie stehen Sie heute zu Anns Eltern? Ist es seit der Geburt des Kindes besser geworden?

Es hat geholfen. Wir reden wieder miteinander. Als Ann schwanger war, bin ich zu ihren Eltern gefahren, um es ihnen zu sagen. Das war 1976.

Wollen Sie Ann heiraten?
Ich weiß nicht. Wenn die Eltern darauf bestehen, ja. Sonst nicht. Ich wüßte nicht, warum.
Möchte Ann Sie heiraten?
Ich glaube nicht. Wir sprechen nicht darüber.
Können Sie Ihren Tagesablauf hier auf Korsika beschreiben?
Heute morgen zum Beispiel bin ich müde.
Wann stehen Sie gewöhnlich auf?
Zwischen sechs und sieben, trinke Kaffee, dann mache ich die Runde durch alle Bars, wo ich gewöhnlich meinen Kaffee nehme. Dann gehe ich arbeiten, oder, wenn ich einen Freund unterwegs treffe, der auf Jagd geht, dann gehe ich mit. Deswegen habe ich immer mein Gewehr im Wagen.
Haben Sie gute Aufträge?
Mehr als ich machen kann. Aber ich arbeite nur, wenn ich Lust habe, das heißt, für Leute, die ich mag. Lieber arbeite ich nichts, als für jemanden, für den ich nicht gerne arbeite.
Gut organisiert...
Ja, ich organisiere meine Arbeit so, wie es mir Spaß macht.
Wie ich das so sehe, nimmt der Spaß den größten Teil Ihres Tages ein.
Ich arbeite fünf Stunden am Tag.
Jeden Tag?
Nein, aber wenn ich arbeite, fünf Stunden am Tag. Zwei Stunden vormittags und nachmittags noch einmal drei Stunden. Ich kann gut davon leben und mich sogar vergrößern, so daß ich irgendwann gar nichts mehr zu tun brauche.
Sie stellen sich außerhalb der Gesellschaft, nützen sie aber aus...
Jetzt ja, früher nicht, weil ich alleine war. Jetzt habe ich eine Familie. Ich fühle mich für meine Tochter verantwortlich.

Nicht für Ann, die kann alleine durchkommen.
Fühlten Sie sich auch damals nicht für Ann verantwortlich, als Sie sie mit nach Korsika nahmen? Sie war sehr jung ...
Ein Mädchen mit neunzehn kann arbeiten und sich selbst ernähren.
Ich arbeite für meine Tochter. Ein kleines Kind kann nicht arbeiten und selbst für sich sorgen.
Wollen Sie auf Korsika bleiben?
Ja.
Warum gerade Korsika?
Ich kenne nichts anderes. Wenn ich die Gelegenheit hätte, auf irgendwelchen Südseeinseln zu leben, würde ich vielleicht dort leben. Aber Korsika gefällt mir. Es ist eine besondere Art des Lebens am Rande der Gesellschaft. Auf dem Kontinent kann man nicht ausgehen, ohne nach der neuesten Mode gekleidet zu sein. Ob Freizeit oder Arbeit, man muß immer nach der Mode gehen. Wenn man auf dem Kontinent nicht mitmacht, hat man nichts mehr zu melden. Auf Korsika trage ich ein Hemd bis zum letzten Faden. Und wenn ich keine Lust habe, trage ich gar keins. Hier kann ich rumlaufen, wie ich will, auch bei der Arbeit.
Aber das ist doch wohl nicht alles, was Ihnen an dem Leben hier gefällt.
Es ist die Lebensart. Die andern sollen sich nach uns richten, wenn sie hierherkommen. Die können sich an uns anpassen, nicht wir uns an sie – außerdem, die Illegalität.
Welche Illegalität?
Die Illegalität, die hier als legal angesehen wird. Sie ist für mich eine Maske, die ich brauche, mit der ich anderen Sand in die Augen streuen kann.
Kino.
Ja. Kino, aber ein gutes Kino, in sich abgeschlossen, Folklore. Natürlich ist es Kino, wenn man ohne Gurt Auto fährt, obwohl es verboten ist. Keiner trägt hier Gurt. Sehen Sie,

zum Beispiel in Frankreich, da ist man programmiert wie ein Computer. Und wir bewegen uns danach. Wenn hier der Computer uns programmieren wollte, könnten Sie sicher sein, daß wir alle das Umgekehrte täten. Wenn wir statt neunzig viel zu schnell fahren, und ein Polizist uns anhalten will, schicken wir ihn zum Teufel. Das ist eine Art friedlicher Gewalt.

Sind Sie so gewalttätig?

Ja, sicherlich. Hier kann ich jeden Tag so gewalttätig sein wie ich will, bei jeder Gelegenheit, ohne dabei anderen zu schaden. Wenn ich hundertfünfzig ohne Gurt fahre, ist das mein Problem, nicht das der anderen. Ich scheiße auf den Menschen, der sagt, ich soll mich anschnallen.

Wenn man Sie so hört, hat man den Eindruck, daß der ganze Inhalt Ihres Lebens darin besteht, auf andere zu scheißen.

Ja, ich mag das. Ich brauche das. Ich will nicht die gleiche Meinung wie die anderen haben. Selbst wenn ich dasselbe denke, würde ich es nicht sagen, nur um sie zu ärgern. Weil ich mich entschlossen habe, nebenher zu marschieren.

Na gut. Aber Sie arrangieren sich doch ganz gut, Sie nehmen zum Beispiel Bankkredite auf. Oder machen Sie das auch, um die anderen zu ärgern?

Ja – ich habe zwar einen Kredit aufgenommen, aber ich brauche ihn nicht in monatlichen Raten zurückzuzahlen. Das gibt weniger Verpflichtungen.

Was heißt das? Sie wollen mit der Gesellschaft nichts zu tun haben, aber profitieren ganz gut davon. Sie nehmen also von jemandem Geld, auf den Sie scheißen.

Zugegeben. Aber ich habe es ja nur von einer Bank genommen.

Aber die Bank ist die Gesellschaft, tut mir leid...

Alles, was ich tue, läuft über die Bank, Steuern, Arbeit... Wenn man mich zwingt, alles über die Bank zu machen, warum soll ich dann auf ihre Vorteile verzichten?

Aber warum bitten Sie nicht einen Freund um Geld, wenn Sie das System nicht mögen. Sie haben doch so viele Freunde hier?
Ich habe keine Lust, mir von Freunden Geld zu pumpen.
Warum leihen Sie sich überhaupt etwas?
Für das Geschäft brauchte ich Geld. Ich hätte es sonst stehlen müssen. Ich wollte es nicht stehlen. Wenn man etwas stiehlt, muß man es doch eines Tages wieder zurückgeben. Und dann bliebe nichts mehr für meine Tochter. Die Bank ist bequemer. Nun gut – dieses System ... Man lebt nun mal in diesem System. Ich erledige meine Arbeit nicht mit dem Fahrrad, sondern mit dem Auto. Das System hat auch gute Seiten, in dem Moment, wenn ich davon profitieren kann. Die schlechten Seiten sind die, die mir schaden.
Indem Sie hier Ihr Kino, Ihre »sanfte Gewalttätigkeit« spielen können, brauchen Sie nicht mehr kriminell zu sein?
Ja. Meine Illegalität ist hier legal.
Maßgeschneiderte Illegalität ...
Hier ist jeder gewalttätig auf seine Art. Aber es stört keinen. Die Bäume wachsen weiter.
Da vorne in der Ecke steht Ihr Gewehr. Sie haben Patronen. Haben Sie auch einen Waffenschein?
Nein.
Sie jagen trotzdem?
Natürlich, ich habe mein Gewehr immer bei mir. Es fragt keiner danach.
Und auf dem Kontinent, würden Sie da auch ohne Jagdschein jagen?
Ich habe auf dem Gut von Anns Vater gejagt.
Okay, da können Sie sich alles erlauben ...
Ich würde überall jagen, egal, wo.
Auch wenn Sie wissen, daß der Aufseher Sie erwischen könnte?
Ich habe das Prinzip, solange ich das Gewehr in der Hand

habe, wird der Aufseher nie meinen Namen erfahren. Nicht, daß ich unbedingt auf ihn schießen würde. Aber mein Gewehr hat fünf Schüsse. Wenn ich jemandem meinen Namen nicht sagen will, wird er ihn auch nie erfahren, solange ich mein Gewehr habe. Wie kann er meinen Namen rausbekommen ...

...wenn er nicht mehr reden kann.

Schließlich habe ich das Gewehr in der Hand, nicht er.

Vermissen Sie hier etwas, was der Kontinent, die Großstadt, Ihnen geben kann, Komfort, Wohlhabenheit?

Nein.

Gar nichts, sehen Sie hier keine Nachteile?

Nein, ich würde es immer wieder so machen.

Wie soll es weitergehen?

In zehn Jahren will ich aufhören zu arbeiten.

Und dann?

Leben.

Aber das machen Sie doch jetzt schon.

Ja, aber jetzt muß ich noch dabei arbeiten.

Sie wollen also vierundzwanzig Stunden am Tag Ihr Leben genießen?

Ja, das ist doch wohl normal.

Haben Sie Angst vor dem Alter?

Nein, es ist mir wurscht.

Was machen Sie mit sechzig?

Wenn ich gesund bin, man wird sehen.

Und wenn Sie krank sind?

Bringe ich mich um.

Das sagt sich so leicht.

Wenn man krank ist, ist man eine Last.

Waren Sie schon einmal ernsthaft krank?

Nein, aber ich meine, was ich sage. Wenn meine Tochter zum Beispiel sehr krank würde, gelähmt oder psychisch gestört, würde ich sie töten. Auch wenn ich den Rest meines

Lebens im Gefängnis verbringen müßte. Das würde mich nicht stören. Als Ann entbunden wurde, habe ich den Arzt und die Familie gewarnt. Falls das Kind nicht normal zur Welt käme, würde ich seinem Leben sofort ein Ende setzen, des Kindes selbst wegen. Denn es würde sein ganzes Leben darunter leiden.
Denken Sie daran, wenn Sie alt oder krank sind und sich vielleicht doch nicht umbringen, daß Ihre Tochter später für Sie sorgt?
Aber nein, ich will niemandem zur Last fallen.
So, wie Sie sich ja auch nicht um die anderen kümmern.
Doch, ab und zu helfe ich anderen aus der Patsche.
Solange Sie Lust dazu haben?
Genau.
Solange es Ihnen paßt?
Genau.
Sie haben immer gemacht, was Sie wollten?
Immer.
Haben Sie dabei nicht andere Menschen unglücklich gemacht?
Das ist nicht mein Problem. Ich bin nicht stark genug, um die ganze Last der Welt auf meinem Rücken zu tragen.
Auch nicht die Last der Menschen, die Sie lieben?
Wenn es so ist, daß die Liebe nicht auf beiden Seiten gleich ist, lohnt es sich sowieso nicht, und dann habe ich auch keine Verantwortung.
Haben Sie sich außer für Ihr Kind jemals noch für jemand anderen verantwortlich gefühlt?
Nein. Verantwortungsgefühl habe ich nie gehabt. Aber sie ist meine Tochter, ich habe sie gewollt, ganz bewußt, ich habe sie bekommen, also bin ich verantwortlich.
Genauso mit meinem Leben hier in Cargèse: Ich habe es so gewollt. Wenn etwas schiefgeht, bin ich verantwortlich – auf der ganzen Linie –, weil ich es gewollt habe.

Warum haben Sie das Kind gewollt?
Ich hatte Lust, ein Kind zu haben.
Aus Egoismus?
Ich wollte einen Sohn haben. Ich bin der letzte Julien. Nach mir gibt es den Namen nicht mehr.
Sie scheinen sich sehr wichtig zu nehmen.
Ja, sicher, das ist Narzißmus. Ich ziehe mich der ganzen Welt vor. Hinzu kommt, es ist schön und amüsant zu sehen, wie ein Kind wächst; es ist immer das intelligenteste, schönste, lustigste Kind – überhaupt, es ist meins.
Ich bin jetzt fünfunddreißig. Alles, was ich bis heute getan habe, habe ich freiwillig gemacht. Ich wollte beweisen, egal wem, daß es nicht nutzlos war, daß ich auch Kinder großziehen kann, genau wie andere. Ich habe bewiesen, daß es möglich ist, ein normales Leben zu führen, so wie die anderen, auch in der »Illegalität«, wie die anderen es nennen. Genau wie der Typ, der bei Renault am Fließband arbeitet, jeden Abend fernsieht und an seinen bezahlten Urlaub denkt, ein Kind macht, zwei. Und ich, wenn ich zwei haben will, kann ich auch zwei haben und sie gut erziehen.
Aber Sie denken, daß ein Leben als Anarchist auf Korsika besser ist als ein Leben auf dem Kontinent?
Nicht Anarchist, Reaktionär. Ich widerspreche allem, sogar der Anarchie. Allem, was man mir auferlegen will. Für mich reicht, daß ich nein sage. Wenn ich nein sagen will, dann sage ich nein, immer. Ich scheiße auf alle.
Auch wenn Sie der gleichen Meinung sind?
Auch dann, ich sage nein.
Es macht Ihnen Freude?
Es amüsiert mich. Ja, verdammt, es amüsiert mich. Denn im Grunde, ich bin der einzige, der weiß, was ich wirklich denke. Und bei dem Typ, dem ich widerspreche, ich weiß bei dem, wie weit ich ihn bescheißen kann, es ist mein Ziel, ihn zu bescheißen, dabei bin ich der einzige, der weiß, daß ich

derselben Meinung bin wie er. Es macht mir Spaß, weil der Mensch das nicht weiß. Ich amüsiere mich.
Die Menschen sind für Sie Marionetten . . .
Genau – es amüsiert mich.
Glauben Sie an Gott?
Ich habe daran geglaubt, ich bin getauft, Kommunion . . . Jetzt absolut nicht mehr.
Warum?
Das ist von den Menschen erfunden, für die Menschen. Da ist nichts hinter. Was ich Reaktion nenne, nennen die Christentum, das ist dasselbe. Was mich angeht – um mich wohlzufühlen, widerspreche ich. Die andern stellen sich vor Jesus, bekreuzigen sich, geben Geld und fühlen sich wohl.
Glauben Sie an ein Leben nach dem Tode?
Überhaupt nicht. Es muß doch ein Ende geben! Vielleicht nicht für mich, weil ich mich im Moment noch ganz wohlfühle . . . Aber der Mensch bei Renault, der sein ganzes Leben geschuftet hat, würde ja verrückt, wenn er glaubte, daß es hinterher noch so weiter geht. Er hat fünfzig Jahre lang nichts anderes getan, als Tritte in den Hintern zu bekommen und wie ein Idiot zu arbeiten. Er wird auch im Sterben weiterhin ein Idiot bleiben.
Könnten Sie sich vorstellen, als Missionar in Afrika zu leben?
Ja.
Aus Humanität?
Zur Befriedigung. Genau, weswegen ich meine Tochter erziehe. Sich nützlich fühlen, Freude haben. Egal, was ich mache, ob ich nach Afrika gehe und den Schwarzen helfe, es ist mir wurscht. Obwohl, ich bin Rassist. Aber nur gegen die Ausländer in Frankreich. Dort unten würde ich wie die Eingeborenen leben.
Aber das wäre mit Arbeit verbunden, da kann man sich nicht auf die faule Haut legen.

Egal, wenn ich etwas tue, das mir Spaß macht, dann mache ich es eben.
Und wenn Sie keine Lust mehr haben?
Dann höre ich auf.
Wenn alle so handelten wie Sie?
Die Welt würde sehr gut funktionieren. An einem bestimmten Punkt treffen sich alle Lebenslinien. Indem ich mein Kind zum Beispiel genauso gut großziehe wie der Arbeiter von Renault. Es ist der Punkt, wo man sich trifft.
Sie sind nicht bereit, die Disziplin in der Gesellschaft anzuerkennen?
Was heißt das, Disziplin? Disziplin ist zum Beispiel, daß Sie beschlossen haben, die Fensterscheibe Fensterscheibe zu nennen. Oder daß jene Linie gut ist. Wieso ist sie gut? Weil es Ihre Linie ist. Das bedeutet Disziplin. Das heißt, sich dem Urteil anderer zu stellen.
Sind Sie nie auf den Gedanken gekommen, Disziplin als Respekt vor dem anderen zu sehen ?
Ich respektiere die anderen.
Man muß ihnen auch etwas Platz lassen.
Ja, aber unter, nicht über mir. Niemand kommt auf die Idee, seinem Nachbarn am Strand den besseren Platz in der Sonne zu lassen. Wenn ich an den Strand gehe, um in der Sonne zu liegen, lege ich mich nicht unter jemand anderen. Wenn ich keinen Platz mehr finde, suche ich mir irgendwo anders einen Platz. Der Typ, der Disziplin erfunden hat, um Platz zu schaffen, hat vor allem sich selbst einen Platz in der Sonne schaffen wollen.
Die Leute, die Disziplin und Gesetz machen, sollen das zu Hause machen. Warum wollen sie mich zwingen, im Auto den Sicherheitsgurt zu tragen? Ich habe keine Lust dazu. Ich leide unter Platzangst. Nein, ich schnall' mich nicht an.
Wenn Sie zurückdenken, als sie achtzehn waren, würden Sie Ihr Leben noch einmal so führen wollen?

Ja, es war so, wie ich es wollte. Wenn man die Vergangenheit kennt, ist man immer rückblickend klüger. Aber wenn ich heute achtzehn wäre, ich würde nichts ändern. Es bringt mir gar nichts, achtzehn zu sein und gleichzeitig alles über die Vergangenheit zu wissen. Ich fühl' mich sehr wohl in meiner Haut mit fünfunddreißig. Obwohl ich das Gefühl habe, sehr schnell alt zu werden. Am liebsten würde ich immer noch zwanzig sein und auf die Bäume klettern.

Wenn in fünfzehn Jahren Ihre Tochter zu Ihnen kommt und Ihnen sagt, ich habe keine Lust mehr zu arbeiten, ich will nicht, ich hau' jetzt ab. Wie würden Sie reagieren?

Ich würde ihr sagen, bitte sehr, geh, wohin du willst. Wenn sie Lust hat zu gehen, wenn sie meinen Charakter hat, wird sie sowieso gehen, egal, ob ich ja oder nein sage. Der Unterschied ist nur, daß sie im Ärger weggeht, wenn ich nein sage. Ich würde also gar nichts sagen, sie wird gehen, und wenn sie Lust hat, wiederkommen. Die Tür ist offen. Das ist alles. Ich würde sie nicht aufhalten.

Welches war die schönste Zeit in Ihrem Leben?

Jetzt, hier. Ann, mein Kind, die Natur, was hier so alles passiert. Der Sprengstoff hier auf Korsika. Es amüsiert mich, wenn was los ist.

Was lieben Sie am meisten auf der Welt?

Meine Tochter.

Und dann?

Mich.

Was hassen Sie am meisten?

Die Disziplin und die Araber.

Darf ich das schreiben?

Natürlich! Ich hasse die Araber und die Engländer. Das kommt ganz tief von innen.

Machen Sie Ausnahmen?

Ja, ich schlafe mit Engländerinnen; um sie zu ärgern. Ich hasse nicht den Menschen, sondern ihre Mentalität.

Was würden Sie jungen Menschen raten, die davon träumen, wie Sie aus einer vorprogrammierten Lebensweise auszusteigen?
Von dem Tag an, wo sie sich entscheiden, ein anderes Leben zu führen, sollen sie von ihrem neuen Leben nur das Gute nehmen. Sie sollen bloß nicht auf die negativen Seiten Rücksicht nehmen. Das ist genauso wie bei einer Frau, die man liebt. Sie ist schön, gut gebaut, intelligent – solange man sie liebt. Man guckt nicht auf die Nachteile. Solange man sie liebt, sieht man auch die Fehler als etwas Positives an. Hier zum Beispiel auf Korsika ist für viele dieses Bombenlegen etwas Negatives. Für mich ist es kein Nachteil, sondern ein Vorteil. Es schützt meine Umgebung, meine Art zu leben. An dem Tag, wo der Sprengstoff nicht mehr in die Luft fliegt, hat man Korsika im Griff. An dem Tag werde ich verschwinden.
Sollen die jungen Leute jederzeit das tun, was ihnen gefällt, ohne Rücksicht auf andere, die Familie?
Wenn die Eltern sich zum Beispiel ein Haus am Meer kaufen, fragen sie auch nicht nach der Meinung der Kinder. Wenn die Kinder ihr Leben führen wollen, sollen sie ihr Leben nicht nach dem ihres Vaters richten. Nur weil der Vater Rechtsanwalt oder Arzt ist, braucht der Sohn nicht auch Rechtsanwalt oder Arzt zu werden. Nur weil der Vater Millionen verdient, braucht der Sohn nicht dasselbe zu wollen. Wenn er es aber will, soll er es tun. Dann ist es seine Entscheidung, seine eigene Entscheidung. Jeder hat die Wahl, ob er als Außenseiter oder innerhalb der gesellschaftlichen Normen leben will. Ich zum Beispiel habe für mich nein gesagt zu dem Leben meiner Eltern. Wenn meine Eltern selber Außenseiter gewesen wären, wäre ich wahrscheinlich ein ganz »normaler« Bürger, Postbeamter oder so etwas, mit einem kleinen, geordneten Leben.
Ich stehe immer auf der anderen Seite.

Das Wesentliche in Ihrem Leben ist also nein sagen, gegen etwas sein.
Genau! Ich bin keiner von diesen Ja-Sagern, wie es typisch ist für die jetzige Generation. Man muß sich auflehnen können gegen die Entscheidung der Regierung. Dann wäre die Atombombe nicht auf Hiroshima gefallen. Oder umgekehrt: Wenn es nach mir ginge, hätten wir den Iran längst ausradiert.
Ich habe eine letzte Frage, Jean-Lou. Ein guter Bekannter war in Deutschland Malergeselle. Ging dann als Missionar nach Haiti, um im schlimmsten Teil des Landes den Menschen zu helfen. Er gibt sein ganzes Leben für diese Menschen. Er ist selber dabei sehr krank geworden, aber er macht weiter. Wie sehen Sie solch einen Menschen?
Er hat gut gehandelt. Er hat sein Leben gewählt. Er selbst hat die Wahl getroffen. Keiner hat ihn dazu gezwungen. Ich bin sogar sicher, daß seine Familie dagegen war, daß er so weit wegging und seine Gesundheit ruinierte. Aber er hat es gewollt, also hat er richtig gehandelt. Er hat seine Freude daran. Ich würde vielleicht nicht so handeln wie er. Aber ich respektiere, daß er seine Entscheidung getroffen hat zu tun, was er wollte, egal was. Und wenn er Erdnüsse verkaufte, meinetwegen auf dem Eiffelturm, Hauptsache, er macht etwas für sich aus seinem Leben.
Fühlen Sie sich ihm ähnlich?
Ja, er ist frei. Er hat das getan, was er wollte. Er hat ein erfülltes Leben. Es kommt darauf an, den Mut zu haben, das zu tun, was man will, in dem Moment, wo man es will.

PATER ALOIS

Pater Alois, 47, Vater Bergmann, geboren im Saarland, dort Volksschule, dreijährige Lehre im Malerhandwerk, Malergeselle. Kann darin nicht den Sinn seines Lebens sehen. Macht sein Abitur nach und studiert Theologie und Philosophie. Priesterweihe. Seit 15 Jahren Missionar auf Haiti. Fand dort seine persönliche Erfüllung, das Leben, das er suchte: einfacher, naiver, menschlicher.

MISSIONAR AUF HAITI

Pater Alois ...
Den Pater kann man ruhig weglassen.
Also, Alois, bei unserer ersten Begegnung stellte ich fest, daß Sie gerne Bier trinken. Ist das so üblich bei Missionaren?
Bier trinkt man eigentlich nur, wenn man mal in die Hauptstadt kommt, nach Port au Prince. Im Inneren des Landes kennt man Bier überhaupt nicht.
Was trinken Sie da?
Da trinke ich Limonade, eigentlich Cola, die nennen das Cola, das sind dann alle Sorten von Limonade. Die Haitianer trinken das sehr gerne, weil es süß ist und nahrhaft wegen des Traubenzuckers. Aber die meisten haben lieber den Rum hier draußen oder den Zuckerrohrschnaps.
Und Sie?
Manchmal, wenn man so ein bißchen Malaria hat, dann nimmt man mal einen Schluck.
Hatten Sie Malaria?
Von Anfang an, seit ich im Land bin. Obwohl ich die Prophylaxe genommen habe. Aber wenn man sie zu lange genommen hat, sprechen die Medikamente nicht mehr an. Zeitweise war die Vorbeugung obligatorisch für das ganze Land. Wer sie nicht nahm, der wurde ins Gefängnis gesteckt. Das war eine gute Sache. Dadurch ging die Malaria weit zurück. Seit ungefähr fünf Jahren hat man das gemildert, man fand das gegen die Freiheit des Menschen.
Mehr Freiheit war also in diesem Fall nichts Gutes?
Medizinisch gesehen nicht.
Nehmen Sie Malariatabletten?
Ja, die Malaria hat man sowieso, aber trotzdem, man bekommt dann die Anfälle nicht so stark.
Wie schlimm sind diese Anfälle?
Wenn man auf einer Außenstation ist, und man hat keine Tabletten bei sich, dann können die Malariaanfälle sehr stark sein.

Wie machen die sich bemerkbar?
Fieberanfälle und sehr starke Kopfschmerzen. Wir haben die Gehirnmalaria. Das ist die schlimmste. Da kann man bewußtlos umfallen, liegt in der Sonne. Dann kann es schon schlimm werden.
Ist Ihnen das auch schon passiert?
Ja, auf einer Außenstation.
Haben Sie nicht Angst davor, daß plötzlich wieder...?
Man kann ja nichts dagegen machen. Das passiert, wenn man einen langen Ritt hinter sich hat. Wenn man sehr ermüdet ist. Die Leute bringen mich dann in ihre Lehmhütte, stellen mir ihre kleinen verrosteten Konservendosen mit Tee ans Bett. Versorgen mich mit den Medikamenten, die *sie* kennen. Pflanzen, die sie aufkochen und dann als Tee oder mit Zuckerrohrschnaps trinken.
Wie lange sind Sie jetzt auf Haiti?
Fünfzehn Jahre.
Wie kamen Sie dazu, Ihren Beruf als Malergeselle aufzugeben und nach Haiti zu gehen?
Als kleiner Junge wollte ich in die Fremdenlegion. In die Mission zu gehen war ein Traum. Ich stellte mir alles so romantisch vor. Aber vor allem wollte ich aus unserem komplizierten Leben herauskommen. Wollte in ein Leben, das naiver ist, primitiver und menschlicher. Deswegen wollte ich eigentlich immer nach Afrika.
Was verstehen Sie unter kompliziertem Leben?
Unser ganzes Leben mit seiner Technik und Hektik. Ich wollte ausreißen, aus dem ganzen Problemkreis. Etwas neu anfangen. So wie es der Jugend heute geht. Man möchte irgendwohin, nur weiß man nicht, wohin.
Mein Vater ist im Bergwerk tödlich verunglückt, als ich vier Jahre alt war. Meine Mutter sagte, du mußt ein richtiges Handwerk lernen. Fang du erst mal an mit dem Malerhandwerk, Streicher, Tapezierer oder so etwas. Dann hab' ich das

Handwerk gelernt. In drei Jahren war ich fertig und habe als Geselle gearbeitet. Ich hab' gut verdient dabei, hab' soziale Wohnungsbauten gemacht in Lothringen. Da waren noch bessere Verdienstmöglichkeiten als an der Saar.

Warum reichte Ihnen das nicht?

Als junger Mann hat man natürlich schon einiges erlebt. Man kam ja in die Häuser zum Anstreichen. Aber trotzdem war bei mir immer so eine gewisse Unruhe; ich möchte mal aus dem Dorf raus. Rausbrechen. Wie das bei der Jugend heutzutage ist. Man möchte raus, aber weiß nicht, wohin.

Ich hatte einen Freund, der mit mir im Handwerk arbeitete, der schlug vor, komm mit in die Fremdenlegion. Ich sagte, das ist prima, da mach' ich mit. Wir strichen gerade einen Bahnhof an. Das war mühselig. Ich hatte die Nase voll vom Anstreichen. Er ging am nächsten Tag wirklich in die Legion. Er war Franzose. Und hat mich nicht mitgeholt. Er hat mich sitzenlassen.

Warum hatten Sie die Nase voll? Konnten Sie sich nicht vorstellen, Ihr Leben weiterhin als Malergeselle zu führen, sich vielleicht ein eigenes Geschäft aufzubauen?

Das war kein Ideal für mich, nein, nein.

Welches Ideal hatten Sie?

Ideal ist vielleicht ein bißchen viel gesagt. Ich hatte eine gewisse Unruhe. Ich spürte, daß ich froh gewesen wär', wenn ich irgendwohin gekommen wäre, wo das Leben Sinn bekommen hätte.

Was verstehen Sie unter Sinn bekommen?

Daß man für andere mehr da ist, als denen nur die Stube anzustreichen.

Also humanitäre Gründe?

Vielleicht, als kleiner Ansatzpunkt.

Oder vor allem Abenteuerlust?

Abenteuer gehört natürlich auch dazu, wenn man jung ist. Wenn man erst einmal in einem gewissen bürgerlichen

Trend drin ist, im Bereich Handwerk, dann weiß man ungefähr, wie das so weitergehen wird.
Und bei dieser Aussicht waren Sie unzufrieden?
Ja. Und dann kam auf einmal dieser Missionar zu uns ins Dorf. Aus Neuguinea. Er war im Urlaub. Wir haben uns unterhalten. Zum Schluß meinte er, ob ich mich nicht interessieren würde, in die Mission zu gehen. Ich dachte, du kannst doch noch irgendwie raus, hier aus dem Dorfmilieu, dadurch, daß du Missionar wirst. Also Priester – wie man das hier hat, Priester mit Pfarrei –, das hätte mich nie angezogen.
Warum nicht?
Da wäre das Abenteuerliche nicht dabeigewesen, das Rauskommen nicht, ganz naiv mit den Menschen leben, primitiv leben.
Was sagte Ihre Mutter dazu, daß Sie alles aufgeben wollten?
Sie meinte, es wär' doch besser, ich würde zu Hause bleiben. Ich sei doch zu alt, um mich noch auf die Schulbank zu setzen.
Hatten Sie damals eine Freundin?
Eine Freundin direkt nicht, nein. Wir waren immer zu dritt. Da waren noch zwei Jungens, gleichaltrig wie ich. Wir waren unzertrennlich. Da kam kein Mädchen dazwischen in diese Gruppe.
Sie hatten also nicht den großen Ärger, daß die Freundin sagte, du spinnst wohl, ein katholischer Priester werden. Das Problem hatten Sie nicht?
Nein, das hatte ich nicht.
Das ist auch in der ganzen Zeit nie gekommen, als Sie das Abitur nachholten und studierten?
Nein.
Waren Sie nie mit einem Mädchen befreundet?
Nein. Man geht in die Missionsschule, und dann geht das von

Jahr zu Jahr weiter in diesem Trend, bis man geweiht wird. Man bleibt ja in der größeren Gruppe.

Und die passen schon auf, daß keine Mädchen an Sie rankommen?

Ja.

Sind Sie nie in Versuchung geraten?

Nein, die war nicht so stark.

Aber Gefühle können Sie doch haben...

Ja, ja (lacht). Man ist nicht sterilisiert worden.

Sie machten also Ihr Abitur nach. Wer hat das bezahlt?

Der Orden hat geholfen. Ansonsten: Ich hatte als Malergeselle gearbeitet und gespart. Ich habe dann zwei Jahre Philosophie und vier Jahre Theologie studiert. Vorher ein Jahr Noviziat in Holland. Man durfte keine Nacht außerhalb des Hauses verbringen.

Ja – und dann kam die Priesterweihe.

Wie alt waren Sie da?

Ich war da zweiunddreißig.

Sind Sie in all den Jahren nicht schwankend geworden, auf dem richtigen Weg zu gehen?

Ich hatte immer die Mission vor Augen, Afrika, und daraufhin habe ich studiert. Die ganzen Jahre hatte ich das vor Augen. Das hat viel geholfen. Und die Lektüre. Ich hatte immer gerne die Franzosen. Ich mußte an unseren Bischof schreiben für eine Erlaubnis, um den Sartre lesen zu können und André Gide.

Die ganze Zeit hatte ich mich darauf eingestellt, in den Kongo zu gehen. Von Haiti hatte ich kaum gehört. Wir hatten auch keine Missionare da.

Als ich dann meine Ernennung bekam, 1965, waren gerade die Massaker im Kongo. Wir hatten mehrere Missionare dort verloren, die sie umgebracht hatten. Dann sagte mein Oberer, ich schick' dich nach Dänemark. Ich wollte doch immer nach Afrika. Er sagte, da ist nichts. Ich sagte, hast du

nicht irgendwo ein Land, was ein bißchen besser ist als Dänemark, wo es so kalt ist. Er sagte, wir haben da das Land Haiti. Die wollen, daß wir Missionare schicken. Aber da willst du sicher nicht hin, das ist ein armes Land. Von unseren holländischen Leuten will da keiner hin.
Ich sagte, lieber nach Tahiti als nach Dänemark. Ich dachte wirklich, das sei Tahiti und hab' an Gauguin gedacht. Der Obere hat nicht begriffen, daß ich Tahiti sagte, er dachte, ich hätte Haiti gesagt.
Als ich dann aber vom Oberen rauskam und sagte den anderen Mitbrüdern, ich habe meine Ernennung für Tahiti, da lachten sie, du bist wohl dumm. Das ist Haiti. Da hab' ich auf den Atlas geschaut, wo dieses Haiti liegt, und dachte, na ja, auf alle Fälle besser Haiti als Dänemark. Auch wenn es nicht Afrika war.
Wie stellten Sie sich das Leben eines Missionars in Afrika vor?
Ich dachte, in Afrika ist – missionarisch gesehen – etwas zu machen für die Kirche.
Jetzt war gerade ein Missionar aus dem Kongo bei mir in Haiti auf Besuch. Dieser Pater, der also nur zwei Wochen bei mir war und diese Not erlebt hat, schrieb mir hinterher, er habe in Haiti seinen Glauben verloren an einen lieben Gott.
In Afrika hatten die ganz andere Verhältnisse als wir in Haiti. Die hatten Plantagen und lebten wie die Herren. Ich hatte die Vorstellung, wenn ich nach Afrika ginge, da gibt es keine Notsituation. Damals wurden die Katastrophen noch nicht im Fernsehen gezeigt, so wie man das heute kennt.
Sie dachten also, mit einem großen weißen Sombrero unter Palmen zu sitzen und die Menschen zum christlichen Glauben zu bekehren?
Man hat ja den Auftrag der Kirche, Leute zum Glauben zu führen. Die Kirche ist auch eine gewisse Macht, Institution,

die sich ausbreiten will. Ich fragte meine Oberen, muß ich da Auto fahren lernen? Da sagten die, nein, du brauchst keinen Führerschein zu machen, du kannst reiten lernen. Ja gut, sage ich, dann lerne ich reiten.

Gab es eine Spezialvorbereitungszeit für Ihren Einsatz auf Haiti?

Ja, insgesamt fünf Monate. In Rotterdam habe ich einen medizinischen Tropenkurs mitgemacht. An einem Tag hat man uns erklärt, mit welchen Bewegungen man die verschiedenen Zähne zieht. Wir bekamen auch die Zangen gezeigt. Das war alles. Ich dachte nicht daran, daß ich das jemals brauchen würde. Ich hatte ja keine Vorstellung von der Situation auf Haiti. Als ich nun wegfuhr von zu Hause, hat mir ein Mann aus unserem Dorf ein Besteck gekauft, um Zähne zu ziehen. Das war auch gut.

Haben Sie auch eine sprachliche Ausbildung bekommen?

Nein, das war nicht möglich, weil man ja in Haiti kreolisch spricht. Sie haben gesagt, du lernst das Kreolische dort.

Als ich nun die Ernennung hatte, dachte ich, na ja, wenn du die Ernennung hast, dann kaufst du das Ticket und fliegst rüber. In einem Orden ist aber alles so organisiert wie sonst im Leben in Europa auch, daß man zuerst fragen muß, darf ich mein Ticket kaufen, und darf ich dann und dann fliegen. Mir war es genug, ich hatte die Ernennung, also jetzt geht's rüber. Da habe ich das Ticket gekauft, hab' meine Sachen gepackt, auch Medikamente, und bin mit der Flandre von Le Havre nach Haiti gefahren. Da konnte man so viel Gepäck mitnehmen, wie man wollte, das kostet nicht mehr.

Aber das mußten Sie doch nicht selber bezahlen, die Überfahrt?

Ja, das hab' ich selbst bezahlt.

Vom Orden hörte ich nichts. Später dann, als ich in Haiti war, bekam ich eine Karte von unseren Patres, die mir meine Mutter nachgeschickt hatte. Die schrieben mir zum Saar-

land, wann ich wegfahren würde. Da war ich schon längst drüben.
Was haben Sie alles mitgenommen?
Vier Seekisten, Zeug, was man gar nicht brauchte, Reitstiefel z. B., schwarze Soutanen, die brauchte ich auch nicht, weil man dort nur weiße trägt. Viele lange Unterhosen, weil ich im Winter weggefahren bin. Die hatte meine Mutter mir eingepackt. Ich ging mit den langen Unterhosen durch die Tropen! Wenn ich an den Fluß kam, dann zuerst die Hosen hoch, und dann darunter, da sahen die Leute noch 'ne andere Hose ...
War Ihnen klar, für wie lange Sie weggehen würden?
Ich dachte, bestimmt würde ich zehn Jahre bleiben, bevor ich nochmal nach Europa käme.
Haben Sie nicht auch mit einem tränenden Auge Abschied genommen?
Ja, zu Hause haben sie auch wieder genau den Fehler gemacht wie ich. Die haben gesungen »Komm mit mir nach Tahiti«. Viele Leute meinen heute noch im Dorf, ich sei in Tahiti. Ja, es gab ein paar Tränen. Aber mir ist es nicht schwergefallen.
Auch nicht der Gedanke, den europäischen Kulturkreis zu verlassen?
Ich war froh wegzukommen.
Warum?
Als ich auf dem Schiff war, dachte ich, jetzt hast du das alles endlich hinter dir, jetzt fängt ein ganz, ganz neues Leben an.
Es gab nichts an Europa, was Sie hätte halten können?
Das mich gefesselt hätte? Nein. Auch nicht meine Angehörigen zu Hause.
Waren Sie froh wegzugehen aus theologischen Gründen, also um das Wort Gottes zu verbreiten, oder überwiegend aus persönlichen Gründen, aus Abenteuerlust?

Ich glaube, das letztere war mehr der Fall. Persönliche Gründe. Ich wollte ein neues Leben beginnen ...
Sie haben die Theologie für sich ausgenützt?
Ja, an sich auch den Priesterstand. Als ich noch zum letzten Mal winkte, da dachte ich nicht viel an Theologie, nein.
Wie stellten Sie sich Ihr neues Leben vor?
Ich dachte, mit den Menschen so zusammenleben, wie die da leben in ihren Lehmhütten, egal wie, ganz, ganz einfach.
Reizte Sie nicht auch der Gedanke an Sonne, Palmen?
Nein, hauptsächlich nicht. Ich wollte eben raus aus dieser Welt in eine andere Welt. Früher hatte ich mich mit Gauguin und van Gogh befaßt, wie die das einfache Leben geschildert haben. Ganz lebensbezogen, auf dem einfachsten Niveau. Ich dachte auch nicht daran, einmal mit Schulen anzufangen. Ich dachte, Leute, die nicht lesen können, leben doch viel besser.
Aber Sie können die Natur und das einfache Leben doch auch auf einem Bauernhof haben!
Nein, das hätte mir keinen Sinn gegeben.
Sehen Sie auf Haiti einen Sinn?
Ja, wirklich, heute sehe ich einen besseren Sinn hier drüben, als wenn ich in Deutschland geblieben wäre. Für mich ganz persönlich. Die Leute sind hier ganz anders als bei uns. Und man wird gebraucht, das spielt natürlich eine Rolle.
In Deutschland nicht?
Da wird man weniger gebraucht.
Vielleicht ist es hier nur spektakulärer ... Als Sie vor fünfzehn Jahren auf Haiti ankamen, hatten Sie da keine Angst vor dem Terrorregime unter Papa Doc?
Nein, mir hat keiner was getan. Sicher, damals gab es noch keine Touristen. Als ich mit der Flandre im Hafen von Port au Prince anlegte, war ich der einzige, der ausstieg. Da gibt es so ein Brett, auf dem steht, wer das Schiff verläßt. Da stand nur mein Name.

Es war also niemand, der mit Ihnen aussteigen wollte, weil die dachten, da ist es zu gefährlich?
Ja.
Aber Sie waren guten Mutes?
Ja. Als ich zum erstenmal die Küste von Haiti sah, das war für mich vielleicht so, als ob ein Moslem nach Mekka käme. Das war für mich ein größeres Erlebnis, als wenn ich nach Rom gekommen wäre.
Das gelobte Land?
Ja, so ein bißchen. Ich dachte, jetzt bist du da, auf deiner Insel. Und dann kam eine noch größere Überraschung. Der Dampfer mußte etwas außerhalb ankern. Man schickte ein kleines Boot, mit dem ich in den Hafen fahren sollte. Mit meinen vier Seekisten und den zwei Koffern.
In der Soutane?
Ich hatte einen schwarzen Anzug an mit einem römischen Kragen. Im Hafen stand eine Musikkapelle, und ich dachte, das kann doch nicht möglich sein, daß unsere Patres da ... Ich hatte unseren Patres, Kanadiern, geschrieben, wann ich ankäme. Am zweiten Weihnachtstag 1965. Ich dachte, haben die das alles mobilisiert? All die vielen Leute am Hafen. Die Musikkapelle fing auch gleich an zu spielen, als ich kam. Aber die schauten gar nicht nach mir rüber. Das war ein Anlegeplatz, vielleicht so fünfzig Meter lang, und da kam noch ein zweites Boot. Zur gleichen Zeit war von der Flandre ein zweites Boot abgefahren. Da drin war ein Neger. Der stieg aus. Und dann kam ein anderer von der Seite und hat ihm die Hand gegeben. Das war der Papa Doc, was ich damals nicht wußte. Der andere war der Präsident vom Tschad. Der kam auf Besuch. Das war auf der Flandre geheimgehalten worden. Und der hatte dann einen ganz großen Bahnhof. Da wurde die Nationalhymne von Haiti gespielt und die Nationalhymne vom Tschad. Ich dachte mir, Mensch, wenn du so ein Präsident wärst. Ich stand da

mit meinen zwei Koffern und vier Seekisten. Na ja, glaubte ich, wenn das vorbei ist, unsere Patres stehen dahinter und erwarten mich.
Nach einer halben Stunde, so lange dauerten die Zeremonien, fuhren alle mit ihren Autos durch die Stadt, gaben Signal, machten einen Krach. Die Leute klatschten. Eine Begeisterung. Es wurden Fähnchen geschwenkt.
Ich dachte, na gut, jetzt sind die weg, jetzt kommen unsere Patres. Ich habe eine Stunde geguckt, so sehnsuchtsvoll, keiner kam.
Auf einmal kam einer vorbei in einer weißen Soutane. Ich dachte, ist das der Papst, der da kommt? Früher hatten wir ja die Vorstellung mit der weißen Soutane, daß das der Papst ist. Ich wußte nicht, daß man da mit weißer Soutane geht, ich hatte nur schwarze. Komisch, ist denn der Papst hier auf Besuch, dachte ich.
Ich habe zwei Stunden dagesessen und gewartet, daß man mich abholt.
Auf einmal kamen zwei Mädchen. Was ist denn jetzt los, zwei Mädchen? Da hatte ich früher mal ein Erlebnis. Studienkollegen hatten mich mitgenommen in Köln. Die sagten, wie machen heute abend mal eine Nacht durch. Sie gingen mit mir in eine Straße, da lagen Frauen im Fenster, so in der Straße. Da sagte ich, Mensch, hier mitten in Köln! Fantastisch, wie bei uns zu Hause. Die Frauen liegen so gemütlich da in den Fenstern wie bei uns im Dorf. Die haben gelacht, als ich das sagte. So eine gemütliche Straße mitten in Köln! Da wußte ich, daß es Mädchen gibt, die ein bißchen auch auf Abenteuer aus sind, in einem anderen Sinne natürlich.
Und als dann die beiden auf mich zukamen, zwei Negerinnen in Port au Prince am Hafen, dachte ich, Mensch, und du hast noch den Kragen an, von der Kirche. Das muß doch ein schlimmes Land sein hier. Wenn die schon auf einen zukom-

men, sogar mit Kragen! Die wollten sich meiner erbarmen und sagten, ich solle mit ihnen kommen.
Ich in meinem Lexikon gesucht, und dann habe ich ihnen erklärt »Presbytère«, sagte ich. Oh, sagen die, pardon, das wäre doch nicht gut, pardon, pardon! Ich sollte doch lieber mit ihnen kommen. Und sie haben angefangen, die Koffer zu nehmen. Da habe ich schnell einem Taxi gewinkt, um von ihnen loszukommen. Das hat mich zu unseren Patres gebracht. Die fragten, ja, bist du schon da? Ich sagte, da waren Mädchen zum Empfang! Die wären nicht teuer auf Haiti, antworteten die.
Das war mein Empfang in Port au Prince.
Und wann kamen Sie nun zu dem herbeigesehnten einfachen Leben in der Hütte?
Ich bin gleich am nächsten Tag raus aus der Hauptstadt. Ein haitianischer Pater sollte mich ins Innere des Landes bringen. Unterwegs ließ er mich drei Stunden in der Hitze im Wagen sitzen, ein Volkswagen. Später habe ich erfahren, daß er in der Zeit bei seiner Freundin war.
Abends kamen wir in Gros Morne an. Die Wege waren überschwemmt, wir konnten nicht weiter in den Nordwesten fahren. Ich mußte dort übernachten. Es gab ein altes Pfarrhaus, der Pater war da stationiert. Die hatten einen Lautsprecher vorm Pfarrhaus und machten Musik. Es war zehn Uhr abends durch. Ich fragte den Pater, ja, bekommen wir denn keinen Ärger mit der Polizei? Oh, sagte der Pater, la police c'est nous. Die Polizei, die sind wir in diesem Ort. Er zeigte mir sein Gewehr. Er verstand sich gut mit der Regierung.
Sind Sie auch manchmal Polizist?
Auf der Außenstation versuchen wir, Friedensrichter zu sein, wenn es einen Streit gibt.
Aber Sie haben kein Gewehr?
Ich hab' kein Gewehr, nein. Man hatte mir geraten, als ich

nach Haiti fuhr, du mußt eine Pistole mitnehmen, da gibt's doch wilde Tiere. Ich sagte, da gibt's keine wilden Tiere. Doch, da gibt's Schlangen, du mußt eine Pistole mithaben. Da hat mir doch wirklich einer eine Pistole geschenkt, zweihundert Schuß Munition. Die hatte ich in meinem Gepäck. Darüber lagen Kasperlefiguren, um Kasperle zu spielen.

Haben Sie Ihre Pistole jemals gebraucht?

Diese Figuren vom Kasperletheater haben mich gerettet, daß ich nicht gleich rausgeflogen bin. Ich wußte nicht viel von der politischen Situation, nur, daß es eine Diktatur war und daß es den Leuten nicht so gut ging. Details wußte ich nicht. Dieses Buch von Graham Greene, »Die Stunde der Komödianten«, spielte ja etwa zu der Zeit.

Wenn die Ihre Pistole entdeckt hätten, das wär' sicherlich nicht lustig geworden.

Nein, die waren sehr streng. Zum Glück lagen also die Kasperlefiguren über der Pistole. Da hab' ich schnell die Figuren genommen und den Zöllnern Kasperletheater vorgespielt. Die haben so begeistert gelacht, die Zöllner, und geklatscht.

Aber ich hab' die Pistole nie gebraucht. Schlangen gibt es hier zwar. Mir sind auch schon nachts Schlangen über die Beine gekrochen, große Schlangen, wenn ich auf Außenstation draußen war. Aber sie sind ungiftig. Irgendwann hab ich die Pistole vergraben, so daß keiner rankommen kann.

Das Regime war doch sehr grausam den Menschen gegenüber...

Als ich einmal auf Urlaub in Deutschland war, hatte ich in der Nähe von Karlsruhe eine Jugendgruppe. Die sagten, was ich in Haiti arbeiten würde, wäre doch mehr oder weniger nutzlos. Das beste wäre, sie würden mir eine Pistole geben, und ich sollte den Papa Doc dort erschießen. Dann hätte das Leben einen Sinn.

Man hat öfter Attentate gemacht, sehr oft sogar, und deswegen war er immer grausamer geworden, was auch wieder ein bißchen zu verstehen ist. Kein Präsident hat es so lange ausgehalten wie er. Die waren immer umgelegt worden.

Ihre erste Übernachtung im Lande war also in Gros Morne, dort, wo Sie fünfzehn Jahre leben und arbeiten sollten.

Wenn ich das geahnt hätte! Ich schlief in einem ganz alten Holzbauernhaus, da regnete es rein. Am nächsten Morgen bei der Messe habe ich gebetet, lieber Gott, überall, nur nicht Gros Morne. Voll Schlamm war das, der ganze Ort ein einziges Drecksnest. Glücklicherweise fuhren wir gleich am nächsten Morgen weiter, ganz in den Nordwesten der Insel, in den ärmsten Teil. Zu Fuß an der ganzen Küste vorbei. Den Leuten habe ich nur Bonjour gesagt und gelacht. Die haben auch gelacht, und dann mit der langen Unterhose. Die Kinder liefen mir manchmal hinterher. Da habe ich die ersten Worte kreolisch gelernt, ganz allein auf dem Weg. Alles zu Fuß.

Was war Ihr Ziel?

Eine Missionsstation, die ich übernehmen sollte. Da war schon über ein Jahr kein Pater mehr.

Als ich ankam, da waren die Leute versammelt und kamen auch gleich und wollten beichten. Ein Jahr lang waren sie nicht mehr beichten. Die waren das gewohnt, alle vier Wochen.

Aber Sie konnten doch deren Sprache nicht?

Ich hab' ja auch nichts verstanden. Aber ich hatte einen Rosenkranz und hab immer am Rosenkranz gezeigt, soviel oder soviel müßt ihr beten, je nachdem, wie mir das gerade einfiel. Als dann das Beichten fertig war, kam eine Messe in Lateinisch. Das haben sie verstanden, weil das früher auch lateinisch war.

Mußten Sie keine Predigt halten?

Ja, am nächsten Sonntag sollte gepredigt werden. Da hab'

ich mit den Kindern versucht, eine Predigt zusammenzustellen. Ich zeigte zum Himmel und sagte: Dieu – Gott. Aber sie sagten, nein, nicht Gott, sondern: Bon Dieu – Guter Gott, lieber Gott. Bon Dieu, so heißt das bis heute in Haiti, trotz der Armut und der Not, dem Elend und den Krankheiten und Hungerkatastrophen. Zum Schluß wußte ich, was auf kreolisch heißt, der liebe Gott im Himmel, der liebt uns. Sonst war ja niemand da, die Kinder machen das besser als ältere Leute.

Das meiste, was ich in diesem Land erfahren hab' an Verständnis, an Freude, ist alles durch die Kinder geschehen. Deswegen will ich vor allem den Kindern hier helfen.

Als der Sonntag kam, predigte ich: »Der liebe Gott im Himmel, der liebt uns«. Und die Kinder fingen an zu klatschen, weil das ihre Predigt war, die ich da vorgebracht hatte.

Wo haben Sie gewohnt?

Ich hatte einen Schlafsack von der Bundeswehr mitgenommen. Dann bei den Leuten in den Hütten schlafen, in Lehmhütten, ganz fantastisch. So ungefähr hatte ich es mir vorgestellt, so ganz primitiv. Ohne kompliziert zu sein. Mit ganz einfachen Leuten einfach leben.

Sind Sie immer gut aufgenommen worden?

Ja, als ich dann anfing, Zähne zu ziehen, hatte ich kaum noch Zeit. Die kamen in Scharen Zähne ziehen, Zähne ziehen, Zähne ziehen. Hatte vor mir ja keiner gemacht.

Wie sind Sie dazu gekommen?

Zum Ziehen? Ja, einer hatte Zahnschmerzen. Ich hatte die Spritzen dabei und die Zangen. Das ist gar nicht kompliziert, Zähne zu ziehen. Ich verstehe nicht, daß man da längere Zeit studieren muß.

Haben Sie betäubt?

Natürlich betäubt, mit Betäubung Zähne gezogen am Wegrand. Die Leute haben sich hingelegt auf einen Stein.

Sie führten also das Leben, das Sie sich erhofft hatten.
Ja, ja, das hat doch schon Spaß gemacht.
Was hat Sie so daran fasziniert?
Ganz primitiv leben, keine Möbel um sich herum haben, mit den Leuten aus demselben Teller essen. Was die Leute gekocht hatten, das teilten sie mit mir.
Der enge Kontakt?
Ja, in der Familie aufgenommen sein, ganz primitiv.
Waren die Leute glücklich in ihrer Armut?
Ich fand, daß die Leute glücklicher waren als in Deutschland. Die wissen auch heute noch nicht, was es außerhalb geben könnte. Ich möchte auch nicht, daß da viel Entwicklung hinkäme. Abstriche habe ich schon machen müssen, mit Schulen, Krankenstationen ... Als ich dahin ging, wollte ich keine Schulen. Wollte genau auf der Lebensstufe leben wie die Menschen da.
Dabei dachten Sie an sich. Aber glauben Sie nicht, daß es gut war, den Menschen Schulen und Krankenhäuser zu bringen?
Nein, ich dachte, die Menschen leben viel glücklicher als ich, auf der Stufe, wo sie stehen. Ich hatte denen ja nicht viel zu bieten außer Zähne ziehen, Wunden versorgen.
Wenn Sie diese medizinischen Kenntnisse nicht gehabt hätten, wären Sie auch so positiv von der Bevölkerung aufgenommen worden?
Ich glaube schon, denn ich hab' mit den Leuten viel Spaß gemacht, gesungen, Kasperletheater gespielt. Jeden Blödsinn, den sie gemacht haben, habe ich mitgemacht. Die Leute haben mir mehr geschenkt durch ihre Gastfreundschaft, durch ihre Sympathie. Mehr als das bißchen, was ich ihnen bieten konnte. Sie waren froh, daß ich in ihrer Mitte war, mit ihnen zusammenlebte.
Weil der Stellenwert der Familie erhöht wurde, in der Sie lebten?

Ich glaube, nicht so stark. Vielleicht in einzelnen Fällen haben sie sich gesagt, wir laden den Pater ein, und dann reden die anderen gut über uns. Das könnte natürlich auch möglich sein, aber an so was habe ich überhaupt nicht gedacht. Ich habe nur daran gedacht, da bist du unter Menschen. Da bist du in der Familie. Da bist du doch mehr als zu Hause bei meiner Mutter. Nur der menschliche Kontakt, ohne daß man direkt daran denkt, jetzt mußt du helfen. Oder von den Leuten was bekommen. Sondern einfach nur normal menschlich lieben und geliebt werden. Man kann das gar nicht in Worten ausdrücken, was sich da so alles abspielt.

Was haben Sie den Menschen gegeben außer Zähne ziehen?

Sympathie und Liebe. Und sie brachten Liebe entgegen...

Angenommen, Sie wären weder als Arzt noch Priester hierhingekommen. Meinetwegen als Tourist, der die Nase von Europa voll hatte und hierbleiben wollte. Wären Sie auch so aufgenommen worden?

Ich glaube, das kommt auf die Person selber an. Wie es im Leben überall Menschen gibt, die einem sympathisch sind, die man gerne hat, wenn sie einen besuchen kommen. Natürlich spielen die medizinische Hilfe und das Missionarsein eine Rolle. Ich glaube schon, daß das im Hintergrund gestanden hat. Davon kann man sich nicht freimachen. Aber wenn ein junger Mann hier in dieses Land kommt, in eine Familie, da ist er besser aufgenommen als zu Hause. Wenn er mit den Leuten arbeitet in ihrem Milieu. Wenn er diese Fähigkeit in sich hat, damit zufrieden zu sein, auf derselben Stufe zu leben wie die Leute dort. Wenn er damit glücklich wäre.

Sie meinen nicht, daß er ein Fremdkörper bleibt?

Nein, er wird angenommen.

Trotz der weißen Hautfarbe?
Trotzdem. Aber ich spreche jetzt von dem Inneren des Landes. Von den Dörfern in den Bergen.
Sie sehen also die Möglichkeit des alternativen Lebens in Haiti für den jungen Mann, der hier die Nase voll hat, der bereit ist, mit anzupacken, auf dem Lehmboden zu schlafen, morgens mit aufs Zuckerrohrfeld zu gehen?
Ja. Der kann hier das einfache Leben finden.
Sie haben es damals gefunden, so, wie Sie es sich erträumt hatten?
Ja. Die ganze Zeit. Auch, als nach einem halben Jahr mein Oberer zu mir kam und sagte: »Ich muß dich nach Gros Morne schicken. Wir brauchen dich dringend da.« Das Drecksnest, wo ich damals übernachtet hatte. Na ja, wenn so ein Oberer was sagt, dann muß man es tun. Man ist wie ein Soldat, und der ist General.
Warum haben Sie dann doch Schulen eingerichtet? Damit haben Sie doch angefangen, dieses einfache Leben zu zerstören.
Wenn man irgendwie im geringsten anfängt mit Sachen aus unserem Kulturkreis – und sei es auch nur mit Zähneziehen –, dann ergibt das eine das andere. Dann kommt man von seinem Ideal weg. Man fängt an mit Zähneziehen am Wegrand. Dann will man einen Raum dafür, eine kleine Zahnstation. Und dann geht das weiter. Dann ist es damit nicht genug und damit nicht genug, und dann auf einmal ist man mitten drin. Dann will man die Leute mitreißen, um die allgemeine Lebenssituation zu verbessern. Und man denkt, das ist natürlich nur möglich über das, was man früher gelernt hat. Also legt man die ganzen Schablonen, die man von Deutschland her hat, wieder an. Von der Zahnstation kommt man zu einem kleinen Krankenhaus. Dann braucht man Personal für das Krankenhaus. Um Personal zu bekommen, müssen die Leute lesen und schreiben lernen. Also

braucht man Schulen. Dann überlegt man sich natürlich nicht dabei, was passiert, wenn man Schulen hat, und es kommen mehr Kinder zur Schule, als man später einsetzen kann im Krankenhaus. Die müssen dann zusehen, wie sie mit ihrer Schulausbildung weiterkommen im Leben, in ihrem Dorf. Man fängt an, diese Leute dadurch zu verderben, daß man sie in die Schule aufnimmt. Denn die wollen später auf den Feldern nicht mehr Zuckerrohr schlagen. Dann sind das die Herren, und die Eltern sagen: Die können lesen und schreiben, die dürfen jetzt auch nicht mehr in die Felder hinein oder – bei den Mädchen – Wasser auf dem Kopf tragen.

Sie sprachen von der erschreckenden medizinischen Unterversorgung der Bevölkerung. Es gibt keine Ärzte. Auf der anderen Seite erzählten Sie, daß es in der Hauptstadt dreihundert arbeitslose haitianische Ärzte gibt.

Das ist das typische Beispiel: Nachdem sie studiert haben, Arzt sind, sind sie zu vornehm, um aufs Land zu gehen. Obwohl die Not dort unbeschreiblich ist. Sie bleiben lieber in der Stadt, ohne Arbeit, lassen sich von ihrer Familie ernähren, die stolz ist, weil sie einen Arzt in der Familie hat. Und im Land ringsum sterben die Menschen wie die Fliegen. Wenn also einer die Schule besucht, dann noch studiert, Arzt wird und ist dann ein Parasit hinterher, ist das Ganze sinnlos. Darum bin ich auch nicht für Schulen. Eine Schule ist zu hoch. Man muß viel tiefer an der Basis anfangen, Basisarbeit machen in den Dörfern, ohne Schulen. Nur mit den Leuten zusammenleben und versuchen, ihnen etwas beizubringen. Gerade so viel, daß es einen kleinen Schritt weitergeht, aber einen ganz, ganz kleinen. Es ist schwierig, sehr schwierig. Dieses Krankenhaus, das ich in Gros Morne aufgebaut habe, ist sowieso schon eine Sache. Wenn man von Entwicklungspolitik sprechen würde, wäre es überhaupt nicht gut, weil man eine Überbevölkerung hat. Wenn es Dürreperio-

den gibt, verhungern die Menschen. Wenn das Existenzminimum fehlt, um zu leben, das ist schon schlimm.
Haben Sie ein schlechtes Gewissen wegen der Schulen, die Sie eingerichtet haben?
Ja, jetzt bekomme ich das. Vor ein paar Jahren, als ich anfing, war das schlechte Gewissen nicht so dabei. Ich dachte, ich brauche Leute für die Krankenstation. Aber das war nicht wirklich notwendig, dafür eine Schule einzurichten. Wir haben einen auf der Zahnstation, der ist unser bester Zahnarzt und ist Analphabet. Der zieht mir die Zähne. Wir haben einen andern, der war auf der Schule, der ist nicht so gut.
Man kommt also auch ohne Bücher sehr gut weiter.
Ja. Aber man weiß nicht, wo anfangen und wo aufhören. Fängt man etwas an, ist es falsch. Krankenhaus – die Kinder überleben und sterben bei der nächsten Dürreperiode. Was macht man da? Eine Familienpolitik, Familienplanung. Das wird natürlich auch gemacht. Die Amerikaner, die kommen und fahren mit ihren Autos über die Dörfer und werfen Präservative hinaus.
Aus den fahrenden Autos?
Aus den fahrenden Autos, ja, hab' ich schon erlebt. Und dann kommen die Leute zu mir und fragen, was machen wir damit? Ist das zum Essen? Ich sage, probiert. Gut, sagen sie, wenn sie dann darauf kauen.
Natürlich, das erste Problem für Haiti ist die Familienplanung. Wir haben einen Pater bei uns, der macht das mit dem Thermometer.
Von der Kirche erlaubt.
Ja, aber ohne Resultat. Da muß man wieder mit einer Schule anfangen, daß die Leute lesen und schreiben können.
Was machen Sie für eine Familienplanung?
In unserem Hospital sagen wir den Leuten, sie können wählen, was sie wollen, empfehlen dann diese oder jene

einfache Methode. Sterilisieren ist erlaubt in Haiti. Aber die Leute wollen das nicht.

Warum nicht?

Sie sagen, wir müssen viele Kinder haben, weil die meisten Kinder sterben. Es gibt Familien, da sind von acht Kindern sechs gestorben, daß noch ein, zwei übrig sind.

Sie brauchen ihre Kinder als Arbeitskräfte?

Ja, als Sozialversicherung.

Geben Sie auch die Pille?

Im Hospital in Gros Morne, ja. Da geben wir die Pille. Als ich nach Haiti kam, war das ja noch erlaubt. Ich erinnere mich an den Tag, da kam ich von einer Außenstation zurück, da war ein anderer Pater da, der sagte: »Heute hat der Papst im Radio gesprochen, keine Pille mehr.« Ich sagte, das kann doch nicht sein. Doch, doch, das ist so. Ich habe weitergemacht. Ich dachte, Rom ist weit weg. Bis der Bischof mich gerufen hat, du gibst die Pille. Ich sage ja. Aber der Papst hat doch gesagt, du darfst die Pille nicht geben. Ich sage, es sind doch zu viele Leute im Land, und die Leute wollen das. Der hat meine Naivität bewundert, wahrscheinlich. Na, sagt er, Schluß jetzt, du darfst die Pille nicht mehr geben. Ich sage, da sind aber noch Familien dabei, da sind Krankheiten in der Familie, die ich kenne, da gebe ich sie weiter. Nein, nein, nein. Schluß. Nichts mehr. Da war ich geschockt, als ich das hörte. Und dann ging ich zurück und habe im Krankenhaus gesagt, wir dürfen keine Pille mehr geben, der Bischof sagt Schluß.

War es ein großer Konflikt? Der erste große mit der Kirche?

Das war der zweite. Der erste Konflikt war, als der Bischof mir verbot, Zähne zu ziehen. Ein anderer Missionar war hingegangen und hatte gesagt, ich würde mehr Zähne ziehen als Leuten die Beichte abnehmen. Das war auch der Fall, es kamen mehr Leute zum Zähne ziehen als zum Beichten.

Aber wenn jemand beichten wollte, habe ich ihn auch beichten lassen. Dann hat der Bischof mir einen Brief geschrieben, ich dürfte nicht mehr Zähne ziehen. Da habe ich meine Koffer gepackt. Da war es aus.

Überlegten Sie sich, die Soutane auszuziehen und wieder als Malergeselle zu arbeiten?

Nein, das nicht. Ich habe gedacht, dann hörst du eben auf. Hast damit angefangen, und die Leute, die brauchen einen, hunderttausend Menschen ohne Zahnarzt, die brauchen einen, der Zähne zieht. Der Bischof hat nicht das Recht, sich in diese Sachen einzumischen. Die gehen die Kirche gar nichts an. Da hat die Kirche gar nichts mit zu tun. Wenn ich auf der Kanzel stehe, in der Kirche, das ist die Sache von der Kirche. Aber wenn ich außerhalb der Kirche bin, geht das die Kirche gar nichts an.

Haben Sie weiterhin Zähne gezogen?

Es kam noch schlimmer. Ich war auf einer Außenstation, in den Bergen. Da brachte ein Mann mir das Papier von dem Missionar, der schrieb, der Bischof ist gleicher Meinung mit mir, du darfst keine Zähne mehr ziehen. Und der Mann, der den Zettel brachte, ein Haitianer, der hatte Zahnschmerzen. Dem sollte ich einen Zahn ziehen. Als ich dann den Brief las – ich wurde ganz rot im Gesicht –, sagte ich, so, für heute ist es Schluß. Da saßen fünfzig Leute zum Zähne ziehen. Ich habe einem Katecheten, der lesen konnte, den Brief gegeben und gesagt, lies ihn vor. Die Leute haben das wahrscheinlich gar nicht richtig verstanden, auf alle Fälle, ich war böse, böse! Dann kam eine Frau mit einer Kalebasse voll Wasser und hat mir das über den Kopf geschüttet, damit ich ein bißchen abkühlen sollte. Ich wurde nur noch wütender. Jetzt ist Schluß, nein, jetzt ist Schluß, sagte ich.

Was hatten Sie vor, wenn Sie sagten, nun ist Schluß? Wollten Sie nicht mehr Priester sein?

Nein, ich wollte da überhaupt nicht mehr bleiben. Ich sah die

Notwendigkeit und daß die Kirche sich da nicht einzumischen hatte. Ich wußte, daß ich die ganzen Leute im Rücken hatte, die ganze Bevölkerung, gegen den Bischof. Ich kannte den Schwiegersohn vom Präsidenten. Der hat mir auch Bescheid geschickt: Wenn ich wegginge, dann müßten die anderen Helfer auch gehen. Da sagte ich, um Gottes willen, wenn das so geht, dann muß ich bleiben. So bin ich geblieben.

Dann kam der Provincial von Port au Prince nach Gros Morne. Man hatte dem gesagt, wenn du den Pater Alois auf eine andere Station setzt, dann schneiden wir dir den Kopf ab. Das erzählte mir mein Chef, als er kam. Das einzige, was du machen kannst, sagte er, du mußt dableiben und mußt wieder so weitermachen wie vorher. Zähne ziehen. Er sagte, das sind die alten Patres, die alten Ideen, die denken, der Pater ist nur da zum Beten, Messe halten und Taufen. Dann kam der Pater, der das gemacht hat, zu mir und hat sich entschuldigt.

Dann kam der zweite Schock mit der Pille.

Ja, mit der Pille. Als die verboten wurde vom Bischof. Doch da bekam ich eine Chance. Der Bischof schickte ab und zu Leute mit einer Verschreibung vom Arzt zu mir. Einmal schickte er eine Frau, die hatte auf dem Zettel stehen: die Pille. Der Bischof wußte natürlich den Namen nicht von dem Medikament. Ich sagte, das ist unsere Chance. Die Frau kriegt sofort die Pille, sage ich, sofort. Ich behalte den Zettel, damit ich etwas in den Händen habe. Gut, die Frau ist wieder zurück mit der Pille.

Drei Wochen später hat der Bischof mich noch einmal gefragt, ob ich noch weiter die Pille geben würde. Ich sage, in solchen Fällen, wo du die Leute schickst zu mir. Wie diese Frau zum Beispiel, da geben wir natürlich die Pille. Von der Stunde an hat der nie mehr über die Pille geredet!

Sie geben die Pille also jetzt?

Ja, im Krankenhaus in Gros Morne, ja.
Dieses Hospital ist für hiesige Verhältnisse ein Riesenkomplex. Wie haben Sie es geschafft, das alles in knapp fünfzehn Jahren aus dem Nichts aus dem Boden zu stampfen?
Es kam durch diesen medizinischen Kursus, und weil es hier überhaupt keine Versorgung der Kranken gab.
Wie viele Menschen leben hier?
Über hunderttausend. Wir haben nach und nach ...
Ohne Konzept?
Ohne Konzept. Von einer Zahnstation wurde das Krankenhaus da aufgebaut, nach und nach. Jeweils aus der Notwendigkeit heraus. Man hat gesehen, man braucht jetzt eine Kinderstation. Dann haben wir gesehen, wir brauchen eine Geburtsstation. Und dann weiter und weiter, bis es zum Schluß dann so weit kam, daß wir auch einen Operationssaal gebaut haben, Isolierstation, Pharmazie ...
Je nach Krankheit.
Je nach Krankheit. Das Bauen selber war noch nicht das Allerschlimmste, sondern daß man planen mußte, daß dieses Krankenhaus auch auf längere Sicht weiter funktioniert. Daß man Personal hat, daß man dieses Personal auch weiter bezahlen kann. Ich hatte gute Beziehungen zu dem Chef vom Gesundheitsministerium. Alle zwei Monate bekommen wir ein Quantum von Medikamenten für das Hospital, und die Ärzte werden teilweise von der Regierung bezahlt. Ein Arzt verdient einhundertfünfundzwanzig Dollar im Monat. Dann haben wir von der Missionsstation noch einhundertfünfundzwanzig draufgelegt, daß er zweihundertfünfzig Dollar hatte. Dafür bleiben die dann oft draußen bei uns.
Wie viele Betten hat das Krankenhaus?
Sechzig Betten.
Wieviel Personal?
Etwa vierzig Leute, Ärzte, Krankenschwestern, Pflegerinnen, Putzfrauen usw.

Sie sind die einzige medizinische Versorgung in einem Bezirk von über einhunderttausend Menschen?
Ja.
Es ist Ihr Werk. Wenn Sie nicht gewesen wären, wäre das Krankenhaus heute nicht da. Dazu gehört doch viel Eigeninitiative. Sie sagten vorhin, es ist wie beim Militär, wenn man Priester ist. Dann soll man gar nicht so viel Eigeninitiative entwickeln?
Der Bischof wäre nie zu mir gekommen und hätte gesagt, wir brauchen da ein Krankenhaus. Das muß schon aus einer eigenen Idee wachsen. Die Leute kamen selber und sagten, wir müssen jetzt ein klein bißchen weitermachen. So ist das Ganze gewachsen. Aus der jeweiligen Notsituation. Nicht vorgeplant. Wenn ich geahnt hätte, was damit alles verbunden ist, mit einem Hospital, dann hätte ich nie angefangen.
Warum?
Man braucht Ärzte. Ärzte, die dableiben, die bei der Stange bleiben. Anderes Personal. Man muß immer Nahrungsmittel haben, man muß immer Medikamente haben. Ich habe ein Landwirtschaftsprojekt aufgebaut, Schulen. Vor drei Jahren hatten wir eine Dürrekatastrophe. Mit unserem Jeep habe ich verhungerte Leute auf dem Wegrand aufgelesen und sie zum Friedhof gebracht. Schon zuvor hatten wir versucht, vom Ausland Nahrungsmittel zu bekommen. Es gab nichts in Haiti. In keinem Depot. Auch die Regierung hatte keine Nahrungsmittel.
Der deutsche Botschafter sagte mir damals, wir haben einen Antrag gestellt an die deutsche Regierung. Aber die haitianische Regierung fühlte sich übergangen, sagte, wann Dürre ist, bestimmen wir. Und nicht die deutsche Botschaft. Dann hat die deutsche Botschaft nichts mehr gemacht. Bis die haitianische Regierung überall publizieren ließ: Dürre, Menschen verhungern. Doch dann geht das seinen Weg

durch die Instanzen, bis etwas genehmigt ist, die Sachen gekauft werden, ein Schiff beladen ist. Das ist dann einige Wochen unterwegs bis nach Haiti. Bis man dort die Ladung gelöscht hat. Dann bleiben die Sachen im Zoll liegen. Bis man die Sachen ins Innere des Landes bekommt, das dauert mindestens ein halbes Jahr. Das ist das Minimum.

Und bis dahin sind Tausende von Menschen gestorben.

Die meisten waren schon umgekommen. Als dann diese Nahrungsmittel kamen, haben die Menschen sie sich gegenseitig aus den Händen gerissen. Das war schrecklich. Gratis verteilen ist sehr, sehr schwierig, fast unmöglich.

Sie lieben die Menschen, wollen ihnen aber nichts gratis geben?

Was man umsonst bekommt, ist nichts wert. Wir haben das gleich umgestellt auf *Food for Work*-Programm. Die Leute sollten für die Verteilung arbeiten. Jede Familie hatte zumindest noch einen, der arbeiten konnte.

Was für Arbeiten?

Straßenbau, landwirtschaftliche Projekte, Gräben für Erosionsschutz. Wer eine Latrine in seinem Garten baute, bekam einen halben Sack voll Mehl. So kam ich auch auf die Idee mit der Rattenvernichtung. War eine fürchterliche Plage. Katzen gibt es seit der Malaria-Kampagne kaum noch. Da hat man viel mit DDT gespritzt. Ich habe den Leuten gesagt, ihr bekommt für einen Rattenschwanz, den ihr bringt, zwei Tassen Mehl. Und dann bekam ich Rattenschwänze, noch und noch.

Wie viele haben Sie gesammelt?

Vierzigtausend. Zum Schluß hatte ich vierzigtausend Rattenschwänze.

In welcher Zeit?

In einem Zeitraum von acht Monaten.

Sie schufen eine Rattenschwanzwährung?

Ja, das kam so: Wir nahmen die Rattenschwänze nur, wenn

ich auf der Hauptstation war. Wenn ich auf den Außenstationen war, und die Leute kamen von weit her mit ihren Rattenschwänzen, dann haben sie sie im Dorf verkauft. Für viel weniger, als ich ihnen gegeben hätte. Der »Zwischenhandel« hat sehr gut daran verdient. Da habe ich gesagt, so, ich kaufe jetzt nur noch frische Rattenschwänze. Aber das war auch nicht zu machen, denn ich war ja nicht immer da. Und zum Schluß habe ich das so gemacht: Wenn sie mir fünfzig Rattenschwänze brachten, dann bekamen sie einen Sack voll Mehl. Und ich sagte, laßt euch nicht von den Leuten mit Geld bezahlen, sondern mit Mehl. Weil ihr dann mehr davon habt. Und das haben die dann auch eingesehen. Ich hatte das so ausgerechnet, daß derjenige, der die Schwänze sammelte, daß der dann auch vom Mehl einen gewissen Rest hat, wo er seinen Verdienst hat. Daß sich das lohnt, daß er fünfzig Rattenschwänze sammelt, und der kriegt von mir dann einen Sack Mehl. Aber ich glaube, fünfzig Ratten vertilgen im Jahr mehr als einen Sack Mehl.

Sie sprechen viel von Ihren Außenstationen...

Außenstation ist eine Mischung aus Mission und Krankenversorgung. Ich reite meist mittwochs raus, für drei Tage jeweils.

Mit dem Pferd?

Wo es in die Berge geht, mit Maulesel.

In der Soutane?

Nein, nein. Jetzt nicht mehr. Ich hoffe, daß der Bischof nicht darauf eingeht, was der Papst da gesagt hat. Daß man wieder mit Soutane reiten muß. Also mittwochs reite ich raus. Die Leute wissen das. Etwa zweihundert Kranke kommen pro Tag da draußen.

Wie viele Außenstationen haben Sie?

Sieben. Ich bin jede Woche auf einer anderen.

Die restliche Zeit ist dort niemand?

Doch. Ich habe Leute ausgebildet in Erster Hilfe.
Hilfe zur Selbsthilfe?
Ja – ich versuche auch, denen Anbaumethoden beizubringen, die besser sind.
Sie geben nur noch einen Bruchteil Ihrer Arbeitszeit für...
Für die Kirche? Ja. Man versucht eben, da zu helfen, wo die Hilfe am notwendigsten ist.
Halten Sie sonntags Ihre Predigten und nehmen die Beichte ab?
Ich versuche, alles so zusammenzulegen. Beichte natürlich auch ein bißchen, in Kurzfassung. Die Leute kommen, das ist das Bekenntnis, und dann gehen sie wieder zurück, und dann bekommen sie die Generalabsolution, alle zusammen. Oder wenn Hochzeiten sind, lege ich die zusammen. Ich habe an einem Tag schon mal zweiundvierzig Hochzeiten gehabt, an einem Tag! Das ist dann weniger Arbeit, und man hat mehr Zeit für das andere.
Gab es nicht manchmal Schwierigkeiten mit der Kirche?
Ja, als ich zum Beispiel zum außerordentlichen Beichtvater dieser Nonnen da ernannt wurde. Haitianische Nonnen. Die führten eine Schule, vier Reitstunden von Gros Morne entfernt. Sie wollten beichten. Ich also dorthin. Es regnete. Bin ordentlich naß geworden. Auch noch vom Pferd gefallen. Endlich kam ich an. Die Nonnen haben gebeichtet. Hinterher hab' ich denen was erzählt. Jetzt hab' ich so einen weiten Ritt gemacht. Vier Stunden hin, vier Stunden muß ich wieder zurück. Und ihr habt gar nichts zu beichten. Das rentiert sich doch wirklich nicht. Da waren die böse.
Missionar im Management... Hatten Sie auch Entwicklungshelfer aus Europa?
Ja, aber die hatten andere Vorstellungen als ich. Die sagten glattweg, wir sind gekommen, um Entwicklungspolitik zu machen, nicht um zu arbeiten.
In diesen Jahren waren Sie alles mögliche, Manager, Arzt,

kaum Priester im kirchlichen Sinne. Haben Sie das vermißt? Ursprünglich wollten Sie ja Missionar sein.
Ich hatte natürlich nicht so hochgeschraubte Erwartungen, als ich nach Haiti ging. Ich dachte, wenn du hundert Menschen bekehren kannst, dann hat das Leben einen Sinn gehabt. Und nachher ist man schon zurückgegangen auf zehn und dann auf einen.
Wie viele haben Sie zum christlichen Glauben bekehrt?
Man kann das nicht so sehen ...
Sagen Sie doch mal, wie viele haben Sie denn bekehrt?
Man kann das ja nicht daran abmessen, wie viele Leute man getauft hat und wie viele sonntags zur Kirche kommen.
Wie viele haben Sie denn getauft?
Ich hab' so jede Woche im Durchschnitt zwanzig Kinder, die getauft werden.
Sind die Eltern freiwillig gekommen oder weil Sie denen einen Zahn gezogen haben?
Die kommen gerne. Aber am Taufen kann man das überhaupt nicht ablesen, denn die Taufe hängt mit dem Vaudou zusammen, den man noch in Haiti hat, den sie als ehemalige Sklaven von Afrika mitgebracht haben. Wenn man in der Vaudou aufgenommen werden will, und das will jeder Haitianer, dann muß man getauft sein.
Also ich weiß nicht, ob ich einen bekehrt habe, seit ich in Haiti bin. Aber was ich weiß, ist, daß ich vierzigtausend Ratten vernichtet hab'. Ich finde, daß sich das gelohnt hat.
War das nicht ein ganz anderes Leben, als Sie es sich ursprünglich vorgestellt hatten?
Das war nicht so ganz anders, denn ich hab' vieles gefunden, was ich geträumt hab'.
Das einfache Leben mit den Menschen ...
Ja, ja, das bis heute noch so ist. Wenn ich in die Hütten der Leute geh'. Mit der Bevölkerung habe ich nie Schwierigkeiten gehabt. Nur mit der Kirche.

Und mit der Regierung?
Habe ich immer gute Beziehungen gehabt. Als ich das letzte Mal beim Gesundheitsminister war, gab er mir die Hand und sagte, so Pater, jetzt singen wir zusammen mal das Lied von der Kreuzerhöhung vom Karfreitag. Dann sangen wir zusammen, der Gesundheitsminister und ich. Wenn man in Deutschland zu so einem Herrn geht, ist alles so förmlich. Die Haitianer nehmen alles nicht so schwer. Nehmen Sie die Sprache, das Kreolische. Man kann gar nicht »Sie« sagen, sondern immer nur »du«. Man redet sich immer nur mit »du« an, ob das ein Kind ist oder ein Minister.
Ist das denn noch das »einfache Leben« in Ihrem Hospital mit vierzig Leuten Personal?
Deswegen bin ich vor gut einem Jahr weggegangen. Auf die Schildkröteninsel, ganz im Norden von Haiti. Die Menschen dort brauchen mich mehr. In Gros Morne sind jetzt drei Ärzte. Das läuft auch ohne mich.
Sie fangen wieder bei Null an?
Es ist dort einmal ein Krankenhaus gebaut worden. Viel zu groß, viel zu perfekt. Das ist von der Bevölkerung nicht angenommen worden. Alles ist zerfallen. Niemand kann mehr behandelt werden. Ich will versuchen, das Dach auszubessern, die Gebäude in Ordnung zu bringen. Vielleicht, daß ich auf zwanzig, dreißig Betten komme mit der Zeit.
Das kostet Geld, man muß Leute haben.
Ein Hamburger Kinderhilfswerk hilft mir, schickt mir Impfstoffe, Medikamente. Will mir das Geld für einen Arzt geben.
Wie groß ist die Insel?
Etwa vierzig Kilometer in der Länge und vielleicht acht Kilometer in der Breite. Da leben an die zwanzigtausend bis dreißigtausend Menschen. Früher lebten da Seepiraten.
Ich glaube, gegenüber auf der Küste ist Christoph Kolumbus damals gelandet?

Ja, das war in Mont St. Nicolas.

Können Sie etwas zur gesundheitlichen Situation der Bevölkerung sagen?

Die Menschen haben vor allem Tuberkulose und Malaria. Das Schlimmste ist der Typhus auf dieser Insel. Die Insel ist verseucht von Typhus. Dann die Unterernährung...

Gibt es Kontakte zum Festland?

Weder Telefon noch eine Fährverbindung. Wie behelfen uns mit Morsezeichen. Manchmal sind wir ein, zwei Wochen vom Festland abgeschnitten, durch einen Sturm. Dann kommt man überhaupt nicht rüber. Man hat ja nur Segelboote, kein Motorboot.

Wie lange braucht man zur Überfahrt?

Wenn es keinen Wind gibt, einen ganzen Tag oder noch länger.

Man muß erstmal einen finden, der einen übersetzt?

Ja. Die Leute machen einem aber Mut, sie sagen: Nur einmal in der Woche geht ein Boot unter.

Womit werden Sie auf der Insel anfangen?

Einen Weg bauen, dann die zerfallenen Gebäude herrichten.

Wieder Food for Work-Programm?

Ja, Mehl gegen Arbeit.

Sie sahen also Ihre größere Aufgabe darin, den Menschen auf der Schildkröteninsel zu helfen, weil man sie da nötiger brauchte. Wie haben die Menschen in Gros Morne reagiert?

Ich durfte ihnen nicht sagen, ich gehe jetzt weg. Ich sagte, ich gehe auf die Schildkröteninsel rüber, um da zu helfen, daß das Krankenhaus wieder funktioniert. Nein, nein, sagen die. Ich sage, das sind doch genauso Menschen wie ihr auch. Auch Haitianer. Wenn die einen Kranken haben, kann er nicht versorgt werden. Ich hab' versprechen müssen, daß ich zwei Wochen in Gros Morne bin und zwei Wochen auf der

Insel. Unter der Bedingung haben sie mich weggelassen. Das Radio hat die Bevölkerung aufgerufen, alles zu tun, daß ich nur ja nicht da aus dem Gebiet herausgehen würde. Die Leute in Gros Morne, die waren froh darüber, daß ich auf der Insel krank geworden bin, und sagten, jetzt hast du dein Abenteuer gehabt, jetzt kommst du wieder nach Gros Morne zurück.

Wie lange waren Sie auf der Insel, als Sie krank wurden?

Vier Monate.

Und was hatten Sie?

Ich hatte immer schon Malaria. Dann habe ich einmal nach drei, vier Stunden zu Fuß unterwegs bei Leuten Wasser getrunken. Ich hatte Durst, und es gab sonst nichts. Ich war unvorsichtig geworden nach so vielen Jahren in Gros Morne. Ich war nie krank, außer Malaria. Ich habe gedacht, na ja, dann trinkst du. Ich hatte Durst. Und dann bekam ich Typhus. Da hat man mich rübergebracht auf das Festland. Man schaffte mich nach Gros Morne.

Es war sehr ernst?

Ja, es war sehr ernst. In Gros Morne hat man mir auch die Sterbesakramente gegeben. Heute sagt man, die Krankensalbung.

Die Letzte Ölung.

Die Letzte Ölung, ja. Ein haitianischer Pater kam vorbei, der hat das gemacht.

Als Sie da lagen, kam nicht irgendwann der Punkt, wo Sie sagten, jetzt habe ich die Nase voll von Haiti, jetzt gehe ich doch nach Dänemark?

Wirklich, als ich da schwer krank lag, habe ich gedacht, auf die Schildkröteninsel kann ich nicht mehr gehen. Typhus macht einen auch psychisch fertig. Man kann psychische Schäden davontragen fürs ganze Leben.

Fieber?

Ziemlich stark, und vor allem die Darmschmerzen. Dazu die

starken Kopfschmerzen durch Malaria. Da dachte ich, die Leute in Gros Morne haben doch recht, daß sie sagen, jetzt bleibst du in Gros Morne.

Sind Sie nicht auf die Idee gekommen, ganz von Haiti wegzugehen?

Nein, nein, nein, das nicht.

Auch nicht, als Sie im Sterben lagen?

Nein, nein.

Wenn Sie gestorben wären, dann mit dem Gedanken, ich hab' mein Leben gutgetan und kann jetzt in Frieden sterben?

Ja.

Hatten Sie Angst vor dem Sterben?

Ich hatte gedacht, na ja, wenn ich noch ein Jahr bekäme, dann hätte ich die Insel soweit, daß die sich vielleicht von allein helfen könnten.

Das war Ihr wichtigster Gedanke?

Ja, noch ein Jahr wollte ich.

Hatten Sie Angst vor dem Tod?

Nein.

Glauben Sie an ein Leben nach dem Tod?

Ja. Ich glaube schon. Vielleicht nicht gerade so, wie das unsere Kirche lehrt, aber ich glaube schon, daß es nicht ganz aus ist nach dem Tod. Die Haitianer glauben mehr daran als ich, das kommt von ihrem Vaudou-Kult.

Als Sie da krank lagen, wie haben die Menschen reagiert?

Die Leute waren Tag und Nacht um mich herum. In Scharen. Man brachte mir Essen, Tee. Man hat versucht, mir soviel wie möglich die Leute fernzuhalten. Man hat gesagt, wenn ihr jetzt zum Pater geht, dann stirbt der Pater.

Glücklicherweise haben Sie es überstanden ...

Ja, nach etlichen Wochen, die ich da gelegen habe, kam zufällig ein französisches Ehepaar vorbei. Da war ich gerade transportfähig. Die haben mich mit nach Europa genommen. Da kam ich ins Tropenkrankenhaus nach Tübingen.

Und Sie wollten trotz allem so schnell wie möglich wieder nach Haiti?
Ja, ich konnte es gar nicht abwarten. Als es mir besser ging, habe ich mir als erstes ein Flugticket nach Haiti gekauft.
Was waren die Hauptgründe, warum Sie wieder hierhin wollten? Man hat Ihnen doch sicher angeboten, jetzt die berühmte Stelle in Dänemark anzunehmen.
Zunächst mal, weil ich die Leute gern habe in diesem Land, das ist der Hauptgrund. Und weil ich ein bißchen gebraucht werde. Ich brauche die Leute, und die Leute brauchen mich. Geben und nehmen gleichzeitig.
Was geben die Leute Ihnen?
Die Leute geben mir ihre Sympathien, das ist schon sehr viel, ihre Freundschaft.
Die geben Ihnen mehr als die Menschen Ihnen in Deutschland geben?
Ich will das nicht so direkt sagen, daß die Menschen einem in Deutschland keine Freundschaft geben könnten. Aber ich glaube, es ist doch stärker hier. In ihrer ganzen Naivität. Man wird auch naiv, aber in einem guten Sinne. Banal, könnte man sagen. Man kann das gar nicht mit so komplizierten Worten ausdrücken, überhaupt nicht.
Weil Sie die Dankbarkeit spürten?
Ja, das auch. Obwohl, ich verlange sie von keinem.
Dieses Gefühl, man wird gebraucht. Ist das eine Art Egoismus?
Das könnte vielleicht sein, daß es etwas Egoismus ist. Daß man gebraucht wird. Aber ich brauche die Leute ja auch. Der eine braucht den andern. Hand in Hand marschieren, singen die immer wieder, wenn die ihre kreolischen Lieder singen. Weniger auf Prinzipien und moralischen Forderungen bestehen, sondern mehr menschlichen Kontakt suchen. Das Gesamtmenschliche durchkommen lassen. Dazu gehört vor allem Freude, daß man sich normal gibt.

Toleranz?
Toleranz, ja. Andere respektieren, die andere Ansichten haben. Und dauernd im Gespräch bleiben. Das Schönste ist Freundschaft im Leben. Das steht über allem. Über aller Technik.
Und die finden Sie in Haiti mehr als in Deutschland?
Ja, Ja.
Hat man in Deutschland weniger Gefühle?
Nicht so tief empfindend. Ich glaube schon. Das größte Erlebnis während meines Aufenthaltes war eine Fernsehsendung von Ingmar Bergman »Szenen einer Ehe«. Haben Sie das auch gesehen?
Ja.
Also das fand ich fantastisch. Wie das so hin und her geht, sich anziehen, sich abstoßen. Da spürt man, was die Menschen suchen. In diesem Film, da blieb doch immer, was Freundschaft wirklich ist. Im Kern. Das hat mich fasziniert! Also ich finde, das Wichtigste im Leben ist ein Traum, von Freundschaft. Das ist das Schönste.
Und was halten Sie von der Liebe?
Die Liebe soll Freundschaft sein. Letzthin kommt alles auf den Kern an. Gegenseitige Sympathie, Verstehen, Wohlsein.
Und die körperliche Liebe? Eine ganz persönliche Frage.
Mein Vorteil ist natürlich, daß ich von morgens bis abends alle Hände voll zu tun hab', mit Krankenversorgung, ein bißchen Religionsunterricht, Messe, im Hospital nach dem Rechten schauen, mit den Menschen reden, ihnen Mut machen, ein paar gute Worte geben, ein bißchen Spaß machen. Dann geht alles viel besser, und jeder ist gerne im Hospital. Wenn man so beschäftigt ist den ganzen Tag, dann hat man nicht viele Gedanken...
Wie viele Stunden am Tag arbeiten Sie?
In Gros Morne bin ich manchmal schon um vier Uhr mor-

gens aufgestanden, mit dem Lastwagen rausgefahren, Steine geholt und sie dahin gebracht, wo gebaut werden sollte.

Und Sie arbeiten bis wann?

Bis abends um neun Uhr. Mittags koch' ich mir etwas.

Sie haben keine Hilfe? Wer hat denn dieses rheinische Karnevalsgebäck gebacken?

Eine Lehrerin aus dem Dorf. Seit drei Jahren lebe ich von den eisernen Reserven der Bundeswehr. Ich hab' da einen halben Container voll bekommen. Die Ärzte haben ihre Köchinnen. Ab und zu esse ich mal in der Küche mit, aber einfacher ist die Sache der Bundeswehr. Da macht man so eine Einmannpackung auf. Da hat man Reis- oder mal Erbseneintopf.

Worin sehen Sie den Sinn Ihres Lebens?

In der Freundschaft. Freundschaft ist auch wieder so ein Wort, das nicht alles richtig wiedergibt.

Was würden Sie jungen Leuten raten, die zu Ihnen kommen und sagen, Pater, mir geht es genau wie Ihnen, ich bin Malergeselle in meinem Dorf, aber ich habe dieses Unruhegefühl, was kann ich tun?

Momentan ist es nicht so rosig mit dem, was man spätberufen nennt. Man sucht zwar Nachwuchs für den Orden und Priester. Im allgemeinen setzt die Kirche aber das Abitur voraus. Und vielleicht sind viele Menschen da, ältere Menschen, die ohne Abitur diesen Weg einschlagen möchten.

Wenn sich bei Ihnen jetzt einer meldet und sagt, ich will helfen. Können Sie den gebrauchen?

Doch, ich glaube schon. Wenn er hier gerne arbeiten möchte, mit den Leuten zusammenleben, experimentieren möchte, wie's geht, der soll einfach hier in das primitive Leben hineingehen.

Als Sie vorhin von den Entwicklungshelfern sprachen, klang das so ein bißchen nach schlechten Erfahrungen?

Also das Schlimmste bei den Leuten, die da geschickt werden als Entwicklungshelfer, finde ich, ist, daß diese Leute so ganz allergisch sind gegen karitative Arbeit. Sie sagen nur Entwicklungspolitik mit dem Akzent auf Politik. Da kann man sich alles mögliche darunter vorstellen. Die reden an den Menschen vorbei. Da wird geplant, was man machen könnte und was gar nicht notwendig ist. Daß man viel zu stolz ist und mit einem Konzept kommt, hier, das ist unsere Entwicklungspolitik, und ihr müßt dahin kommen, so wie wir es euch zeigen. Daß ihr unsere Technik bekommt. Wahrscheinlich sind diese Leute in Deutschland in Unterrichtsgängen deformiert worden. Vielleicht wären sie ganz normal, wenn sie kämen, ohne daß sie ein Seminar mitgemacht haben. Die erste Gruppe war sehr gut. Die hatten aber auch keine Speziallehrgänge mitgemacht.

Also um so mehr Ausbildung, desto schlechter brauchbar?

Ja, das glaube ich. Die wir dann bekamen, die waren in allem kritisch. Immer nur Versammlungen, Versammlungen. Die hatten auch keinen Kontakt mit der Bevölkerung. Die lebten isoliert und dachten immer Entwicklungspolitik, Entwicklungspolitik.

Und mit dem Arbeiten, mit Anpacken?

Nein, damit hatten sie nicht viel im Sinn. Es war schade. Ich bin keiner, der dauernd sagt, ihr müßt schaffen, schaffen, schaffen. Aber nicht zu viel planen, was nicht realisiert werden kann. Praktisch sein.

Sie würden dem jungen Menschen, der zu Ihnen kommt, also nicht sagen, der liebe Gott hat dich als Malergeselle in das Dorf gestellt, dann hast du auch eine Verantwortung. Erfüll deine Verantwortung hier am Platz?

Ich würde nicht von Verantwortung reden. Ich würde sagen, lebe unter den Menschen so ganz, ganz gewöhnlich. Mach, was du ihnen als Service anbieten kannst. Aber der Kontaktversuch mit den Leuten, eine Freundschaft aufzubauen, ist das Wichtigste.

Und wenn dieser junge Mann verheiratet ist, ein Geschäft, Kinder hat und plötzlich sagt, ich habe die Nase voll, ich halt's nicht mehr aus, ich geh' nach Haiti. Würden Sie auch zu dem sagen, tu, was du in dem Moment für richtig hältst?
Wenn er Kinder und eine Frau zurücklassen müßte? Die Leute reden nur noch von Versicherung, da muß man also eine Sozialversicherung abgeschlossen haben, Krankenversicherung und was weiß ich. Ich war vierzehn Jahre auf Haiti und in keiner Krankenversicherung. Jetzt, vor einem Jahr, bin ich aufgenommen worden.
Ich glaube aber, man hat da Verantwortung gegenüber seiner Familie, den Kindern. Wenn einer also kommen möchte, einfach in Deutschland weglaufen, ich würde das nicht gut finden.
Dann reden Sie doch von Verantwortung.
Ja, daß er bei seiner Familie bleiben soll.
Nach Haiti gehen wäre Flucht?
Ich gebe zu, daß es schwer sein kann, in Deutschland zu leben und seine Verantwortung zu tragen.
Und wenn er sagt, ich halt' es nicht mehr aus?
Das wäre natürlich eine andere Sache. Wenn er sagen würde, ich halt' es nicht mehr aus, ich geh vor die Hunde. Und man wär' auch davon überzeugt, zum Beispiel einer, der sonst Schluß machen würde. Zu dem würde ich sagen, komm hierher, da lernst du wieder leben. Das könnte man allen Menschen sagen, die sich umbringen wollen. Denen könnte man sagen, versuch es mal hier, in dieser Welt auf eine ganz andere Weise.
Sie meinen, das ist besser als der Gang zum Psychiater?
Eine Reise in dieses Land hier und ein Leben zumindest für mehrere Monate unter diesen Menschen würde da mehr helfen als manche psychiatrische Behandlung. Ja. Das glaube ich schon.
Ein junger Mann, mit dem wir gesprochen haben, der Ge-

schäft, Frau, alles zurückgelassen hat, sagte: Für ihn sei das Wichtigste im Leben, das zu tun, was man will, in dem Moment, wo man es will. Sehen Sie es auch so?
Wenn er davon spricht, was er unter Freundschaft versteht und darin seine Erfüllung findet, könnte ich mich mit ihm identifizieren.
Es kommt also darauf an, so zu leben, daß man seine Erfüllung dabei findet?
Ich glaube, das ist schon sehr viel.
Was verstehen Sie unter Erfüllung?
Bei mir ist es am Ende vielleicht nicht so, daß ich sage, es war alles sinnlos. Sondern das Leben hat einen kleinen Sinn gehabt, indem ich mit den Leuten hier zusammenlebte.
Das war für Sie die Erfüllung?
Ja.
Was bedeutet das, Erfüllung finden?
Ja, das kann nur jeder von sich selber sagen, aus der Lebenssituation heraus, in der er gestanden hat, wie er das Leben gemeistert hat. Jeder gibt eine andere Antwort darauf.
Und zukunftsbezogen? Wenn ich überlege, wie soll mein Weg weitergehen, dann sagen Sie, gehe deinen Weg so weiter, daß du für dich die Erfüllung findest. Dann frage ich, was heißt das praktisch?
Das kommt natürlich darauf an, welche Möglichkeiten man in der Zukunft sieht, was man tun kann, wie man weiterleben kann. Ob man Möglichkeiten sieht, die einen herausheben aus dem, was man war und wo man sich unwohl gefühlt hat.
Sich wohlfühlen – heißt das, das tun, was man möchte?
Ja, das ist das Schwierigste...
Was sagt die Kirche dazu?
Die Kirche sagt, immer weiter, immer weiter über sich hinaus und durch alles hindurch. Ich bin fasziniert von dem Jesus von Nazareth, von seinem Leben.

Weil er getan hat, was er wollte, ohne Rücksicht auf seine Familie? Würden Sie sagen, Jesus war ein Aussteiger?
Könnte man sagen, ja. Er war ja auch auf den Seiten der Zuhälter.
Er ging nicht den bürgerlich vorgeschriebenen Weg, der aufgrund der Familie vorprogrammiert war, sondern er sagte nein, ich gehe zu den anderen, ich gehe meinen Weg. Sie meinen, man soll bewußt seinen Weg gehen und sich nicht an vorgegebene Reglementierungen halten?
Das ist mein Weg, und den muß ich gehen.
Mein für mich persönlich richtiger Weg, nicht für meine Kinder, meine Eltern, nicht für den, der irgend etwas mit mir vorhat und irgendein Bild von mir hat. Und das bedeutet dann Erfüllung, sich wohlfühlen?
Ja, ja. Auch wenn es so erscheinen kann, als ob das ganze Leben ein Fiasko wäre, daß nichts gut gewesen war. Wo man dann zum Schluß erfährt, daß das Leben doch ein bißchen Sinn gehabt hat, auf dem Weg, den man gegangen ist.
Aber auf dem einmal eingeschlagenen Weg an einem bestimmten Punkt Kehrt-Marsch zu machen, das ist sehr schwierig. Daß man sagt, bisher war es nicht gut, und jetzt will ich mal versuchen, meinem Leben einen Sinn zu geben. Das ist sehr schwierig. Jeder muß wissen, wie er mit seinem Leben zurechtkommt.
Hauptsache er steht zu ...
... zu sich selber, zu sich selbst ...
Das heißt, er kann innerlich verantworten, was er äußerlich tut?
Ja.
Sich in dem Spiegel angucken ... Wie erklären Sie es, daß immer mehr junge Menschen sich von der Verantwortung in unserer Gesellschaft zurückziehen wollen?
Ich kenne die Gesellschaft in Deutschland nicht mehr so gut, weil ich so viele Jahre weg bin. Man redet soviel von

Verantwortung heutzutage, früher hat man Gewissen dazu gesagt. Daß man versucht, vom Gewissen her zu leben. Ohne daß man sich einschränken läßt von Gesetzen. Denn heute ist ja alles so reglementiert. Für das kleinste Vergehen gibt es die und die Strafen. Das ist alles so durchgesetzt, das ganze Gesetz und Gesetz und Gesetz, daß man sich nicht mehr wohlfühlt...

Kein Platz mehr für Menschen...

Ja, daß die dann sagen, ich will keine Verantwortung mehr. Die fragen sich, wie kann ich als normaler Mensch noch leben in diesem System, wo alles so ganz durchdacht ist. Da haben die in diesem Land in Haiti doch mehr Freiheiten. Daß man nicht über alles mögliche stolpert. Wenn man in Deutschland seinen Wagen parkt in der Fußgängerzone, auch wenn da viel Platz ist und keiner vorbeikommt, dann kriegt man ein Protokoll von zwanzig Mark...

Schnallen Sie sich an, wenn Sie Auto fahren?

Ab und zu.

Wenn Gurtpflicht wäre?

Manchmal würde ich es aus Protest machen, mich nicht anzuschnallen. Jede Gesellschaft ist, zum großen Teil, nur da, um einen einzuengen.

Meinen Sie, daß heutzutage mehr eingeengt wird als früher oder daß die jungen Leute heute ein größeres Gewissen haben als früher?

Ich glaube, daß sie mehr eingeengt werden. Wie man das jetzt auch mit den Drogen macht.

Also das Prinzip, Druck erzeugt Gegendruck, und deswegen gehen so viele weg.

Ja.

Die Menschen hier haben andere, größere Probleme, Probleme des Überlebens...?

Ja. Aber die sehen das nicht so. Die Leute essen, wenn sie etwas zu essen bekommen. Wenn sie nichts haben, ist es auch gut. Auch die jungen Leute, die Jugend in diesem Land, die noch so mit der Erde verbunden leben: Sie haben ihre Machete, gehen auf die Felder und arbeiten und leben davon, was sie da ernten können.

Der Bauch ist voll, und sie sind zufrieden.

Manche Leute aus Deutschland sagen, wir würden ja bleiben in diesem Land, wenn es nur ein bißchen Kultur geben würde. Man ist mit manchem verbunden. Ich habe auch ein Radio da und höre ab und zu die Deutsche Welle.

Heimweh nach Deutschland? Vermissen Sie die deutsche oder europäische Kultur?

Nein.

Gibt es irgend etwas, das Sie vermissen? An Europa, an Deutschland?

Ich wüßte nichts, nein.

Schwarzbrot?

Ja, das stimmt! Ein Stück Schwarzbrot ab und zu.

Warum hören Sie die Deutsche Welle?

Um Kontakt zu haben, um zu wissen, was passiert in der Welt.

Wenn Sie die Augen zumachen abends, haben Sie dann ein gutes Gewissen?

Was heißt gutes Gewissen? Ich mache mir da nicht so viele moralische Gedanken. Ob das Gewissen jetzt gut ist oder nicht.

Aber Sie haben das Gefühl, daß Sie ein gutes Pensum an Arbeit geleistet haben!

Vielleicht habe ich etwas geleistet, auch so nach dem Leistungsprinzip. Aber das sehe ich gar nicht so. Ich versuche, manchmal ein bißchen nachzudenken, was war an diesem Tag, war er einigermaßen lebenswert, ja oder nein? Und ob es jetzt ja oder nein ist, dann schläft man doch ein.

Mit anderen Missionaren haben Sie keinen Kontakt, um zu diskutieren, philosophische Gedanken auszutauschen?

Ich habe meine Philosophiebücher mitgenommen, sogar Kant, aber nicht mehr aufgeschlagen.
Haben Sie keine Zeit dazu oder kein Interesse?
Vielleicht beides.
Es gibt andere Probleme?
Ja. Das ist ganz anders. Also ich finde es schöner, mit den Leuten Spaß zu machen in den Hütten, zu erzählen, Witze zu reißen, ihnen zu helfen, ihnen manchmal die Zunge rauszustrecken, den Kindern Kasperletheater vorzuspielen.
Ein glücklicher Tagesablauf...
Wenn ich meinen Aufenthalt in Deutschland betrachte... Ich bin davon überzeugt, hier ist es viel besser im Tagesablauf.
Sie haben gesagt, daß Sie auf Haiti nichts vermissen, was Sie in Deutschland hatten. Was haben Sie während Ihres Aufenthaltes in Deutschland vermißt, das Sie in Haiti haben?
Die Haitianer, die Menschen. Vielleicht aber auch das manuelle Arbeiten, daß man den Kranken hilft, Spritzen gibt, Kranke untersucht, ein paar Laboruntersuchungen macht.
Sie kommen sich in Deutschland nutzlos vor?
Ja.
Auch in Deutschland gibt es Probleme, alte Menschen, einsame Menschen... Ist immer noch Abenteuerlust dabei, daß Sie bleiben?
Ein bißchen Abenteuerlust ist schon noch dabei, ja. Es ist hier ja auch nicht ganz ungefährlich, Krankheiten, giftige Spinnen, Skorpione. Mich hat mal eine gebissen. Ich kam von draußen und hatte eine im Bett. Da mußte ich gleich ins Hospital und habe mir alles anästhesiert und aufgeschnitten, damit das Blut rausfließen konnte.
Trotzdem – in Deutschland konnte Sie nichts halten?
Nein. Lieber auf Haiti sterben als in Deutschland leben.

CARLO

Carlo Serraz, 56, Franzose, Vater Ingenieur, Abitur, Studium, erfolgreicher Architekt und Bauunternehmer in der Nähe von Genf, verheiratet, zwei Kinder. Läßt mit 48 Jahren alles hinter sich zurück und geht in die Berge von Sardinien, um sich vom herrschenden System nicht mehr ausnehmen zu lassen.

UNTERWEGS IN DEN BERGEN SARDINIENS

Carlo, wir haben die Häuser gesehen, die Sie errichtet haben. Ein Hochhaus fiel uns besonders auf, das offensichtlich seit Jahren im Rohbau halbfertig dort steht. Warum haben Sie dieses Haus nicht zu Ende gebaut?

Weil ich aus Frankreich weggegangen bin. Nach Sardinien. Ich habe hier alles zurückgelassen. Ich hatte hier nichts mehr zu suchen.

Sie müssen sehr erfolgreich gewesen sein, und immerhin waren Sie damals, als Sie alles aufgaben, schon achtundvierzig Jahre alt. Warum haben Sie Ihr Geschäft, Ihre Frau, Ihre Kinder zurückgelassen und sind plötzlich weggegangen?

Wollen Sie herausbekommen, ob die Leute, die so gehandelt haben wie ich, glauben, richtig gehandelt zu haben, oder ob sie eine Schlappe erlitten haben?

Wir wollen nicht herausbekommen, ob etwas gut oder schlecht war, sondern wie es dazu kommt, daß Menschen in einem bestimmten Moment »ihre Schuhe ausziehen und barfuß weitergehen«.

Ich habe nicht gewählt, es ist von allein gekommen.

Was bedeutet von allein? Ihr Leben verlief in geordneten Bahnen, war vorgezeichnet...

In einem bestimmten Moment wurde mir bewußt, daß das gewohnte Leben in dem vorgegebenen System mit seinen Regeln nicht meinem eigenen Individuum entspricht. Das ist alles. Das ist überhaupt nicht kompliziert!

Gibt es nicht einen speziellen, konkreten Grund, der Sie dazu gebracht hat, zu sagen, daß Sie keine Lust mehr haben, dieses Leben zu führen?

Sicherlich, wenn man nicht gewissen äußerlichen Geschehnissen gegenübersteht, wird man sich mancher Dinge gar nicht erst bewußt.

Hing das mit Ihrer Arbeit zusammen?

Man verrichtet seine Arbeit in einem vorgegebenen Kontext. Dieser Kontext entwickelt sich systematisch. Diese

Systematik ist typisch für die Politik dieses vorgegebenen Systems. Das Individuum ist nur noch eine Art Weiterentwicklung dieses Systems. Wenn man Ihnen morgen sagt, daß Sie Äpfel essen sollen, nur weil sie im Überfluß vorhanden sind, sind Sie doch nicht gezwungen, sie wirklich zu essen. Wenn sie unter Ihrer Nase wachsen und Sie sie essen mögen, okay, aber wenn man Sie dazu zwingen will, diese verdammten Äpfel zu essen, werden Sie krank davon. Dann muß man sagen, halt – stop, ich esse keine. Ab einem gewissen Moment wurde mir bewußt, daß ich überholten, irrigen Definitionen gegenüberstand.
Ich fühlte mich unwohl. Innerlich und äußerlich. Das ist alles. Ich hatte das Gefühl, als ob man mir morgens, mittags und abends einen auf den Kopf gäbe. Wenn man seinen Beruf in einer Richtung ausüben will, kommen die anderen und wollen einen abschießen. Das reicht einem bald. Schließlich möchte man weiterleben.
In Ihrem Fall – wer hat Sie angeschossen?
Das System. Oder der Staat – wie Sie wollen. Ich bin nicht gegen die Menschen oder die Humanität, aber ich möchte von dem System nichts mehr wissen, egal von welchem. Irgendwann distanziert man sich.
Haben Sie das Gefühl, daß die Gesellschaft Ihnen etwas weggenommen hat?
Die Gesellschaft! – Die Gesellschaft hat mir mehr genommen, als sie mir je gegeben hat!
Aber wohlgemerkt, ich spreche nicht von der menschlichen Gesellschaft, sondern von dem System, von dem Mechanismus, nach dem man uns zwingen will zu leben.
Sie kommen aus einer gutbürgerlichen Familie, haben eine gute Erziehung genossen ...
Was heißt gute Erziehung? Diese Erziehung ist doch nur Teil des Systems. Die Menschen damals wußten es nicht besser. Sie kannten nichts anderes. Meine Erziehung war

systemkonform. Ihnen waren nicht die Regeln bewußt, nach denen das System funktioniert: die Nachteile, die Erpressungen ... Das System ist eine gute Sache, solange man nicht damit konfrontiert ist.
Heute hört man immer wieder sagen: Ach, es geht uns doch ganz gut. Diese Leute haben wohl alle noch nicht vom System einen Tritt in den Hintern bekommen. Es ist aber so, daß seit einiger Zeit die Menschen immer mehr vom System betroffen sind. Das erklärt, warum immer mehr Menschen in den Vereinigten Staaten, Deutschland oder Frankreich Stellung beziehen. Gut, ab und zu spricht man von Anarchisten. Aber meistens wissen die gar nicht, was Anarchisten sind. Anarchie bedeutet nicht Unordnung, sondern vor allem eine Ordnung in sich, eine staatsfreie, durch vollständige Gütergemeinschaft bestimmte Gesellschaftsordnung. Wenn man erst einmal kapiert hat, was »Anarchie« bedeutet, ist man sich seiner Handlungen viel bewußter. Man weiß, warum man etwas tut. Man ist Anarchist, weil man denkt. Das ist die Frage nach dem *Warum*. Wenn man weiß, warum man etwas tut, wird man automatisch Anarchist. Aber da ist ein Unterschied zwischen Anarchisten und Libertaires, den Anhängern der unbedingten Freiheit. Es würde zu weit führen, wenn ich jetzt hier die gesamte Geschichte der Anarchie von Kropotkin bis heute erzählen würde, aber ich war von Kindheit an Libertaire. Doch Achtung: Damals lebten wir in der Dritten Republik. Und die Dritte Republik war beeinflußt von Menschen wie Proudhon und anderen, die im Umkreis der Anarchie bekannt waren und den Staat als Ursprung der Unterdrückung kritisierten. Gott sei Dank konnte man in der Dritten Republik noch etwas von dem machen, was man tun wollte. Die Scheiße begann nach dem Krieg.
Das System installierte sich und fraß die Menschen. Kannibalismus! Das ist alles. Statt den Menschen zu dienen, fraß

das System sie auf. Für mich ist die Sache einfach: Das System soll den Menschen dienen und nicht umgekehrt. Leider sind wir nur noch die Diener des Systems geworden.
Die Gesellschaft gibt dir nur etwas, wenn du in der Lage bist, selber etwas zu geben. Sie sollte aber dafür da sein, uns zu helfen. Nicht die Freunde von irgendwelchen Freunden.
Sind Sie der Meinung, daß es früher eher möglich war, so zu leben?
Ich kann nur von der Zeit reden, als ich zwölf, vierzehn Jahre alt war, vor dem Krieg, das war so 1937. Ich sah schon, wie man damals lebte. Es gab mehr Platz für den Menschen. Die Steuergesetzgebung z. B.... Wenn man früher seinen Steuerbescheid bekam und nicht sofort bezahlen konnte, dann wartete man eben. Irgendwann bekam man den Bescheid in einer anderen Farbe, und das dauerte... Das konnte bis zu fünf Jahren dauern. Nie hat man die Steuern im voraus bezahlen müssen. Aber seit dem Krieg bildet man sich ein, daß man Steuern ein Jahr im voraus bezahlen sollte. Früher nahm man es so, wie es kam. Ich kann mich erinnern, daß die gesamte Buchhaltung meines Großvaters darin bestand, daß er ein Buch hatte, in das er die Stundenzahl seiner Arbeiter eintrug. Am Ende des Monats rechnete er die Stunden auf der letzten Seite des Buches zusammen, bezahlte danach seine Arbeiter, abzüglich ein Prozent für ihre Unfallversicherung. Dieses eine Prozent war der einzige Abzug. Heute hat man dreiundachtzig Prozent Abzüge. Heute muß ein Arbeiter, der ein Loch gräbt, zweimal graben, um den Verdienst für ein Loch zu haben. Verstehen Sie, was ich meine? Das ist wie der Fuchs, der immer hinter seinem eigenen Schwanz herläuft. Es ist eine einzige Inflationsmaschinerie. Verstehen Sie mich?
Meinen Sie, daß man etwas dagegen machen kann?
Selbstverständlich! Man macht es sich zu einfach, wenn man

sagt, man kann nichts dagegen tun. Das ist die Theorie der Bequemen. Wenn man eine Revolution machen will, dann soll man bei sich anfangen mit dem Aufstand. Damit muß man anfangen. Wenn jeder seine eigene Revolution, in sich selbst, gemacht hat, dann braucht man nicht mehr auf die Straße zu gehen.

Wollen Sie alle Leute auf der Straße zu ihrer eigenen Revolution aufrufen?

Ja! Nehmen Sie z. B. die Revolution von 1968 ...

Waren Sie damals in Paris?

Nein. Es war nicht mein Kampf. Als ich merkte, daß die Studenten mit ihren Fahrradketten auf die Straße gingen, zusammen mit den Gewerkschaften und den Kommunisten, die davon profitierten, wußte ich, daß das nicht meine Sache war. Die Anarchos und Neinsager in der Zeit haben sowieso von der kommunistischen Partei Hörner aufgesetzt bekommen. Damals fürchteten die Kommunisten, nach links abzudriften, was sowieso mit der Zeit kommen wird. Wenn ich mich nicht täusche, haben die in der Sowjetunion jetzt schon ihre 43. Revolution in vier Jahren. Man spricht zwar nicht davon, aber man weiß es trotzdem. Man versucht sich im Eurokommunismus, weil klargeworden ist, daß der Stalinismus passé ist, wie andere ähnliche Bewegungen.

Glauben Sie, daß es besser ist, in einem kommunistischen System zu leben?

Nein, nein. Der Kommunismus ist kein System. Es ist eine Theorie, der man zustimmen kann. Leider wollten die Menschen daraus ein System machen.

Sie sprechen von Revolution. Wie soll es danach aussehen?

Wenn ich von Revolution rede, meine ich damit, daß man sein eigenes Lebenskonzept in Frage stellt.

Ihr eigenes Lebenskonzept oder das Konzept der Gesellschaft?

Das eigene. Ich will nicht auf die Straße gehen. Die Revolution entwickelt sich vor allem in einem selbst. Wohlgemerkt, darunter verstehe ich eine schnelle Rotation des Bewußtseins, d. h. ein besseres, schärferes Bewußtsein, ein Sich-in-Frage-stellen in Hinblick auf seine Umgebung. Da jeder im Zusammenhang mit anderen lebt, braucht er nicht mit Plakaten auf die Straße zu gehen, wenn er seine eigene Revolution in sich macht.

Wie soll das praktisch aussehen?

Das ist ganz einfach. Jeder ist im Laufe der Zeit von Ereignissen betroffen. Es kommt auf die Ereignisse an. Es kann sein, daß man ihnen helfen kann, über Hintergründe und Sinn nachzudenken.

Das ist manchmal unbequem.

Sicher. Doch ich glaube, daß die Menschen immer mehr dazu kommen, sich ihrer zwischenmenschlichen Beziehungen bewußt zu werden. Es liegt in der Natur der Sache, daß ein Mensch, der mit dem Gummiknüppel einen auf den Kopf kriegt, irgendwann, vielleicht nach dem 19. Schlag, sagt, jetzt reicht's, den 20. Schlag will ich nicht mehr, jetzt steige ich aus. Das ist ganz normal. So wie es normal ist, daß, wenn ein Schmied mit dem Hammer auf den Amboß schlägt, es Krach macht.

Haben Sie Ihre eigene Revolution hinter sich?

Man lernt jeden Tag. Was ich im Moment nur sagen kann, ist, daß ich weiß: Wenn ich rauche, huste ich. Und husten ist verdammt unangenehm. Also muß ich aufhören zu rauchen. Um ein Bild zu geben.

Ich glaube, daß man im Leben eine lange Zeit braucht, um laufen zu lernen. Wie ein Kind, das beim Laufen immer wieder hinfällt, bis es sich schließlich sagt, ich muß mir wohl eine andere Methode aussuchen. Das entspricht den Gesetzmäßigkeiten der Natur.

Wann haben Sie die ersten Symptome Ihrer Revolution in sich erkannt?

Aber nein, aber nein! Das ist keine Frage von Symptomen. Wie soll ich sagen...

Aber irgendwann müssen Sie doch mit Ihrer Revolution angefangen haben, wann ist es Ihnen bewußt geworden, daß Sie die Nase voll hatten?

Eines Tages hatte ich vom vielen Äpfelessen Durchfall. Da hörte ich auf, noch welche zu essen.

Wie war Ihr Weg vom Bewußtwerden zum Reagieren? Wann hatten Sie die Nase voll, noch weiterhin mit dem Knüppel einen auf den Kopf zu kriegen? Sind Sie eines schönen Morgens aufgewacht und haben gesagt, jetzt mag ich nicht mehr einen auf den Kopf kriegen, oder wie war das? Sie waren immerhin achtundvierzig Jahre alt, als Sie nicht mehr mitmachten.

Als Kind war ich sehr zufrieden, man hat mich immer in Ruhe gelassen. Der Ärger ging los, als ich siebzehn war, zu Anfang des Krieges. Man konnte die Sache so oder so sehen. Man mußte Partei ergreifen. Frankreich hatte verloren. Man mußte für sich eine Entscheidung treffen, Stellung beziehen. Man konnte dableiben oder ins Ausland gehen, z. B. nach England oder Amerika. Einige sagten, die Wahrheit liegt in Frankreich, wie auch Danton sagt: Man nimmt sein Vaterland nicht an den Schuhsohlen mit. Die Dinge spielen sich hier in Frankreich ab, es gibt keinen Grund wegzugehen. Damals hat man Marschall Pétain gerufen, weil man glaubte, daß er mit Adolf zurechtkäme. Er war der Sieger von Verdun, und deswegen glaubte man, daß er das ganze Chaos auf ein Minimum reduzieren könne.

Jeden Tag wurden auf Frankreichs Straßen Flüchtlinge erschossen. Die Aufgabe lag nicht außerhalb Frankreichs, sondern innerhalb Frankreichs. Ich für meinen Teil folgte Marschall Pétain. Andere waren für de Gaulle, der nach England gegangen ist, und dann gab es welche, die haben sich versteckt, aus allem rausgehalten.

Haben Sie mit siebzehn Jahren also schon angefangen, gegen etwas Stellung zu beziehen?
Ich habe nicht gegen etwas Stellung bezogen, sondern für etwas. Dafür, daß die Konsequenzen des verlorenen Krieges möglichst gemildert wurden.
Aus Humanitätsgründen?
Nein, aus gesundem Menschenverstand. Man konnte vorhersehen, daß, wenn es so weitergehen würde, es bald keinen Franzosen mehr geben würde. Schließlich sind wir nicht da, um zu krepieren, sondern um zu leben. Ich tat das, wovon ich dachte, daß es richtig sei zu tun. Das Resultat für mich war, daß ich mit zwanzig ins Gefängnis kam, als politischer Gefangener. Jeder hat seinen eigenen Krieg geführt damals. Ich war der Meinung, daß der Weg, den ich eingeschlagen hatte, der einzig richtige für einen Franzosen war. Wenn man an eine Kreuzung kommt, muß man sich auch entscheiden, welchen Weg man nimmt. Es kann sein, daß ein anderer Weg einfacher erscheint, aber man muß den Weg nehmen, der einem entspricht. Und dabei muß man dann bleiben.
Was haben Sie gemacht, als Sie aus dem Gefängnis entlassen wurden?
Da wartete Colette auf mich, meine zukünftige Frau, sie war schwanger. Von nun an hatte ich eine Familie, um die ich mich kümmern mußte. Sicher, ich hätte vorgezogen, etwas anderes zu tun, aber das war unmöglich in jener Zeit.
Was haben Sie denn gemacht in jener Zeit?
Ich bin in unseren Familienbetrieb eingestiegen.
Was war das für ein Betrieb?
Ein Bauunternehmen.
Haben Sie sich damals schon Gedanken über das System gemacht?
Die Frage stellte sich nicht, ich hatte mit dem System noch nichts zu tun. Das war nur auf der politischen Ebene gewe-

sen. Das System, das sich nach dem Krieg in Frankreich installierte, habe nicht ich erfunden. Es waren die Leute, die aus England, Moskau oder sonst woher zurückkamen. Das war nicht mein System, aber ich steckte dadrin. Ich bin besiegt aus dem Gefängnis, aus dem Krieg herausgekommen. Die meisten meiner Kameraden sind erschossen worden. Ich war gezwungen, in Zusammenhängen zu leben, die ich nicht mitgestalten konnte. Und unglücklicherweise muß ich sagen, daß alles, was ich befürchtete, sich bestätigt hat.

Aber Sie haben weiterhin mitgemacht?

Ja, ich machte meine Arbeit gerne. Ich entwarf Häuser, baute und verkaufte sie, wobei das Verkaufen das Uninteressanteste war.

Soviel wir hörten, waren Sie hier in der Gegend als Architekt und Bauunternehmer sehr erfolgreich und anerkannt. Hat Ihnen diese Anerkennung eine innere Befriedigung gegeben?

Ja, schon, aber es ist ein undankbarer Beruf. Viel Mühe für wenige Augenblicke der Befriedigung. Sehen Sie, das ist wie bei einem Kind. Wenn man sieht, wie ein Haus zur Welt kommt, wie es seine Form angenommen hat, das ist das Wesentliche, das gibt dir Befriedigung.

Wenn Sie später an Ihren Häusern vorbeigefahren sind, hat Sie das irgendwie berührt?

Das kann ich nicht sagen, ich weiß nicht, ich kann mich nicht erinnern, wieviel Häuser und welche ich gebaut habe. Das Gefühl der Befriedigung hat man nur in einem bestimmten, kurzen Moment. Danach bleibt nichts mehr. Wenn das Haus erst einmal fertig ist und es meinen Vorstellungen entspricht, erfüllt es seine Funktion, mehr nicht.

Was hat Ihnen mehr Befriedigung gegeben, die technische Fertigstellung oder die Anerkennung, die Sie dadurch bekamen?

Der Beruf des Konstrukteurs und Architekten hat viele

Gesichter. Es ist schwer zu beantworten. Ein Haus hat verschiedene Stadien der Fertigstellung. Man ist auf die anderen Berufsgruppen angewiesen, die Maler, die Schreiner etc. Die verschiedenen Disziplinen müssen hier zusammenarbeiten. Das macht das Bauen interessant. Es ist schon sehr befriedigend zu sehen, was aus seiner Arbeit herauskommt. Aber, wie gesagt, das ist nur eine momentane Sache. Dann geht man zum nächsten über. Man hängt mehr an dem Vorgang des Bauens an sich als an dem Ergebnis.

Haben Ihnen Erfolg und Anerkennung nicht auch Freude gebracht?

Seien Sie mal ganz ehrlich!

Das hat nichts mit Freude zu tun, das war ein ganz praktisches Interesse. Wenn man anerkannt war, wurden einem die Tore geöffnet und alles erleichtert.

Diese Anerkennung diente Ihnen also?

Ja, sicher, sie brachte Vorteile, diese Vorteile nützte ich natürlich aus.

Um weitere Bauaufträge zu bekommen?

Sicher.

Fehlt Ihnen diese Anerkennung heute?

Zu Anfang hat es mir schon gefehlt. Eine gewisse Zeitlang. Jetzt nicht mehr.

Fehlt es Ihnen nicht, etwas zu entwerfen, zu bauen, Ihr Konzept in die Wirklichkeit umzusetzen?

Im Leben gibt es nicht nur das Bauen. Es gibt andere Möglichkeiten. In dem Moment, wenn der Mensch etwas tut, was seinem Ausdruckswillen entspricht, wird er Befriedigung empfinden. Damals war ich zufrieden, die Häuser zu bauen. Was bedeutet im Grunde Glück? Die Möglichkeit, sich zu äußern.

Wann fingen Sie an, nicht mehr zufrieden zu sein?

Als man begann, mir das Leben schwerzumachen.

Womit schwermachen?

Mit allem. Sie müssen sich vorstellen, daß ich vierzehn, fünfzehn, siebzehn Stunden am Tag gearbeitet habe, damit der Staat auf mir herumtrampeln und die Steuer hinter mir her sein konnte. Der Verwaltungsaufwand wurde immer größer, so daß es langsam eine Strafe war, ein Haus zu bauen. Das alles liegt nur an dem System und seinen Regeln, z. B. die endlose Warterei auf eine Baugenehmigung.

Entwickelte sich Ihre Unzufriedenheit langsam, oder kam sie plötzlich?

Nein, die Vergiftung entwickelte sich nach und nach, wie bei einem Kohleofen, dessen Gase langsam das Zimmer füllen, bis man tot ist. Und wir, die wir langsam vergiftet wurden, wir waren uns der Symptome nicht bewußt. Die Jugendlichen, die immer behütet in ihren vier Wänden aufgewachsen sind, zur Schule gegangen sind, studiert haben und sich plötzlich bewußt wurden, in welche Konsum- und Überflußgesellschaft sie hineingeworfen worden waren, wehrten sich. Das ist die Erklärung für '68. Die junge Generation, die nach dem Krieg aufgewachsen ist, konnte schneller reagieren, weil sie schneller mit dem Resultat dieser Vergiftung konfrontiert wurde. Das Ganze fing nach dem Krieg ja erst an. 1946/47 erfuhren wir eine gewisse Anarchie, die im Grunde nicht so schlimm war, aber als dann die Macht in die Hände gewisser Leute kam und das besagte System sich etablierte, hat man uns nach und nach vergiftet.

Welche Konsequenzen haben Sie persönlich daraus gezogen?

Ich kam mir vor wie in einem Glas, in das langsam Tropfen um Tropfen fiel. Irgendwann war der Moment erreicht, wo man entweder aus dem Glas ausstieg oder ertrank.

Was haben Sie in dem Moment gemacht?

Ausgestiegen und mich dann wieder gesammelt.

Wie spielte sich das praktisch ab? Wie wir hörten, haben Sie von einem Tag zum anderen Ihre Frau, Ihre Kinder, Ihre

Arbeit, Ihr Geschäft im Stich gelassen und sind verschwunden.
Nein, nein. Als ich merkte, daß ich in diesem System nichts mehr zu suchen hatte, entschloß ich mich, nach Sardinien zu gehen. Aber bis dahin habe ich gearbeitet.
Warum sind Sie gerade nach Sardinien gegangen?
Nun, ich mußte essen, und ich glaubte, auf Sardinien mir mein Brot verdienen zu können, ohne dabei in einem System leben zu müssen, das mich nur ausnehmen wollte. Zu Anfang lebte ich in den Bergen, bei Hirten. Ich wollte auf keinen Fall etwas Neues anfangen, bei dem ich wieder in ein System eingewickelt würde. Auf Sardinien glaubte ich, in einem Kontext arbeiten zu können, der mir paßte. Sardinien ist ein wunderschöner kleiner Kontinent, aber viel kann man da nicht tun. Die Leute verbringen zuviel Zeit mit Theoretisieren. Vorteil ist, man muß nicht ewig mit Unannehmlichkeiten rechnen wie hier. Sardinien ist ein Land, in dem die Freiheit real existiert.
War das nicht eine Flucht, als Sie hier in Frankreich alles hingeworfen und im Stich gelassen hatten?
Nein, wenn man sich an einem Ort nicht wohl fühlt, soll man ihn wechseln.
Und Ihre Frau, Ihre Kinder? Haben Sie Ihr Weggehen vorher mit ihnen besprochen?
Nein, ich fühlte mich schon lange alleine. Man kann sich auch alleine fühlen, wenn man verheiratet ist und Familie hat.
Hat die Tatsache, daß Sie nach Sardinien gegangen sind, etwas mit Ihrem mangelnden Kontakt zu Ihrer Familie zu tun?
Nur bedingt. Das Wichtigste war für mich, nach einer Möglichkeit zu suchen, irgendwo – egal ob Sardinien oder sonstwo – zu arbeiten und den größten Teil des Ergebnisses auch behalten zu können. Außerdem, wenn man sich alleine

fühlt, dann ist man eben alleine. Und ich fühlte mich damals verdammt alleine.
Warum?
Ich habe nicht vor, Ihnen mein Privatleben zu erzählen!
Trotzdem war es doch sicher eine schwere Entscheidung, alles konsequent hinter sich zurückzulassen und irgendwo neu anzufangen.
Es ist schwer zu sagen. Einige Menschen treffen ihre Entscheidungen schnell, für andere ist es ein längerer Weg. Was mich angeht, ich habe das getan, was ich für richtig hielt. Andere hätten vielleicht anders gehandelt.
Waren für Sie Ihre Frau, Ihre Familie Teil des Systems?
Wissen Sie, es gibt Menschen, die einem beistehen, wenn man in Schwierigkeiten gerät. Mir hat niemand beigestanden. Ich war eben allein. Ganz allein. Meine Kinder waren sehr nett, aber ich war alleine. Wir hatten uns sehr oft gesehen, aber in dem Moment, als ich sie brauchte, waren sie nicht da. Nachdem ich alles hingeworfen hatte, kam keiner mehr zu mir und fragte mich, ob ich Hunger hätte.
Das ist nun acht Jahre her, daß Sie alles aufgegeben haben. Fühlen Sie sich heute immer noch allein?
Heute sehe ich wieder gewisse Leute, ab und zu auch meine Frau, meine Kinder. Meine Tochter ist verheiratet, mein Sohn ist Architekt in Paris.
Haben Sie nie versucht, diesen Menschen zu erklären, warum Sie sich damals so alleine fühlten?
Muß man jemandem erklären, daß man Rückenschmerzen hat, wenn jeder sehen kann, daß das Messer hinten aus den Rippen rausguckt?
Es gab damals Zeiten, da hätte ich alles gemacht, um etwas zu essen zu haben.
Haben Sie kein Verantwortungsgefühl für Ihre Frau, Ihre Kinder, Ihre Angestellten gehabt, als Sie von einem Tag zum anderen weggingen?

Ich denke, daß man vor allem Verantwortung sich selbst gegenüber hat. Jedes Wesen sollte voll für sich in der Gesamtheit aller Dinge stehen. Stellen Sie sich jemanden vor, der sein Gedächtnis verloren hat. Er weiß nichts mehr. Sagen wir wie ein kleines Kind, das neugeboren zur Welt kommt. Nur mit dem einen Unterschied, daß er auch nach dem Verlust seiner Erinnerung weiterhin mit dem ausgestattet ist, was seine Persönlichkeit ausmacht und was ihm erlaubt, Dinge auf eine straffe Art und Weise zu erkennen, wie es ein Kind nicht kann. Wenn er eine Tasse sieht, identifiziert er sie sofort als Tasse, er muß nicht erst diese Irrtümer machen wie ein Kind. Er nimmt Besitz von den Dingen in seiner Umgebung mit einer größeren Intensität, sein Bewußtsein von den Dingen ist vollständiger, perfektionierter. In dem Moment kann man ihm nicht mehr schwarz für weiß vormachen. D. h. gestern abend haben wir Kaninchen gegessen, man hätte uns nicht mehr Scheiße andrehen und sagen können, es sei ein Kaninchen gewesen. Als Sie klein waren, konnte man das. Man erlebt Dinge bewußt, man sammelt Erfahrungen, ein Kind von achtundvierzig ist nicht mehr wie ein Kind mit fünf oder sechs. Man reagiert anders. Man erkennt die Dinge sofort und präzise. Auch das Unterbewußtsein bei einem Achtundvierzigjährigen ist präziser als bei einem Kind.

Im Moment sind Sie wieder hier in Frankreich, was tun Sie hier?

Ich kümmere mich um meine kleine Tochter, sie ist fünf.

Wo ist die Mutter, warum kümmert sie sich nicht darum?

Die Mutter ist ein junges Ding, das ich irgendwo kennengelernt habe. Sie kann sich nicht genug um das Kind kümmern. Deswegen bin ich für eine gewisse Zeit aus Sardinien zurückgekommen. Ich bin »das Mädchen für alles« für die Kleine.

Wovon leben Sie?

Von nichts, ich habe nichts.
Aber irgendwovon muß man doch leben.
Ab und zu verdiene ich hier und da mal etwas, gelegentlich verkaufe ich für andere Leute Bilder.
Vermissen Sie nichts aus Ihrem früheren Leben, Komfort, Geld?
Geld? Geld ist ein Werkzeug, natürlich, auch ich brauche Werkzeuge. Es gibt viele Dinge, die ich gerne machen würde, aber ich kann sie nicht machen, weil ich nicht die Mittel dazu habe. Ehrlich gesagt, ich hätte ganz gerne Geld zur Verfügung, doch Geld ist zwar ein guter Diener, aber ein schlechter Herr. Wenn Sie schnell krepieren wollen, brauchen Sie sich nur ein goldenes Kalb anzuschaffen und da jeden Tag hingehen, um davor zu beten, dann spüren Sie schon die Folgen.
Dann sind Sie also, so gesehen, gut dran ohne Geld? Erleichtert es Sie, kein Geld zu haben?
So kann man es nicht sagen, aber ich bin sicher davon erleichtert, die Pflichten und Verantwortungen nicht zu haben, die Geld mit sich bringt. Man ist nicht mehr Diener seines Geldes. Gucken Sie sich doch die Leute mit Geld an. Das sind doch arme Teufel, mit all den Schwierigkeiten, die ihnen das Geld bringt, schauen Sie sich nur ihre Gesichter an. Es würde mich nicht wundern, wenn sie alle an irgendwelchen versteckten Krankheiten leiden würden!
Wenn Sie die acht Jahre zurückdenken und noch einmal vor der Entscheidung stünden, Ihr bisheriges Leben aufzugeben, würden Sie es noch einmal so machen?
Aber sicher, verdammt noch mal!
Haben Sie nicht manchmal Lust, wieder hier in Frankreich zu bauen, so wie früher?
So wie die Dinge hier liegen, bei diesem System, nein, niemals. Ich habe schließlich keine Lust, bis zu meinem Lebensende als Galeerensklave zu arbeiten.

Die Konsequenzen nehmen Sie in Kauf?
Die sind mir egal, irgendwie werde ich mein Leben schon leben. Außerdem, der Mensch ist so vielseitig, daß er alle fünf Jahre ruhig etwas anderes tun kann. Ich bin der Meinung, daß in Zukunft diese Kontinuität nicht mehr bestehen wird, wie wir es von früher gewohnt sind. Ich kann nur sagen, ich bedaure nicht, was ich gemacht habe.
Man ist schon mehrmals zu mir gekommen und hat mir neue Aufträge angeboten. Aber ich habe immer nein gesagt. Ich will doch nicht verrückt werden. Sehen Sie, wie Raymond Barre langsam durchdreht und Giscard immer weniger Haare hat. Das geschieht ihnen recht.
Sie sind nicht bereit, Konzessionen zu machen?
Nein, denn ich will nicht als Maultier bis zum Ende meines Lebens dienen.
Würden Sie Ihren Kindern dieselben Ratschläge gehen? D. h. genauso zu handeln, wie Sie es getan haben?
Ich bin sicher, daß die Jugendlichen heutzutage bewußter sind, bewußter leben. Meiner Kleinen werde ich versuchen, soviel wie möglich zu erklären, um ihr soviel wie möglich Schwierigkeiten zu ersparen. Aber Ratschläge gebe ich nicht.
Sie sagten, daß Sie nun endlich einmal Zeit haben, andere Dinge zu machen. Was sind das für Dinge?
Wenn ich z. B. Lust habe, den ganzen Tag Klavier zu spielen, dann mache ich das eben. Früher habe ich das natürlich nicht gekonnt. Wenn ich Lust habe zu schreiben, dann schreibe ich eben den ganzen Tag, früher habe ich das nicht gekonnt. Wenn ich früher zehn Stunden am Tag gearbeitet habe, dann war davon höchstens eine Stunde echte, konstruktive Arbeit. Der Rest war nur Papierkram, für die Verwaltung, die Steuer.
Können Sie jungen Leuten irgend etwas mit auf den Weg geben?

Nein, jeder muß zusehen, wie er zurechtkommt, jeder soll tun und lassen, was er will. Ich stecke doch nicht in den anderen und kann ihnen sagen, was sie tun sollen oder nicht.

Kann man den jungen Menschen nicht helfen?

Ja, man kann helfen. Man kann den Menschen nicht ändern, aber man kann ihm behilflich sein bei seinem Weg zur Änderung. Wenn jemand sein ganzes Leben lang ein Übeltäter war, können Sie ihn nicht von heute auf morgen ändern. Es sind höchstens Geschehnisse, die ihn ändern können. Sie können ihm dabei helfen, Dinge bewußter, vielleicht anders zu sehen. Es ist ein langsamer Prozeß, aber besser als gar nichts. Wenn man z. B. an die »Gesellschaft« denkt, soll man an eine Verbesserung der einzelnen Komponenten denken. Wenn Sie verrückte Komponenten haben, haben Sie eine Gesellschaft, die verrückt spielt. Man erwartete von mir, daß ich zu einer Musik tanzte, die für Verrückte geschrieben war. Ich tanzte aber nach meiner Musik. Wenn jeder sich in sich entwickelt und ändert, dann entwickelt und ändert sich entsprechend auch die Gesellschaft.

Aber das ist eine lange Prozedur.

Und wenn es Tausende von Jahren dauerte. Aber jeder Schritt ist eine Verbesserung. Sehen Sie, es gibt Leute, die die Lösung für sich gefunden haben, z. B. die religiösen Sekten oder die Mönche. Die Mönche z. B., die wollen deswegen nicht rausgehen, weil sie sich drinnen wohler fühlen als draußen. Sie vermeiden damit den Kontakt mit der äußeren Welt, die ihnen nicht paßt.

Sind Sie religiös?

Was heißt religiös? Ich habe meine eigene Kenntnis von den Dingen. Das ist meine Sache. Basta.

Gibt es irgend etwas, wovor Sie Angst haben?

Das hängt von dem Tag ab. Man kann die Angst nicht befehligen, ob sie da ist oder nicht, aber man kann sie unter

Kontrolle halten. Man muß aufpassen, daß man die Angst nicht bewußt hat und sich dann hineinsteigert.
Wovor haben Sie denn Angst? Vor dem Sterben? Vor Alter und Krankheit?
Was heißt Sterben? Wir sind doch hier zum leben, und es ist eben so, daß wir sterben müssen. Das ist der natürliche Ablauf der Dinge. Genauso ist es mit dem Älterwerden. Und die Krankheiten – wir sind mehr oder weniger sowieso alle krank.
Haben Sie heute mehr Angst als früher?
Das ist normal, daß ich heute mit sechsundfünfzig eine andere Einstellung zu den Dingen habe als früher mit dreißig.
Woher kommen Ihre Ängste heute? Die mangelnde Sicherheit, in der Sie jetzt leben?
Nein, nein, nein, das hat damit nichts zu tun. Ein Individuum ist nicht nur nackt, es hat auch alle Möglichkeiten des Existierens bekommen. Jedes Individuum besitzt eine Persönlichkeit, die zusammengesetzt ist aus verschiedenen Dingen, nicht nur Haut und Knochen, sondern auch aus Fähigkeiten, Möglichkeiten und Mitteln, die es hat. Wenn man diese Mittel wegnimmt, dann ist es nicht mehr dasselbe Individuum. Im Vergleich zu vorher fühlt es sich dann amputiert, bis es merkt, daß einige von diesen Mitteln nicht wichtig waren.
Dann legt es nicht mehr soviel Wert darauf, diese Mittel wiederzubekommen. Es gibt Menschen, die diese Amputation verkraften können, andere nicht, weil sie unbewußt leben.
Geld und Sicherheit sind für Sie also nur äußere Werte, die nicht wirklich wichtig sind?
Natürlich, wenn ich auf dem Nordpol bin, brauche ich Felle, um zu überleben. Aber Reichtümer sind Dinge, auf die ich verzichten kann. Man darf sich nicht von ihnen abhängig

machen, und je älter ich werde, um so mehr merke ich, daß ich sie nicht brauche. Es gibt Menschen, die an Möbeln, Schmuck, Bildern und solchen Dingen hängen. Sie sind für mich unreif. Für mich spielen diese Dinge keine Rolle mehr. Nichts zu haben ist mein Reichtum.

So wie Sie jetzt leben, was Sie jetzt machen, gibt Ihnen das mehr Befriedigung als früher Ihr Beruf?

Sicher nicht, ich würde lieber wieder bauen, als hier und da mal etwas zu tun, um für mich und das Kind den Lebensunterhalt zu verdienen. Aber das ist immer noch besser als unter diesen Voraussetzungen und in diesem System in meiner Branche zu arbeiten.

Noch eine Frage zum Abschluß. Können Sie sich vorstellen, in den Urwald zu gehen und hungernden Kindern zu helfen, oder sind Sie der Meinung, daß jeder nur für sich selbst lebt und verantwortlich ist?

In erster Linie ist jeder nur für sich selbst verantwortlich, auch der kleine Negerjunge. Er muß sehen, wie er zurechtkommt. Aber ich sage dies nicht aus Egoismus. Jeder muß versuchen, sich zu vervollständigen. Wenn er es selber geschafft hat, kann er anderen dabei helfen. Wenn jemand in den Urwald geht, um den anderen zu helfen, und sich selbst dabei findet, ist die Sache gut. Wenn er sich aber selber dabei verliert, nicht.

ACHIM

Achim Mauer, 26, Vater Amtmann, Abitur, Student der Volkswirtschaft. Bricht sein Studium ab, weil er erkennt, daß er »nicht auf dem richtigen Dampfer« ist. In den letzten sechs Jahren mehr als drei Jahre auf Expeditionen in Afrika.

ABENTEURER

Möchtest du was trinken, Achim?
Gerne, einen Tee.
Welchen trinkst du am liebsten?
Tuareg-Tee.
Obwohl Tuaregs dich beinahe umgebracht hätten?
Du meinst, auf dieser Mali-Niger-Tour vor zwei Jahren?
Ja. Ich hab' irgendwo gelesen, daß ihr die ersten Menschen wart, die mit dem Faltboot die Flüsse Bani und Niger befahren haben?
Das stimmt.
Erzähl doch mal.
Wir waren kurz vor Labizenga, am Fluß Niger. Das ist die Grenze zwischen dem westafrikanischen Staat Mali und dem Staat Niger. Wir sind abends ans Ufer gepaddelt und haben unser Zelt wie immer aufgestellt. Da ist Wüstenlandschaft, Sahara. Plötzlich tauchen Tuaregs auf, eine kleine Karawane von vier, fünf Leuten, mit Kamelen. In ihren blauen Gewändern, wo man nur die Augen sieht.
Unheimlich sehen die aus.
Na ja, und wie das dann so ist, man kommt in einen Plausch, und wir haben sie dann zum Tee eingeladen. Mein Freund Michael war gerade beim Essen machen.
In welcher Sprache habt ihr euch unterhalten?
Französisch. Aber ich habe ja auch ein bißchen Arabisch studiert. Jedenfalls, drei Leutchen saßen uns gegenüber. Wir hatten erst ein Zelt aufgebaut und das Gepäck und die Rucksäcke hinter das Zelt gestellt, so ein bißchen in den Schatten, bevor wir das andere aufbauen wollten. Auf einmal bemerkt Michael, daß sich einer der Tuaregs daran macht, die Packsäcke zu öffnen. Ich meine, wenn ich irgendwo hinkomme, mach ich ja auch nicht alles auf. Wir haben gefragt, was das nun soll, und den erst machen lassen und haben ihn dann doch ganz höflich gebeten, das bitte zu unterlassen. Der hat aber weitergemacht. Da ist Michael

aufgestanden, ist ziemlich barsch geworden und hat ihn so weggeschubst. Na, da wurden sie ganz böse. Einer zog einen Revolver und ein anderer ein Gewehr raus.
Tragt ihr selbst irgendwelche Waffen bei euch?
Ich bin eigentlich dagegen. Eine Machete und ein Messer, das braucht man zum täglichen Leben, Dosen öffnen, Fischen. Aber sonst bin ich dagegen, weil das einen schlechten Eindruck erweckt bei den Leuten.
Na, jedenfalls hatte sich die Szene gewandelt. Die hatten unsere Medikamente entdeckt und dachten, daß wir Ärzte wären. Ein Weißer und dann noch mit Bart, das muß ein Arzt sein, klar. Wir haben das verneint, das ist nicht so, wir kommen aus Bamako und sind auf dem Fluß langgepaddelt. Die ganze Zeit hielten sie uns mit dem Gewehr in Schach und haben trotzdem darauf bestanden, daß wir Ärzte wären und daß wir eine Operation machen sollten. Das ging dann so hin und her. Wir wurden natürlich auch immer böser ...
Hattet ihr keine Angst?
Am Anfang noch nicht. Ich dachte, das sei nur eine anfängliche aggressive Haltung. Wie damals die Geschichte beim Putsch zwischen Ägypten und Israel. Ich war auf dem Schiff runter in den Sudan, als so ein junger Armeeangehöriger mir seine MP vor den Magen hielt. Aber das kann man dann im Plausch irgendwie schlichten.
Aber das hier hatte sich doch so ein bißchen gesteigert. Sie befahlen uns, mit ihnen zu gehen, sattelten ihre Kamele und sind dann mit uns und den Medikamentenbeuteln losgezogen.
Ihr mußtet zu Fuß ...?
Klar, das waren fünf Leute, und die hatten fünf Kamele.
Und eure ganzen Sachen?
Sind dageblieben, Kameraausrüstung, alles blieb da.
Wie weit wart ihr von der nächsten größeren Ortschaft entfernt?

Da ist ja nichts, das kleine Labizenga-Nest, der nächstgrößere Ort ist zweihundertsiebzig Kilometer weg. Wir sind also mit denen in die Wüste hineingelaufen. Am späten Abend machten wir Rast an einem Felsen bei einem ausgetrockneten Wadi. Wir mußten uns hinsetzen. Die Tuaregs haben ihr Essen und ihren Tee zubereitet und sich um uns gar nicht gekümmert. Keine Wache aufgestellt mit Gewehr, gar nichts.

Hat man euch zu essen und zu trinken gegeben?

Nein. Sie haben Lagerfeuer gemacht, sich hingelegt und sind eingeschlummert. Wir haben alles abgecheckt. Gehen wir nun mit oder nicht? Vielleicht brauchten sie ja tatsächlich Ärzte. Nur, wenn die uns zwingen würden zu operieren, dann könnte das noch schiefer gehen. Bei diesen Naturvölkern, da kann das sehr, sehr schlimm werden. Aber selbst wenn uns die Flucht glücken sollte, wie sollten wir den Weg zurückfinden? Mitten in der Nacht, mitten in der Wüste. Wir haben uns schließlich dazu durchgerungen, daß wir versuchen wollten abzuhauen. Wenn man so ein paar Stunden durch die Wüste gelaufen ist, unter Druck steht, dann merkt man sich alles. Das ist unheimlich, was man da an Nebensächlichkeiten aufnimmt, an Landschaftsmerkmalen.

Es war Mondschein. Wir sind vorsichtig das Wadi runter, haben versucht, die Richtung zum Fluß zu kriegen. Wir sind gerannt, so schnell wir nur konnten.

Hat euch keiner verfolgt?

Das wissen wir nicht. Wir hatten das Gefühl, daß wir weit hinter uns Leute sahen, Geräusche hörten. Vielleicht bildeten wir uns das auch nur ein. Aber wir schafften es. Wir haben alles schnell in das Boot geworfen, und nichts wie weg.

Was habt ihr als erstes an Bord gemacht? Einen Whisky getrunken?

Nee, da gibt's so was nicht.

Nimmst du nie Alkohol mit auf deinen Expeditionen?
Schon, damit man sich abends einen kleinen Schuß in den Tee machen kann. Nicht, damit man dasitzt wie in der Reklame: rauschendes Meer und 'nen Whisky in der Hand. Aber es wärmt, wenn man abends am Lagerfeuer sitzt. In der Wüste ist es zwar tagsüber wahnsinnig heiß, aber nachts kühlt es ganz schön ab. Und ein Whisky im Tee wärmt ein bißchen auf.
Aber wir waren ja schon drei Monate unterwegs. Die meisten Vorräte waren aufgebraucht. Wir sind nur gepaddelt, wahnsinnig gepaddelt die ganze Nacht durch, um so weit wie möglich wegzukommen. Wir haben viel, viel zurückgelassen, weil wir wirklich Angst hatten, eine instinktive Angst, und nur weg wollten. Wir glaubten, daß sie hinter uns seien. Klar, man achtet auf jedes kleinste Geräusch, eine Eidechse im Sand oder so.
Gibt's da auch Schlangen?
Weniger. Ich habe eigentlich wenig Schlangen gesehen, bis jetzt auf der letzten Tour, eine Sandviper. Die hatten wir im Rucksack.
Die sind doch sehr giftig! Was hast du gemacht, als du die Sandviper in deinem Rucksack sahst?
Ich hab' sie auf den Spaten genommen. Damals wußte ich noch nicht, daß das eine Sandviper war. Wir hatten einen kleinen Armeespaten, so einen Klappspaten, da kräuselte sie sich hoch am Stab. Mein Freund hat das alles fotografiert. Da gibt's Fotos mit meiner Hand, der Uhr und der Sandviper. Die Augen waren ziemlich hervorstehend und grüngelb. Wir haben noch gelacht, weil das wie ein großer Regenwurm aussah, so ein bißchen rosaschleimig.
Wenn die dich gebissen hätte und du nicht innerhalb ganz kurzer Zeit das Gegenserum hast, ist man doch hinüber, nicht?
Ja, ich glaub' schon.

Findet das deine Mutter eigentlich witzig, was ihr Sohn da macht?
Findet sie überhaupt nicht. Nur, sie weiß, wie wichtig es für mich ist. Aber ich habe schon einen Hauch von Verständnis für die Leute da unten. Da ist nicht nur Mord und Totschlag, wie man das hier häufig hört. Die haben gerade das, was ich suche, elementare Begriffe wie Menschlichkeit, Freundlichkeit, Dankbarkeit.
Verstehen deine Eltern das?
Nein, aber sie haben mich früher trotzdem finanziell ein wenig unterstützt. Es ist doch immer mit Geld verbunden, wenn man das verwirklichen will, was man im Hinterstübchen hat und wonach man sucht. Und wenn es nur der Flug irgendwohin ist, um das zu machen, was man eben will. Inzwischen hat sich das ein bißchen verlagert.
Brauchst du jetzt weniger Geld?
Ich kriege inzwischen auch Geld rein mit meinen Geschichten, Diavorträgen und so.
Früher warst du ganz von deinen Eltern abhängig?
Ich habe mir das auch immer selber erarbeitet, gejobbt, Gabelstapler gefahren, Nachtschichten geschoben.
Wann hast du deine erste große Reise gemacht?
Gleich nach der Mittleren Reife. Da bin ich in Marokko gewesen. Bis Marakesch mit dem Zug und dann in die Sahara hinein.
Nicht per Anhalter?
Nein, das habe ich nie gemacht, da ist mir so ein bißchen unwohl. Man ist gezwungen, den Freundlichen zu machen, sich auf Konversation einzulassen.
Und wegen meiner Reisen hat's auch ein bißchen länger gedauert, bis ich mein Abitur machte.
Du hast dann angefangen zu studieren?
Ja, Volkswirtschaft und Betriebswirtschaft an der Universität Hamburg.

Aber du hast nichts abgeschlossen?
Nein, ich bin ja immer unterwegs. Die Hälfte des Jahres bin ich weg. Und dann habe ich auch gemerkt, irgendwie ist das nicht der richtige Dampfer, was du da angefangen hast.
Warum hast du gerade Volks- und Betriebswirtschaft gemacht?
Ich wollte eigentlich Lehrer werden, Handelsschullehrer.
Hast du das Studium ganz aufgegeben?
Ich habe es im Moment abgebrochen, ja.
Willst du es irgendwann weitermachen?
Ich weiß noch nicht. Ich mache immer so einen Zwei-Jahre-Rhythmus. Also in den Jahren '81 und '82 nehme ich es nicht wieder auf, das weiß ich, weil ich jetzt für längere Zeit weggehe. Ich möchte ein paar Sachen in der Wüste machen und dann vielleicht Südwestafrika.
Also wieder zwei Jahre auf Expedition?
Ja, so ähnliche Touren wie bisher.
Was macht dein Vater?
Amtmann bei der Verwaltungsberufsgenossenschaft. Also Beamter. Ich habe ziemlich Dispute mit meinem Alten Herrn, der niemals davon erbaut war, was ich tue. Wir sind da zweierlei Meinung hinsichtlich des Begriffes Risiko. Ich meine, daß unserer Gesellschaft, besonders den Beamten, Risikobereitschaft fehlt, weil sie halt in ihren festen Bahnen sitzen und ihnen so leicht nichts passieren kann. Wir Deutsche haben ja ein hysterisches Sicherheitsbedürfnis, eine wahnsinnige Existenzangst. Das beginnt in der Schule und wird von Jahr zu Jahr schlimmer. Es gibt viele Leute, die jung heiraten, mit Anfang zwanzig, und sich darüber Gedanken machen, sich ein Haus zu bauen, die Kredite aufnehmen müssen, die sie zwanzig oder dreißig Jahre lang abzahlen müssen. Mein Freund, der ist Schweizer, kommt aus Zürich und hat eine Lehre gemacht als Bankkaufmann. Man macht eine Lehre, und dann ist man irgendwie situiert und

strebt rum. Ein eingefahrenes Gleis. Man wird befördert und bekommt ein bißchen mehr Gehalt. Er hat von heut' auf morgen aufgehört, weil er etwas anderes machen wollte, er wollte fotografieren. Das ist ein wesentlicher Aspekt, daß man erkennt, wenn man nicht auf dem richtigen Dampfer ist. Daß man einfach mal was anderes wagt und versucht, auch wenn man weiß, daß es nicht hundertprozentig von Erfolg gekrönt ist.

Erfolg ist nicht wichtig?

Ich glaube, daß wir alle Aufmunterung und Zuspruch brauchen. Ohne das kann man nicht leben.

Kommen bei deinen Eltern nicht manchmal die Argumente, daß sie sagen, hör mal zu, junger Mann, du bist nun sechsundzwanzig, willst du nicht mal langsam anfangen, Geld zu verdienen und Karriere zu machen?

Früher gab's das vielleicht mal, aber bei meiner Mutter eigentlich nie. Mutter hatte immer mehr Verständnis dafür. Sie war zwar nie damit einverstanden, macht sich auch wahnsinnig viel Sorgen. Nicht nach dem Motto, nach mehreren Reisen wird es einfacher. Sie weiß, wenn ich zurückkomme, daß ich wieder wegfahre, das weiß sie.

Und die Frage nach der schönen Karriere als Diplom-Volkswirt in Hamburg?

Ja, sicherlich, das kommt.

Was antwortest du dann?

Daß ich mit dem, was ich mache, zufrieden bin, das möchte ich gerne beibehalten.

Hast du Geschwister?

Nein.

Du versuchst, neben der Jobberei mit deinen Stories Geld zu verdienen. Wenn das nicht klappt, willst du dann bis an dein Lebensende jobben, oder wie stellst du dir das vor?

Ich kann doch nicht sagen, was ich mit fünfzig mache. Viele tun das heute. Junge Leute. Leider, muß ich sagen. Aber wir leben in einer Welt, die so schnellebig ist und von jedem einzelnen so viel Flexibilität verlangt, daß wir uns immer umstellen müssen. Man kann doch nicht von einem Menschen erwarten, daß er sich in jungen Jahren schon festlegt, was er in den nächsten zwanzig, vierzig, fünfzig Jahren machen will. Und ob mir jemand meine Stories abkauft, wenn ich da ganz ehrlich bin, dann sag' ich, mir ist das scheißegal, ganz vulgär. Ich habe meine Ideen, und das mach' ich. Und wenn jemand daran interessiert ist, kann man darüber reden. Aber zu meinen Bedingungen, fertig.

Würdest du dich als Aussteiger bezeichnen?

Für mich ist das ein sehr komplexes Problem. Das fängt an bei dieser Ökoszene, also junge Leute mit einem riesigen Bart und solchen Haaren und pflanzen ein bißchen Tomaten, das zählt ja so als Aussteiger-Subkultur. Ich würde den Bogen ziehen von diesen Leuten bis hin, ja, vielleicht zu mir, zu Abenteurern. Deswegen ist es so schwierig zu sagen, was ist das eigentlich, ein Aussteiger? Ich würde so sagen: Die Leute, die man so betitelt oder die sich selbst gerne so nennen, obwohl man das von sich selbst kaum sagen kann, das sind die, die eben das machen, was sie wollen, unabhängig davon, was einem die Gesellschaft vorschreibt. Wir sind ja alle in einer Gesellschaftsform aufgewachsen, die gewisse Punkte einfach von uns verlangt. Wir haben viele Rechte, aber auch Pflichten. Das fängt an mit der Schulbildung, irgendwann haben wir die Pflicht, dafür zu arbeiten, das geht hin bis zur Rentensozialversicherung. Also unseren Teil beitragen. Ein Teil des Aussteigeraspektes ist vielleicht, daß diese Leute sich ein klein wenig von diesen Gesellschaftsverpflichtungen freimachen, um ein wenig das zu verwirklichen, was sie sich selbst wünschen und vorstellen. Wobei das Meinungsbild unheimlich unterschiedlich darüber ist. Das geht von »ist ja toll, das möchten wir auch mal machen« bis zu ... ja, man wird auch ziemlich negativ angesehen.

Was überwiegt?
Daß man kritisiert wird.
Das wichtigste Problem dabei sind doch die ideologischen Gründe, warum man das macht. Die Aspekte sind da sehr, sehr unterschiedlich. Wenn das jemand aus ideologischen Gründen macht, das halt ich mehr für einen Aussteiger, als wenn das jemand macht, weil es *in* ist. In dieser Problematik sehe ich mich zum Beispiel im Moment, daß man sagt, machst du es nach wie vor als Individualist oder weil du siehst, daß man damit im Moment Geld verdienen kann. Aber das ist ein absoluter Randaspekt und wird es auch immer bleiben.
Warum machst du es?
Ich glaube, das einfachste ist, wenn man drei Begriffe aufzählt. Drei wesentliche Faktoren tauchen für mich immer wieder auf: Selbsterkenntnis, Selbstsicherheit und Objektivität. Das ist für mich wichtig, um das Aussteigerproblem in den Griff zu kriegen. Diese drei Begriffe sind gerade in unserer Gesellschaftsform umstritten oder sehr, sehr heiße Eisen. Wenn ich solche Reisen mache, wird die Selbstsicherheit natürlich dadurch gesteigert. Wir bewegen uns ja in der völligen Einsamkeit, ich habe in den letzten Jahren nur Sachen gemacht, wo sowieso kein Tourist hinkommt. Man ist auf sich gestellt und muß irgendwie zurechtkommen. Das bringt natürlich sehr, sehr viel Selbstsicherheit, wenn man sieht, daß man gewisse Dinge leisten kann, z. B. durch eine Wüste hindurchzukommen. Man stellt sich eine Aufgabe, bewältigt sie und sieht nach der Bewältigung, was man kann.
Spürst du diese Selbstsicherheit hinterher oder in dem Moment, wo du das machst?
Im Nachhinein, wenn man zurückkommt.
Also, wenn du Erfolg gehabt hast.
Ja, aber nicht in klingender Münze. Warum macht man

solche Reisen? Weil ich der Meinung bin, daß man so die gewohnten normalen Grenzen überschreitet, in denen wir uns alle hier bewegen, überschreiten muß, um sich selbst kennenzulernen. Wenn ich eben, wie im letzten Jahr, viertausendfünfhundert Meter einen Berg hoch kletter', was noch keiner gemacht hat, oder als erster ein paar Flüsse runterjage oder eine Wüste durchlaufe, das sind Sachen, die nicht normal sind, das weiß ich.

Hast du auf deinen Expeditionen schon einmal das Gefühl gehabt, an die Grenze deiner Leistungsfähigkeit gekommen zu sein?

Ja, bei der Erstbesteigung des Mount Elgon voriges Jahr. Wir sind zu dritt in den Nordwesten Kenias gefahren, an der Grenze zu Uganda. Haben da einen Berg bestiegen, den Mount Elgon, viertausendfünfhundert Meter hoch. Oben ist ein Vulkan, und darin entspringt die Quelle eines Flusses, des Suam. Die hat vor uns noch niemand gesehen. Da wollten wir hin, den wollten wir entdecken und dann den Suam abwärts fahren in zwei Faltbooten, die wir aus Deutschland mitgebracht hatten. Dieser Suam geht in den Turkwell über. Das ist ein weiterer Fluß, der Richtung Norden nach Äthiopien fließt, durch das Gebiet der Turkana. Also erst Berge, dann Urwald, dann reine Wüste. Irgendwann ist der Fluß versickert, und da standen wir nun in der Wüste mit unseren Booten. Wir wollten zum Rudolfsee, jetzt wird er ja auch Turkanasee genannt. Diese letzten sechzig Kilometer sind wir dann zu Fuß durch die Wüste marschiert.

Was war euer Ziel?

Wir wollten auf natürliche Art und Weise die insgesamt sechshundert Kilometer zurücklegen. Wegen der reißenden Strömung sind Suam und Turkwell noch nie befahren worden. Wir haben sie mit dem Faltboot bezwungen, haben den Rudolfsee erreicht und dort bei verschiedenen Turkana-

Stämmen gelebt. Dort sind die höchsten Temperaturen festgestellt worden, die je gemessen worden sind. Ein Engländer hat da 1962/64 Temperaturen bis zum Siedepunkt von neunzig Grad Celsius gemessen. Wir hatten auch gut sechzig Grad Celsius. Das ist ein guter Hammer!

Wie werdet ihr in den Dörfern empfangen, wenn ihr da als Weiße auftaucht?

Kinder und Frauen laufen immer schreiend weg. Die Turkana sind sehr abweisend und stolz. Wir hatten uns nun vorgenommen, unbedingt mit ihnen Kontakt zu kriegen. Sie haben diese Schilfhütten am Wasser, und, na ja, wir haben dann mittendrin unsere zwei Zelte aufgebaut. Das tun wir sonst eigentlich nicht, aber wir wollten sie einfach mit uns konfrontieren, um irgendwie ins Gespräch zu kommen. Was immer das Größte ist, das sind die Boote und die Paddel. Diese Faltboote, das ist für die toll.

In welcher Sprache unterhaltet ihr euch?

Ich kann ein bißchen Suaheli. Da gibt es so ein paar Sachen, die immer eisbrechend sind, wo gelacht wird. Zum Beispiel hatten wir am Anfang diese Schwierigkeiten mit den Frauen. Die laufen weg und schreien. Wahnsinnige Laute, so schrill und kreischend. Wir sind wirklich zusammengefahren, so was habe ich noch nirgendwo erlebt. Und dann fing der Michael an, auf deutsch zu fluchen und zu schreien. Aber wirklich ganz hinten aus der Kehle raus. Da haben die gelacht und haben ihn umarmt, und von da an war das Ding gegessen.

Was wolltest du bei den Turkana?

Einmal wollten wir mit den Leuten leben. Die andere Sache ist, daß wir diese beiden Flüsse befahren wollten. Das hatte noch keiner gemacht, haben zwar viele versucht, aber das Ding, das tobt von Stromschnellen, das donnert und brodelt.

Ihr wart wirklich die ersten?

Ja, und wir werden auch die letzten sein. Denn ab 1981 wird das ganze Gebiet von einem riesigen Staudamm überflutet sein.

Was ist das für ein Gefühl, zum ersten Mal einen Berg zu besteigen, einen Fluß zu befahren?

Das ist toll! Also beim Fluß geht mir das manchmal so, wenn wir eine besonders reißende Stromschnelle geschafft haben und uns das wahnsinnig Spaß gemacht hat, tragen wir das Boot noch einmal zurück über die Felsen und machen das noch mal. Obwohl es eine irrsinnige Strapaze ist.

Kann man vielleicht diese Gefühle der Erstbesteigung eines Berges oder Erstflußbefahrung anders als mit toll beschreiben?

Das ist gar nicht leicht. Man ist so vollends mit sich zufrieden. Man wüßte nicht, was noch darauf kommen sollte. Man vergißt total alle Probleme und Grübeleien, die man so zu Hause hat. Ich glaube, daß jeder Mensch sich irgendein Ziel setzt und, wenn er das erreicht hat, dann ist er vollends glücklich.

Was empfindest du, wenn du auf so einen brodelnden Strudel zufährst?

Wir versuchen das nachher am Lagerfeuer zu ergründen, was jeder gefühlt hat. Das beste finde ich, wenn ich zurück bin und die Fotos sehe, daß ich immer lache.

Spaß, um die Angst zu übertünchen?

Ich glaube, Angst hat jeder. Wenn wir so etwas machen, und wir hätten keine Angst, wäre es vermessen. Man muß sich schon zu Hause damit konfrontieren und überlegen, wie man damit fertig wird. Zum Beispiel war ich alleine im Boot, und fünf Meter hinter mir kommt ein Nilpferd raus. Da hat mir wahnsinnig das Herz geflattert, das ist mir in die Hose gerutscht. Das Maul riesig weit auf und auf mich zu. Ich habe weggepaddelt wie verrückt, bin ans Land gekommen, hab's geschafft, und dann lacht man.

Wann war das, als du dachtest, es nicht mehr zu schaffen?
Ja, bei dieser Bergbesteigung. Ich komme aus Hamburg und habe noch nie einen Berg bestiegen. Ich habe ein bißchen zu klettern versucht im Urlaub in der Schweiz, aber das ist doch ganz anders. Dazu kommt noch die Belastung, daß wir in den Krieg Kenia – Uganda reinkamen. Die deutsche Botschaft hatte uns auch abgeraten. In der Gegend des Mount Elgon waren seit Monaten keine Leute mehr gewesen. Da sind nur Schmuggelpfade zwischen Uganda und Kenia. Alles wird da geschmuggelt, von Scheinwerfern bis zu Waffen. Erst muß man eine Paßstraße hoch. Alles ist feucht, dichter Dschungel, überall Schlingpflanzen. Wenn man sich festhalten will, dann rutscht man ab. Es dampft vor Feuchtigkeit, ein großes Schlangengebiet. Unser Landrover blieb im Schlamm stecken, und dann kam eine Elefantenherde, die hat den ganzen Pfad niedergemacht, so daß wir nicht weiterkonnten. Es war schon ein schlechtes Omen. Wir mußten wieder zurück, weil man nicht mitten zwischen den Elefanten übernachten konnte. Zwei Tage später fingen wir von vorne an. Das Wetter wurde so schlimm, wir sind in solch einen schlimmen Regen gekommen, daß wir in ein Schlammloch sackten. Zwei Tage lang mußten wir unsere Sachen wieder ausbuddeln. Dann gehen natürlich auch die Nahrungsmittel aus. Also mußten wir wieder zurück. Beim dritten Mal, bei dreitausendzweihundert Meter ist der Michael dann ausgefallen, weil er Schwierigkeiten mit der Puste hatte. Na ja, alles stand dagegen, daß wir das machen sollten. Wir überlegten, abbrechen oder nicht. Aber ich habe weitergemacht, wollte es unbedingt schaffen. Das war wohl die schlimmste Nacht, die ich in Afrika mitgemacht habe. Das waren über viertausend Meter Höhe, und das Zelt steht auf so einem wackeligen, schlammigen Boden, und das wettert und hagelt von oben sintflutartig runter. Hinter einem eine steilaufragende Wand, da sollten wir den näch-

sten Morgen hoch. Wir waren völlig durchnäßt. Wir hatten die ganze Nacht kein Auge zugekriegt. Es war wahnsinnig kalt. Mir ist eine Fingerkuppe abgefroren. Es war wirklich nicht schön. Auch wenn man im Nachhinein sagt, wie toll, daß man das geschafft hat, aber es war wirklich nicht schön. Na ja, wir sind dann morgens da hoch ...

Mit welchen Instrumenten arbeitest du beim Steigen?

Mit gar nichts, wir hatten überhaupt nichts mit. Keinen Strick, keine Klemmen. Vor mir ging der Führer, ich kam in der Mitte und hinter mir Christoph, der noch dabei war. Die Wand war so steil, daß man am besten nicht runterguckte. Auf einmal rutsche ich ab und schlage fürchterlich mit dem Knie auf. Es blutete alles, sah auch nicht schön aus, vor allen Dingen schmerzte es wahnsinnig. Ich konnte mich gerade noch so halten und guckte runter. In dem Moment ist es auch schon aus. Also innerlich.

Das war der Moment, als du am meisten Angst in deinem Leben hattest?

Ich hab' eingesehen, daß ich rein physisch nicht weiterkonnte wegen der Verletzung. Dazu kommt die Psyche. Man ist dazu verdammt, weiter zu müssen. Der Führer sagte, du kannst nicht runter hier, es ist zu steil hier, du mußt erst hoch und auf der anderen Seite wieder runter. Da habe ich wirklich gedacht, du bist beknackt, daß du so etwas überhaupt machst, und ich mach' so was nie, nie wieder. Ich habe damals wirklich geglaubt, jetzt ist der Ofen aus. Ich hab' da ständig diese zweihundert Meter Steilwand runtergeguckt. Christoph hat versucht, mich abzulenken. Ich bin dann einfach losgekrabbelt. Ohne was zu sagen. Hab' mir den ganzen Hintern aufgerissen, die Oberschenkel. Alles war zerfetzt, als ich schließlich wieder unten war. Ich war fertig, hab' mich übergeben, war nicht in der Lage, mit jemandem zu sprechen. Man merkt nicht, daß man blutet, das ist nebensächlich. Aber ich hatte auch eine unheimliche Angst um Christoph gehabt. Schließlich war das Ganze meine Idee gewesen, ich war Expeditionsleiter. Ich hab' ja oft Schwierigkeiten mit den Eltern. Wenn ich da anrufe, haben die schon Angst, daß ich ihren Söhnen wieder was Neues vorschlage.

Ist es nicht eine sehr große Verantwortung, andere zu bewegen, auf diesen Touren mitzukommen?

Das ist eben mein großes Problem dabei. Viele Bekannte, Studenten, wollen mal so ein bißchen raus, möchten mit. Das sind »Aussteiger«, die meiner Meinung nach keine sind, die nur ein oder zweimal mitmöchten, um zu Hause erzählen zu können, was sie Tolles gemacht haben. Ein guter Freund von mir hat kürzlich geheiratet, ein Kind gekriegt. Der Kontakt ist jetzt völlig weg, weil seine Frau wahnsinnige Angst hat, daß ich ihn mitnehme. Aber das mache ich jetzt auf keinen Fall mehr, wo das Kind da ist.

Wie stellst du deine Expeditionsgruppen zusammen?

Bei der Bani-Niger-Tour habe ich eine Annonce in der Zeitung aufgegeben. Da haben sich etwa zwanzig Leute gemeldet, im Alter zwischen neunzehn und fünfundsechzig. Daraus habe ich drei gewählt. Nur Michael ist dabeigeblieben. Bei den beiden anderen war das die Sache mit den falschen Motiven. Ein falsches Motiv ist zum Beispiel Geld und Geltungssucht. Man kriegt das schnell raus, wenn man mit der Gefahr konfrontiert wird. Wenn der andere links liegengelassen wird, weil es nur um das eigene Leben geht. Bei Michael und mir ist es so, daß wir uns erst umgucken, wo ist der andere, kann ich dem helfen? Das ist so ein Punkt, den wir heute sehr, sehr wenig hier in unserer Gesellschaft haben, daß man sich so für jemanden einsetzt.

Wie bereitest du dich mit den Leuten vor?

Ich versuche, das Risiko so klein wie möglich zu halten. Ich mach' vorher eine Art Überlebenstraining. Wir essen keine Würmer oder so. Aber wir versuchen, den Körper etwas robuster zu machen. Waldläufe, Alsterschwimmen, obwohl die ja nun wirklich stinkig ist...

Auch im Winter?

Auch im Schnee. Wir zelten auch draußen im Schnee und versuchen, Feuer zu machen mit dem, was wir finden. Versuchen, mit Haferflocken und Reis auszukommen.

Wie lange bereitest du dich auf solch eine Reise vor?

Gut drei Monate. Trotzdem klappte es auf der Bani-Niger-Tour mit den beiden nicht.

Ich wußte, daß es dort viele Nilpferde gibt. Hab' das den Leuten klargemacht. Alle sagten, kein Problem, du kannst dich auf uns verlassen, wir lenken die Tiere ab. Nun hatten wir monatelang vorher abgesprochen, was man dann tut. Aber in dem Moment, wo es Realität war, sind die beiden ans Land gefahren, so schnell sie konnten, und haben uns mitten auf dem Fluß alleine gelassen. Als noch einmal ähnliches passierte, haben wir uns im nächsten Dorf, das wir erreichten, getrennt, weil es einfach keinen Sinn mehr hatte. Die haben sich selber was vorgemacht. Das ist so ein trauriges Problem, das auch mit der Entwicklung der Reisebüros zusammenhängt, mit diesen ganzen Abenteuerexpeditionsgeschichten. Du weißt ja, wie die da unten existieren müssen. Und dann wird in Prospekten der Touropa oder dergleichen angekündigt, die machen also eine sensationelle Reise zu den blauen Rittern der Wüste. Das finde ich traurig, da wird Elementares zerstört, was bei uns in Vergessenheit geraten ist. Was wir, wenn wir als Touristen getarnt da runterfahren, an diesen Völkern zerstören.

Was wird zerstört?

Ihre Kultur. Wir konfrontieren sie mit Sachen, die bei uns wahnsinnig wichtig sind, eine Uhr zum Beispiel, weil sich bei uns alles nach der Zeit richtet, da unten überhaupt nicht. Aber auf einmal wird es da zum Statussymbol. Oder ein Regenschirm, die haben T-Shirts mit einem Superman drauf, eine Sonnenbrille, das sind Statussymbole, die bei uns wichtig sind und die wir übertragen. Für die Menschen war früher nur wichtig, die elementaren Bedürfnisse Essen, Trinken, Wohnen zu befriedigen. Selbst das können sie zum größten Teil nicht aus eigener Kraft, da muß die westliche Welt schon helfen. Da fahren die Leute hin und meinen, die haben Ketten um den Hals und tanzen halbnackt, und deswegen fotografieren sie. Die Menschen dort können uns viel mehr geben. Begriffe des natürlichen Zusammenlebens, echte Gastfreundschaft. Wenn ich eine Zeitlang bei ihnen gelebt habe, werde ich bewußter, bekomme einen Sender dafür, daß man einfacher mindestens so zufrieden leben kann, als wenn man wie hier in einem Streßprozeß steht. Und wenn du dann diese Tramps kennenlernst, die zwei, drei Jahre durch Afrika dröhnen und völlig unbewußt sind. Wenn man sie irgend etwas fragt, wissen sie überhaupt nichts.

Und was weißt du?

Ich erzähle wenig von uns oder unserer Welt, sondern versuche, mich zu integrieren. Erlebe bewußt die Menschlichkeit, Freundlichkeit, Dankbarkeit. Es klingt immer so kitschig, aber die Menschen dort sind glücklich und zufrieden mit dem wenigen, das sie haben. Das gibt so ein klein wenig Hoffnung, daß es diese Merkmale in einer anderen Welt noch gibt. Bei uns existiert so etwas ja kaum noch. Hoffnung, daß vielleicht doch noch nicht alles verloren ist.

Was heißt, alles verloren?

Die wesentlichen Merkmale. Was nützt der ganze technische Fortschritt, dieser Wohlstandszoo, wenn man die primären Dinge dabei vergißt, wenn man seinen Nachbarn in keinster Weise mehr achtet. Ich habe zu unterscheiden gelernt, was wichtig und was nicht wichtig ist. Das Wichtige ist das Elementare, eine Handvoll Reis, eine Handvoll Hirse, ein Schluck Wasser, Hilfsbereitschaft, wenn man selber kaum was hat. Ein Gespräch, wenn man manchmal total frustriert ist in der Einsamkeit.

Brauchst du solche extremen Experimente, um zu wissen, ob du mit wenig auskommen kannst? Mußt du in die Wüste und in den Urwald gehen, um dort in der Natur wieder elementar leben zu lernen?

Um zu wissen, was das ursprüngliche natürliche Leben überhaupt ist, muß ich erst Erfahrungen sammeln. Viele Leute meinen, auch Parteien, die Grünen, wir können mit weniger leben. Wir können verzichten auf Strom, auf Autos und all so was. Um solche Ansichten zu bekommen, braucht man sicherlich nicht durch die Wüste laufen. Das ist richtig. Aber schwierig ist, nicht nur eine solche Meinung zu haben, sondern wirklich zu erkennen, daß man viel zu viele Autos hat und zuviel Strom vergeudet. Und bei dieser Meinung dann zu bleiben. Viele Freunde kriegen auf einmal, so nach zwei, drei Jahren, eine ganz andere Auffassung. Nimm die Studentenunruhen von 1968. Ich frage mich, wo sind die? Das ist eine ganze Bewegung gewesen.

Sie hat ihren Zweck erfüllt.

Damals, aber nicht heute. Und das enttäuscht mich so, daß man gewisse Dinge nicht aufrechterhalten kann.

Welche gewissen Dinge meinst du?

Das größte Problem, was wir heute haben, ist die Anpassung. Bei jungen Leuten fängt das schon an. Gehst du zur Bundeswehr oder gehst du nicht? Das Problem existiert heute nicht mehr. Es gibt keine Fragen mehr, man geht zur Bundeswehr. Man könnte ja irgendwann in unserer Gesellschaftsordnung Schwierigkeiten kriegen, weil man mal verweigert hat. Das war '68 undenkbar.

Und was hilft es da, daß du durch die Wüste läufst?

Ich sprach gerade von der Anpassung, mangelndem Mut zur Unbequemlichkeit. Es ist wahnsinnig wichtig, sich selbst zu erkennen, wenn man zum Beispiel Todesangst hat. Eine gewisse Bedrohung prägt das Lebensgefühl, macht ganz empfindlich. So wie bei Menschen, die wissen, daß sie schwerkrank sind. Auf einmal werden sie menschlicher. Sie vergessen den Farbfernseher und die Segelyacht.

Kommst du hier zu den beiden Begriffen »Selbsterkenntnis« und »Objektivität«, von denen du am Anfang sprachst?

Zur Selbsterkenntnis gelangt man am besten, wenn man sich irgendwelche Aufgaben stellt. Man hat mir oft gesagt, du bist ein Beknackter, Spinner, und was soll der ganze Mist. Weil wir in einer anderen Welt leben und mit anderen Verhaltensnormen aufgewachsen sind. Ich finde es schade, daß wir immer davon ausgehen, daß unsere Gesellschaftsordnung, in der wir täglich leben, die einzig mögliche ist. Sie ist es ja nicht. Es gibt so viele andere Formen, wie Menschen leben können. Die Naturgesellschaften vergißt man hier völlig. Es gibt so einen Hauch von Großzügigkeit, wenn die Touristen in den Städten Almosen verteilen. Das hat mich wahnsinnig gestört in Nairobi. Wenn man nach vier Monaten, die man draußen war, wieder rein kommt, das ist ein unheimlicher Knalleffekt. Da dreht sich mir immer der Magen um. Ich hab' das Gefühl, daß die Leute gar nichts für die Menschen empfinden, denen sie ihre Spenden geben.

Das Gewissen beruhigen. Eine Art Ablaß.

Ja, genau so.

Und worin liegt nun deine Selbsterkenntnis?

Für viele sind meine Reisen eine absurde Schinderei. Aber mir geben sie sehr viel Selbsterkenntnis, weil ich an eine Grenze meiner Fähigkeiten komme. Mich fasziniert, wo Menschen an Grenzbereiche kommen. Wo der normale Mensch sagt, also sechzig Kilometer bei sechzig Grad Celsius, nur Wüste, das kannst du doch gar nicht. Und dann hast du noch dicke Bergsteigerstiefel an, weil das alles ja glühend heiß ist, wie Lava. Man wird da so ausgemergelt durch die Strapazen, da sieht man, was in einem steckt.

Kannst du diese Leistungsgrenzen nicht auch bei einem Gewaltmarsch durch den Bayerischen Wald ergründen?
Da mache ich mir ja was vor, weil ich umgeben bin von einer Zivilisation. Den wahnsinnigsten psychischen Effekt hat man dadurch, daß man in der Einsamkeit ist und sich dessen bewußt ist, daß in Hunderten von Kilometern nichts, kein Mensch ist, der helfen kann. Das schafft erst den menschlichen Grenzbereich. Wenn ich hier in den Wald gehe und laufe, bis ich nicht mehr kann, o.k., dann kann man nicht mehr, dann schläft man die Nacht durch, und am nächsten Morgen kann man wieder. Dann läuft man zurück bis zur nächsten Stadt, und da ist das nächste Krankenhaus, und alles ist happy. Nur mitten in der Sahara, da kannst du das nicht, wenn du da liegenbleibst, bist du noch ausgebrannter, du brauchst ja Wasser, du trocknest langsam aus. Und das muß man in sich bekämpfen. Die Strecke, die man in sich bekämpft, ist größer als die, die man mit den Füßen zurücklegt.
Willst du dich mit der Natur messen?
Ihr widerstehen, also sie nicht besiegen. Das kann man nicht. Die Natur ist das Stärkste, was wir überhaupt haben auf der Welt, und die wird sich immer durchsetzen. Ich kann Stromschnellen befahren, aber ich kann sie nie besiegen. Weil sie immer schneller und immer stärker sind als der Mensch. Oder am Berg. Ich kann ihn besteigen, ein- oder zweimal vielleicht, doch irgendwann nicht mehr. Aber er bleibt bestehen. Man liest häufig, daß Flugzeuge abstürzen in Dschungelgebieten …
Das würde dich reizen, nicht?
Ich finde es nur traurig, daß Menschen sterben müssen, weil sie nicht wissen, wie man überlebt in der Wildnis. Man muß wissen, was man aus Asche alles machen kann, daß man Urin trinken kann. Man muß sich die Natur zum Freund machen, ein Bestandteil sein, kein Fremdkörper.

Erkennst du dich auch in Hamburg als ein Teil der Natur?
Ich glaube, ja.
Wenn du nie aus Hamburg rausgekommen wärst, hättest du das nicht begriffen?
Ich war schon als Kind in Österreich, also auch in der Natur. Aber das Entscheidende ist, daß man in einer Fremde ist, aus der man nicht zurück kann, zu wissen, daß das nächste Krankenhaus zweihundert Kilometer weg ist.
Glaubst du an Gott?
Ja, ja.
Was heißt »Ja, ja«?
Ja, o.k., o.k., das kommt vielleicht durch meine Erziehung.
Hilft das in dem Moment, wenn man Angst hat?
Ich will nicht sagen, wenn ich jetzt irgendwie Todesangst habe, dann spulen wir das ab. Das ist nicht so. Jeder von uns hat ein Teilchen mitgekriegt, an Begabung und Talent. Und ich glaube, daß ich von da oben etwas mitgekriegt habe, das mir hilft, da unten irgendwie zurechtzukommen.
Hast du diesen Glauben immer schon gehabt?
Erst seitdem ich da unten bin, seitdem ich ganz krasse Erlebnisse gehabt habe.
Was treibt dich? Fernweh, Abenteuerlust, Flucht?
Flucht wüßte ich nicht, wovor. Sicherlich, man ist ein bißchen übersättigt von diesen ganzen Überannehmlichkeiten hier und möchte eben zurück zum Urzustand. Aber keine Flucht. Eher Neugier. Ich wollte schon als kleiner Butje immer den Amazonas runterfahren. Abenteuerlust ist sicherlich auch dabei. Aber vor allem: Man lebt doch von Erinnerungen, von starken Erinnerungen, zu denen man steht. Das macht das Leben lebenswert. Damit kannst du dich identifizieren. Und das kann ich nicht mit dem, was ich hier tue.
Es ist dir zu fade hier, du brauchst den Nervenkitzel?

Sicherlich ist er ein Bestandteil, klar. Das reizt ja auch.
Willst du mal heiraten?
Ja, natürlich.
Familie gründen, Kinder haben?
Ja, glaube ich schon.
Und mit denen hier wohnen?
Nee, ich habe vor, mit meiner Freundin nach Südafrika zu gehen. Ich kann von da aus meine Touren machen.
Und wenn du Kinder hast, machst du dann trotzdem weiter?
Ich meine im Moment, daß sich sicherlich nichts daran ändern würde.
Obwohl du deinen Freund nicht mitnimmst, weil er kleine Kinder hat?
Ich glaube, daß ich doch schon abschätzen kann, was ich mir zumuten kann und was nicht.
Aber es können Dinge passieren wie mit den Tuaregs? Oder den Nilpferden. Du kannst nicht alles abschätzen.
Der wesentliche und belebende Faktor ist doch, daß ich das mache, um zu leben. Nicht wie viele sagen, bist du verrückt, willst du sterben, hast du keine Lust mehr?
Was heißt für dich leben?
Um Erlebnisse mit der Natur, den Menschen und mit den Gefahrenmomenten intensiver aufzunehmen. In mich hinein zu leben, um mit dem da drinnen zurechtzukommen.
Was erzählst du denn deiner Schwiegermutter, wenn die dich fragt, wovon du ihre Tochter ernähren willst?
Ja, ich weiß nicht. Ich bin kein Mensch, der sich langfristig Gedanken darüber macht. Ich bin eigentlich immer dafür, man soll das machen, wobei man am meisten Spaß hat. Denn aus dem meisten Spaß resultieren manchmal irgendwelche Tätigkeiten, von denen man leben kann. Mir wird oft vorgeworfen, das sei Sensationshascherei. Wir sind doch alle süchtig nach irgendwas. Hier in unserer Gesellschaft haben

die Drogen andere Namen. Da gibt es Opium, Nikotin, Alkohol, und ich will auch dazuzählen Liebe, Verständnis, Zärtlichkeit. Und es gibt die Opiate Abenteuer, Gefahr, Nervenkitzel.

Und letzteres ist dein Opiat?

Ja. Ich glaube, daß in jedem von uns etwas Unsichtbares, nicht Greifbares existiert. Jeder von uns hat die Sucht nach etwas Undefinierbarem. Du brauchst nur die Leute beobachten, die auf dem Rummelplatz in die Achterbahn gehen. Sie gehen da rein, weil sie eine Gefahrensituation erleben, in einen Rausch kommen wollen, um das Tägliche zu vergessen. Das Undefinierbare in mir ist, daß ich hin und wieder ganz elementar und einfach lebe.

Das ist dein Lebenselexier?

Warum nur hin und wieder? Warum bleibst du nicht in der Wüste oder im Urwald?

Weil es unmöglich ist. Hier habe ich so ein Unwohlsein, möchte gerne weg sein. Und wenn ich lange unterwegs war, das gibt Kraft. Wenn man zurückkommt nach ein paar Monaten, ist man aufgeladen wie ein Akku. Trotzdem – dort bleiben, geht nicht, weil wir alle in eine Welt hineingeboren sind, wo wir nicht völlig raus können. Sonst würden wir irgendwie ausflippen. Das fängt bei den einfachsten Sachen an ...

Du genießt deine Badewanne, wenn du zurückkommst?

So was, ja. Das ist unheimlich, wie das ist, wenn man sich sechs Wochen nicht gewaschen hat außer im Flußwasser. Ich sehe das einigermaßen realistisch.

Damit bist du beim dritten Begriff, der Objektivität ...

Ja, man muß versuchen, negative und positive Seiten objektiv zu erkennen. Ich glaube, jeder von uns kehrt dahin wieder zurück, wo er geboren worden ist. Man kann von seinen Wurzeln nicht los. Die Objektivität lerne ich von den Menschen dort unten, wenn ich mit ihnen zusammenlebe.

Dadurch kann ich unser Leben hier mit Abstand betrachten.
Als du das erste Mal von einer Expedition zurückkamst, fühltest du dich größer als vorher?
Eher kleiner. Die erste Tour ging zum Nil damals. Wir waren zu zweit und mußten die Tour abbrechen. Ich mußte meinen Freund zurückfliegen lassen, der hatte eine schwere Malaria, eine Nierenbeckenerkrankung und Schwindelanfälle. Der hat das bis heute noch nicht verkraftet. Ich blieb allein zurück und wollte über Athen zurückfliegen. Als ich nach ein paar Monaten ankam, war er dort. Er ist aus dem Tropenkrankenhaus durchs Fenster ausgezwickt und nach Athen geflogen, um mich da zu treffen. Er hatte wochenlang auf mich gewartet. Ich war wahnsinnig entsetzt, wie runter der war, ich habe das noch nie so mitgemacht.
Sag mal, wenn ihr so monatelang unterwegs seid ohne eure Freundinnen, sucht ihr euch da unten Mädchen, oder wie funktioniert das?
Klar gibt es da Probleme, innerhalb einer festen Gruppe von drei, vier Männern. Aber für mich ist das kein Problem. In Mali gab es in unserem Team ganz, ganz krasse Auseinandersetzungen darüber.
Deine Freunde haben die schwarzen Mädchen da besucht?
Ja.
Und du lehnst das ab?
Man muß sich doch darüber im klaren sein, warum ich nach Afrika fahre. Doch nicht deswegen! Wir hatten uns was vorgenommen, nämlich siebzehnhundert Kilometer einen Fluß zu befahren, was noch keiner vorher gemacht hatte. Das ist eine wahnsinnige strapaziöse Sache. Und ich weiß, daß man sich in Afrika sehr, sehr viele Krankheiten bei den Mädchen holen kann. Ich lege alles da rein in solch eine Expedition. Ich mache das ja nicht, weil es so schön ist und weil es Zuckerleckerei ist. Dann kann ich gleich hierbleiben.

Wir waren kaum in Bamako gelandet, es war am zweiten Abend, da sind die losgezogen und mit'n Mädchen ins Bett. Wenn man sich da was holt, das kann die ganze Tour in Frage stellen.

Und da hast du Krach gemacht?

Na ja, ich meine, es ist wichtig zu wissen, in einer fremden Stadt, wo sich der andere aufhält. Und Bamako ist schließlich tiefstes Afrika, anders als Nairobi. Ich mach' das so, daß ich sage, also gegen elf, dann hauen wir uns hin. Denn man ist schnell ausgebrannt in dieser Hitze, und wenn man morgens früh los will, muß man ausgeschlafen sein. Und die beiden Neuen, von denen wir uns ja auch hinterher getrennt haben, konnten das nicht verstehen. Sie meinten, das sei ihr privater Kram, damit hätte ich nichts zu tun. Aber es geht uns direkt an, wenn wir nämlich mehrere Monate im Busch sind, und sie sind krank... Wo Gesundheit einen so wesentlichen Faktor spielt, wo es nicht nur um das eigene Leben geht, sondern auch um das Leben des Partners, da muß man Disziplin üben können. Wenn man so was macht wie ich, dann geht's um die psychische und physische Leistung. Zum einen ist der Körper unheimlich angespannt, ausgemergelt nach ein paar Wochen und Monaten, und zum andern muß man mit der Einsamkeit fertig werden. Ich halte den psychischen Faktor für weitaus wichtiger als die körperliche Kraft eines Menschen bei solchen Reisen.

Wie stehst du zur Leistung in unserer Gesellschaft?

Da bin ich eigentlich gegen.

Aber du verläßt eine Leistung um der anderen willen.

Leistung an sich ist gut. Aber ich finde es schlimm, daß aus dem Begriff Leistung das Leistungsprinzip erwachsen ist. Die Menschen können sich nicht mehr einfach nur hinsetzen und nichts machen.

Kannst du verstehen, warum dieses sogenannte Aussteigen heute fast zu einer Massenbewegung geworden ist? In den

USA sollen das schon fünf Millionen Menschen sein, im Jahr 2000 neunzig Millionen. Zukunftsforscher haben das vorhergesagt.

Ich weiß es nicht allgemein, aber ich kann was aus meinem Bereich sagen. Diese Wohlstandsgesellschaft, in der wir leben, lähmt unheimlich unsere Lebensgeister, nimmt einen gefangen wie einen Sträfling. Und deshalb ist diese Faszination Abenteuer so wahnsinnig im Kommen. Guck dir nur die Zigarettenreklame an, Reval, Marlboro, Camel. Jahrzehntelang haben die immer nur mit diesen Zeichnungen Reklame gemacht. Auf einmal sind sie auf Fotos, auf Abenteuer und Wald umgestiegen. Daran sieht man doch, wie eine ganze Gesellschaft umgemodelt wird. Daß Begriffe wie Aussteigen, Abenteuer und so ganz wesentlich werden. Ich glaube, daß viele Leute tatsächlich erkennen, daß es so nicht weitergeht, nicht weitergehen kann. Es wird immer mehr und immer mehr, es wird immer größer und schneller, wie ein Hundertmeterläufer, irgendwann ist die Hundertmetergrenze 9,9 Sekunden erreicht, man kann vielleicht 9,8; 9,7 Sekunden laufen. Aber man wird nicht 7,0 laufen können, außer mit einer Rakete hintendran. Und so ist es genau mit dem Leistungsprinzip. Man kann leisten bis zu einem bestimmten Punkt, und dann explodiert es.

Dann geht's zurück.

Ja, genau. Viele, vor allem weiter oben, haben aber Angst zurückzugehen, weil das natürlich Köpfe kostet, politisch gesehen. Ich glaube, im tiefsten Inneren sind wir uns alle dessen bewußt, daß es so nicht weitergehen kann. Man sieht ja auch, wie machtlos die Politiker sind. Man verpaßt mir oft das Etikett Aussteiger. Ich zähle mich trotzdem zu dem Ganzen. Wichtig ist, daß die Motivation stimmt. Und wenn wir die ganzen Leute mal unter die Lupe nehmen, da stimmen bei vielen die Motive nicht. Leider.

Du meinst, es ist Mode geworden?

Ja, ganz klar, leider. Natürlich nicht bei allen. Ich kenne ein paar Leutchen auf dem Land, die ihre Projekte mit wahnsinnigem Idealismus machen. Mich beeindruckt, daß es keine Bewegung ist wie sonst, also Hippie-Bewegung oder so, wovon zum größten Teil junge Menschen ergriffen wurden. Sondern daß Menschen aus geistigen Motiven heraus ihren persönlichen Weg gehen.

ANDRÉ

André Grand, 31, Franzose, Vater Einzelhändler, Mittelschule, Drogistenlehre, macht sich mit Erfolg selbständig, heiratet, zwei Kinder, verdient viel Geld. Durch die Liebe zu Marie-Rose lernt er, daß das nicht genug ist. Er verläßt seine Familie und die Geschäfte mit 28 Jahren. Lebt seitdem mit Marie-Rose im Kombiwagen und verkauft Schmuck auf Märkten. Sein gesamtes Vermögen hat er seiner Frau überschrieben. Hat das Gefühl, eine schwere Last los zu sein.
Sein Ziel: bewußt leben.

MARIE-ROSE

Marie-Rose Rodriguez, 21, Spanierin, Vater Gastarbeiter in Frankreich, sieben Geschwister, besucht das Lyceum, verläßt mit 17 – ein Jahr vor dem Abitur – die Schule, jobt als Kellnerin, will reisen, weil sie einen Horror vor einem geordneten Leben hat.
Ihr Ziel: glücklich sein.

AMBULANTE SCHMUCKVERKÄUFER

André, du warst Drogeriebesitzer, hattest Filialen, Angestellte, viel Geld, schnelle Autos. Plötzlich hast Du alles aufgegeben, lebst seit drei Jahren in einem Kombiwagen, fährst von Markt zu Markt, um dort Schmuck zu verkaufen. Wie kamst du dazu?

André: Ich bin am 21. Juni 1949 in Chambery geboren, in der Klinik Sainte Marie, neben der Brücke, die »Liebesbrücke« heißt. Bevor ich mein Leben änderte, wohnte ich in Savoyen. Seit drei Jahren habe ich keinen festen Wohnsitz mehr. Ich lebe jetzt in einem Kombiwagen. Für diese Wintermonate habe ich mir in einem alten Bauernhof, hier in den Bergen, einen Anbau gemietet.

Erzähl uns ein wenig von deiner Familie.

André: Ich habe einen Bruder, der ein Jahr älter ist als ich, und eine Schwester. Sie ist dreizehn Jahre jünger. Sie ist immer noch bei meinen Eltern. Mein Bruder führt einen Betrieb für Tapeten und Fußböden, ist verheiratet und hat zwei Kinder.

Hast du zu ihnen Kontakt?

André: Ja, seit einiger Zeit habe ich wieder engeren Kontakt. Wir haben eingesehen, daß wir uns doch noch was zu sagen haben.

Was hast du gemacht, bis du dein Leben ändertest?

André: Ich ging zur Mittelschule, anschließend habe ich bei Papa und Mama in ihrem Betrieb mitgearbeitet, bis ich einundzwanzig war.

Was war das für ein Betrieb?

André: Tapeten und Farben, dabei hab' ich das Abc dieses Berufes gelernt. Später hab' ich immer in derselben Branche gearbeitet, entweder für andere oder für mich selber. Ich habe mir etwas aufgebaut, habe etwas erreicht, bis ich merkte, daß das nicht genug war.

Gab es einen äußeren Anlaß, daß du dein Leben so radikal ändertest?

André: Ja, meine Liebe zu Marie-Rose.
Als wir unser Gespräch verabredeten, fiel mir am Telefon auf, daß du im Vergleich zu früher eine sehr weiche, sanfte Stimme hast. Du wirkst viel ruhiger, ausgeglichener. Du lebst hier in einer äußerst einfachen, primitiven Umgebung, ganz anders, als man es von dir gewöhnt war. Es fällt mir auf, daß es hier nicht einen unnützen Gegenstand gibt, alles hat seine Funktion, die nackte Glühbirne an der Decke, die Matratzen auf dem Boden. Ihr habt hier keine Heizung, der Kamin hier muß das ganze Haus heizen. Draußen liegt der Schnee, es ist sehr kalt. Fast alle Fenster habt ihr mit Decken verhängt, damit die Kälte nicht so hereinkommt. Wenn man hinausschaut, sieht man, wie sehr ihr hier mitten in der Natur lebt, umgeben von den Bergen. Erlebt ihr die Natur bewußt?
André: Und wie! Ich hatte nach einem Platz gesucht, wo ich mit Marie-Rose und den Hunden die Wintermonate überstehen konnte. Wir hatten den letzten Winter in unserem Kombi verbracht, und die Kälte war doch sehr hart. Hier haben die Hunde Platz genug, sie können rein und raus, wir sind alle zufrieden. Wir haben zwar keine Heizung, aber wir haben sonst alles. Wir fühlen uns wohl.
Wollt ihr hierbleiben?
André: Nein, wenn es wärmer wird, gehen wir wieder auf die Reise.
Hättest du dir früher träumen lassen, daß du einmal in einer solchen Umgebung leben würdest und dabei noch glücklich bist?
André: Mein Leben war genau vorprogrammiert. Meine Eltern waren Geschäftsleute. Es war klar, daß ich auch Geschäftsmann werden würde. Es ging uns wirklich nicht schlecht, und es war zu erwarten, daß es mir auch ganz gut gehen würde. Alles verlief sehr gradlinig. Ich machte diese Ausbildung, arbeitete bei meinen Eltern, ging zum Militär, lernte in der Zeit ein Mädchen kennen, es war mein erstes

Mädchen, wir verlobten uns, heirateten, bekamen zwei Kinder, einen Jungen, ein Mädchen. Wie es sich eben so gehörte. Ich kannte nichts anderes als den Betrieb meiner Eltern, also habe ich in derselben Branche weitergemacht. Ich eröffnete ein eigenes Geschäft, suchte Räumlichkeiten, fand sie. Ich war verheiratet, selbständig und absolut sicher damals, mein Glück gefunden zu haben. Ich arbeitete nur für mich, verdiente viel Geld. Ich führte genau das Leben, das man mir immer als erstrebenswert hingestellt hatte. Man hatte mir immer gesagt, man muß arbeiten, um Geld zu haben, seine Kinder zu erziehen, um etwas darzustellen und in Sicherheit leben zu können. Ich verdiente sehr viel Geld, vergrößerte mein Geschäft, war sehr erfolgreich. Ich hatte das Gefühl, daß sich mein Traum erfüllt hatte. Meine Arbeit brachte mir alles das ein, von dem man gesprochen hatte: Sicherheit, ein schönes, großes Haus mit zweihundertvierzig Quadratmeter Wohnfläche nur für meine Frau und mich. Es ist doch das Ziel der meisten, ein schönes Haus zu besitzen, Autos, Geld, Komfort. Eine Zeitlang hatte ich drei Autos: einen BMW, einen Range Rover und außerdem noch einen Wohnwagen.

Hast du viel dafür arbeiten müssen, um das alles zu haben?

André: Nein, nein. Natürlich hab' ich gearbeitet, aber vor allem hatte ich viel Glück. Als ich das Geschäft übernahm, war es pleite. Doch ich wußte schon, wie man es anstellte, ich hatte es bald soweit, daß es sehr gut florierte.

Hast du viel Freizeit damals gehabt?

André: Es kommt darauf an, was man unter Freizeit und unter viel versteht. Damals hätte ich gesagt, ja, ich hatte viel. Doch wie ich es heute seh', hatte ich gar nichts. Gut, ich hatte z. B. einen Angelschein, aber ich ging höchstens zweimal im Jahr zum Angeln. Sonntags mußte ich die Eltern besuchen, den Rasen mähen. Ich hörte samstags auf zu arbeiten, fing montags wieder an, und dazwischen, ja, da hatte ich für mich praktisch nichts getan. Ich habe nie gelernt, etwas von meinem Geld zu haben, im Grunde gab ich mein Geld sinnlos aus.

Wann kamst du auf die Idee, noch eine Filiale aufzumachen?

André: Schon immer, das lag in meinem Charakter, immer weiter vorwärtszugehen. Ich wollte immer mehrere Geschäfte haben.

Wie ging's zu Hause, mit deiner Frau?

André: Nun, das ging gut. Ich kannte nichts anderes, man aß, man schlief, man stand auf, arbeitete, man liebte sich, und das war's. Jeden Tag dasselbe. Wir bekamen zwei Kinder. Rückblickend muß ich sagen, daß ich meine Kinder nicht bewußt großgezogen habe, ich erzog sie so, wie es eben jeder macht. Sie kriegten alles, was sie wollten. Wir haben den Kindern alle Schwierigkeiten abgenommen. Heute weiß ich, daß das falsch ist. Man soll nicht alles für die Kinder entscheiden, man soll darauf hören, was sie selber meinen. Wenn wir z. B. den Kindern irgend etwas mitbrachten, gingen wir natürlich davon aus, daß es ihnen Freude bereitete, ohne darüber nachgedacht zu haben, ob es wirklich das war, was sie sich wünschten.

Im Grunde interessierte ich mich damals nur nebenbei für ihre Erziehung. Es gab keine Probleme, das war die Hauptsache. Meine Geschäfte interessierten mich mehr. Der Rest war mir egal. Heute würde ich sagen, daß mich im Grunde überhaupt nichts interessiert hat. Wenn ich mir vorstelle, daß ich einen Garten hatte und immer noch nicht weiß, wie man ein Samenkorn in die Erde pflanzt? Ich lebte eben einfach nur wie ein Automat und stellte nichts in Frage. Nicht einmal, daß ich ruhig nachgedacht hätte, wo ich eigentlich stand.

Wann hast du dich denn das erste Mal hingesetzt und nachgedacht?

André: Als ich damals meine Filiale eröffnete, ging ich jeden Mittag in ein kleines Restaurant zum Essen. Meine Frau war dagegen, daß ich ein weiteres Geschäft aufmachte. Ich tat es zu meiner persönlichen Befriedigung. Selbst wenn wir nicht derselben Meinung waren, haben meine Frau und ich uns nie gestritten.
In den ersten fünf, sechs Monaten des Aufbaus war mir noch nicht klar, daß ich mich damit noch tiefer in meine Arbeit verstricken würde. Ich stand morgens noch früher auf und ging abends noch später zu Bett. Ich glaube, daß es in dieser Zeit anfing, in unserer Ehe zu kriseln. Es war wohl nach diesen ersten harten sechs Monaten, daß ich anfing nachzudenken. Es machte mir nichts mehr Freude.
Heißt das, daß du nicht mehr zufrieden warst?
André: Zufrieden schon. Ich hatte die ersten zwanzig Jahre meines Lebens bei meiner Familie verbracht, bei ihnen gearbeitet und war von ihnen abhängig gewesen. Das hatten sie mir auch immer deutlich zu verstehen gegeben. Nun hatte ich allen gezeigt, daß ich etwas tauge, daß ich selber etwas leisten und aufbauen konnte. Mein Vater hatte zwanzig Jahre dazu gebraucht, das zu erreichen, was ich in zwei Jahren geschafft hatte. Ich war stolz darauf. Meinem Vater paßte es gar nicht, daß ich es ganz ohne ihn geschafft hatte, ohne ihn je um seinen Rat zu fragen.
Wie war der Kontakt zu deinen Eltern?
André: Nicht so gut, es gab kein Gespräch zwischen uns, keinen Dialog, keine Widerrede. Im Grunde hätte ich meinen Vater schon gebraucht. Rein äußerlich gesehen, war unser Familienleben perfekt. Aber in Wirklichkeit ... da war keine Kommunikation, kein Inhalt. Rückblickend weiß ich, daß ich darunter gelitten habe. Ich habe es neulich meinem Vater vorgeworfen. Vielleicht ist er mir sehr ähnlich, aber er ist nicht weitergegangen, so wie ich. Er ist sehr egoistisch, alles, was er tut, tut er für sich. Wir haben beide

nur ein Ziel, das zu tun, was wir selber wollen, egal, was dabei herauskommt.

Zu Hause hatte ich nur eins gelernt: An erster Stelle steht die Arbeit, die bringt Geld, und Geld bringt Freude. Als ich neulich mit meinem Vater sprach, hat er mir zugegeben, daß er nicht alles richtig gemacht hat, daß er viel verpaßt hat. Er hat eingesehen, daß er uns Kindern etwas Falsches mit auf den Weg gegeben hat. Schließlich hörten wir auf unseren Vater, weil er unser Vater war. Mein Vater war ein Egoist, genauso wie ich.

Meinst du, daß deine Eltern glücklich miteinander waren?

André: Ich frage mich ... Man kann sicher nicht sagen, daß jemand glücklich ist, nur weil er lächelt. Nur weil sie zusammenbleiben, bedeutet noch nicht, daß sie glücklich zusammen sind.

Und wie steht's mit dir, bist du jetzt glücklich?

André: Ich bin glücklich, ich bin sehr glücklich. Ich weiß nicht, was man sonst noch unter Glück verstehen könnte, aber ich bin wirklich glücklich. Es ist das Gefühl, tun zu können, was man will und wann man es will. Ich habe das Gefühl, eine schwere Last los zu sein, z. B. ich arbeite im Moment zwar, um die Miete für die paar Monate hier zu bezahlen, aber wenn es mir nicht mehr paßt, dann steige ich in meinen Kombi und verschwinde. Es ist mir ganz bewußt, daß ich nur bleibe und arbeite, weil ich es will. Und ich gehe, wenn ich nicht mehr will. Es ist gut zu wissen, eine offene Tür zu haben. Wenn man Komfort, Häuser, Sicherheiten hat, kann man nicht mehr machen, was man will. Man ist abhängig.

Hattest du auch Verhältnisse?

André: Ich hatte immer welche nebenbei, genauso wie man sein großes Auto hat, hatte man auch seine Geliebte. Es ist etwas anderes, wenn man spät heiratet, als wenn man so wie ich sehr früh und ohne Erfahrung heiratet. Dann bleibt immer eine gewisse Neugier. Als ich damals meine Frau kennenlernte ... sie war das erste Mädchen, das ich entdeckte. Bei ihr war es genauso. Wir entdeckten das Leben gemeinsam. Doch durch die verschiedenen Erlebnisse merkte man, daß es noch anderes gibt.

War Marie-Rose für dich auch eins dieser Abenteuer?

André: Nein, nein. Sie arbeitete damals als Kellnerin in der häßlichen Kneipe, wo ich immer zu Mittag aß. Ich mußte ihr monatelang den Hof machen. Es war sehr schwierig. Ich stellte fest, daß sie eine richtige Frau war, keins von diesen Mädchen, die nur mit mir ausgingen, weil ich die dicken Autos fuhr. Bei Marie-Rose war alles ganz anders. Ich hab' enorm viel von ihr gelernt, sie hat mir, in meinem Alter, die Augen geöffnet. Ich wußte vorher nicht, was leben heißt. Ich bin jetzt einunddreißig, und erst in den Jahren, die ich jetzt mit Marie-Rose zusammenlebe, habe ich das Leben entdeckt.

Du hast also nicht sofort mit Marie-Rose sexuelle Kontakte gehabt?

André: Nein, auf keinen Fall, das kam sehr viel später, sie war ein achtzehnjähriges Mädchen, das mit ihren kleinen, langhaarigen Freunden höchstens ab und zu mal einen Joint nahm. Ich war gegen diese Hippies mit ihren langen Haaren und ihrem Rauschgift.

Vom ersten Moment an war ich in Marie-Rose verliebt. Ich entdeckte zum ersten Mal in meinem Leben, was das bedeutet, lieben.

Hast du dein Leben für Marie-Rose geändert?

André: Nicht für sie, aber ihretwegen. Und was heißt eigentlich Leben verändern? Ich hab' es nur rein äußerlich geändert, innerlich bin ich noch nicht soweit. Ich möchte gerne soweit sein wie sie, von vielen Prinzipien befreit sein. Ich möchte gerne sein wie sie.

Was beeindruckte dich am meisten an Marie-Rose?

Daß sie nicht war wie die anderen. Wenn man mit ihr diskutierte, hatte sie ganz andere Ideen, ganz andere Vorstellungen vom Leben. Es war sehr schwierig, sie überhaupt zu verstehen. Ich war gewohnt, alle Mädchen haben zu können, die ich wollte. Aber Marie-Rose wollte gar nichts von mir wissen. Sie gefiel mir, und ich stellte bald fest, daß ich sie liebte. Sie wußte nichts davon. Ich fragte sie, ob sie in meinem Geschäft arbeiten wolle. Sie fing bei mir an, und ich merkte, daß ich abends keine Lust mehr hatte, nach Hause zu gehen. Meine Frau hatte mir nichts getan, und mit Marie-Rose lief auch noch gar nichts. Sie machte mich auf die Natur aufmerksam, auf die Bäume, auf all das, was um mich herum war. Ich entdeckte alles neu, durch sie.

Wie war Marie-Rose's Art zu leben?

André: Sie lebte eben, so wie heute, sie hat da nichts geändert, sie lebt natürlich, nicht für die anderen.

Was bedeutete das in bezug auf dich?

André: Sie machte und macht bis heute nichts für mich, was ihr nicht gefällt. Wir haben uns oft gestritten, sie strengt sich nicht ein bißchen an, um mir einen Gefallen zu tun. Aber ihre Lebensart gefiel mir. Ich war überzeugt, daß dieses Leben mir mehr geben würde. Mein bisheriges Leben bedeutete mir nichts mehr, das war mir bewußt geworden.

Hast du an deine Frau und deine Kinder dabei gedacht?

André: Nein, ich war voller Egoismus, ich dachte nur an mich.

Wußte deine Frau von Marie-Rose?

André: Ich denke, aber, wie üblich, man sprach nicht darüber, auch wenn ich erst um Mitternacht oder um ein Uhr morgens nach Hause kam.

Und deine Kinder?

André: Ich liebte sie und liebe sie immer noch.

Auf welche Art?

André: Jetzt wie meine Kinder, wirklich wie meine Kinder.

Früher, da waren es Kinder, die bei mir im Hause lebten.
Du hast Verpflichtungen deinen Kindern gegenüber ...
André: Was heißt Verpflichtungen? Ich habe sie seit drei Jahren nicht mehr gesehen; es ist besser so. Ich möchte nicht, daß sie unter meinem Egoismus weiter leiden.
Und du? Leidest du darunter, daß du deine Kinder nicht mehr siehst?
André: Ja, sehr, selbstverständlich, aber ich kann nicht plötzlich wieder auftauchen und sagen, hier bin ich, ich war drei Jahre weg, aber jetzt bin ich wieder da, und irgendwann gehe ich wieder weg. Das geht nicht! Wenn sie größer sind, werde ich versuchen, ihnen alles zu erklären. In ihrem Alter jetzt ... vielleicht haben sie mich vergessen.
Wann bist du endgültig von zu Hause weggegangen?
André: Marie-Rose hatte mir von vornherein gesagt, daß sie nur ein halbes Jahr bei mir arbeiten wollte, und das machte sie auch. Sie zog nach Aix-en-Provence. Eines Morgens habe ich zu meiner Frau gesagt, daß ich meinen Wagen tanken müßte, und bin hinterhergefahren. Ohne Koffer, ohne Scheckheft, nur ein paar Münzen hatte ich in der Tasche. Ich bin in einem durchgefahren. Ich wollte nicht endgültig weggehen, ich wollte nur Marie-Rose wiedersehen. Es war Ende Februar, ich hatte sie seit Weihnachten nicht mehr gesehen. Sie lebte dort davon, daß sie von Haus zu Haus ging und Bücher verkaufte. Ich bin drei Tage bei ihr geblieben. Als ich ankam, rief ich meine Frau an, damit sie wußte, wo ich war. Sie sagte mir, daß ich gar nicht erst zurückzukommen brauchte. Dann bat sie mich, doch zurückzukommen, weil angeblich was im Geschäft passiert sei. Als ich zu Hause ankam, sagte sie mir, ich hätte hier nichts mehr zu suchen. Ich erklärte ihr, daß ich mich sowieso entschlossen hätte, meinen Weg alleine weiterzugehen. Danach wurde sie sehr krank, bekam Depressionen. Ich war achtundzwanzig damals, die Kinder drei und fünf.

Meine Frau brauchte Ruhe, sie bat mich, ob sie für acht Tage verreisen und ich auf die Kinder aufpassen könnte. Später habe ich erfahren, daß sie in diesen acht Tagen Marie-Rose in Aix-en-Provence besucht hat. Von dort rief sie mich an und sagte mir, daß Marie-Rose nichts mehr von mir wissen wollte. Das stimmte gar nicht. Als meine Frau wieder zurückkam, bin ich endgültig weggegangen, mit meinem BMW und tausend Francs in der Tasche. Ich habe ihr gesagt, daß sie alles behalten könne. Ich habe ihr Vollmachten unterschrieben und ihr alles übertragen.

Hast du Mitleid mit ihr gehabt?

André: Diese Frau hat mir nie etwas Böses getan, vielleicht habe ich sie immer noch gerne, aber sie ist eine sehr schwache Frau, zu schwach.

Ist für dich Schwäche ein Nachteil?

André: Wenn dir nie einer widerspricht, ist das Leben langweilig. Es ist amüsant, wenn man Hindernisse zu überwinden hat. Das Leben im Zusammenhang mit Marie-Rose erschien mir interessanter.

Marie-Rose, wie war das aus deiner Sicht, als du André kennenlerntest? Erzähl ein wenig von dir.

Marie-Rose: Ich heiße Marie-Rose Rodriguez, ich bin in Spanien, in Salamanque, geboren. Mit fünf gingen meine Eltern mit mir nach Frankreich.

Bis zu meinem siebzehnten Lebensjahr ging ich zur Schule. Ein Jahr vor dem Abschluß, dem Abitur, hatte ich keine Lust mehr und wollte lieber arbeiten. Ich verließ das Lyceum.

Und deine Familie?

Marie-Rose: Wir sind insgesamt acht Geschwister. Vor achtzehn Jahren kam mein Vater als spanischer Gastarbeiter hierhin nach Frankreich und hat uns zwei Jahre später nachgeholt. Er arbeitet in einer Fabrik. Ich war insofern bevorzugt, als es eine Frau im Ort gab, die mir viel in der

Schule half und auch sonst, sie hielt mich wohl für sehr begabt. Eines Tages ging ich mit meiner Schultasche in ein Café und traf einige von meinen Freunden. Ich fragte sie, was sie vorhätten. Einer sagte, er sei auf dem Weg nach Annecy, und ich sagte, ich komme mit.

Die Schule fiel mir leicht, aber ich hatte keine Lust mehr, und deswegen bin ich weggegangen. Die Fahrt nach Annecy war für mich entscheidend. Ich ging hinterher nicht mehr zur Schule. Mein Vater wollte mir zeigen, was ich davon hätte, und zwang mich, in einer Fabrik zu arbeiten.

Zuerst hatte ich immer noch meinen Eltern gegenüber so getan, als ob ich morgens zur Schule ginge, das dauerte Monate, ehe sie es rausbekamen. Die Zeit verbrachte ich meistens in Cafés mit meinen Freunden. Als meine Eltern davon erfuhren, waren sie sehr enttäuscht. Mein Vater war sehr stolz auf mich gewesen, er hatte sehr viel mit mir vorgehabt, auch diese Frau aus dem Dorf, die mich die ganze Zeit unterstützt hatte. Mein Vater hatte immer gehofft, daß diese Frau aus seiner Tochter etwas Besseres machte, als er und meine Geschwister es waren. Schließlich war ich die erste von acht und bestimmt kein gutes Beispiel für meine sieben jüngeren Geschwister. Zu Hause hatten sie mir immer gesagt, daß ich meine Klappe halten sollte, solange ich die Füße unter ihren Tisch stecken würde. Das paßte mir eben nicht mehr. Ich wußte, daß ich arbeiten sollte, aber ich wollte lieber reisen. Ich habe nur einen Monat in dieser Maschinenfabrik gearbeitet und Zündkerzen zusammengefügt.

Und deine Freunde?

Marie-Rose: Das waren alles Schüler und Studenten, wir trafen uns, wir redeten alle darüber, daß wir am liebsten weggehen würden, aber nur wenige haben es wirklich getan. Mir war klar, daß ich nicht auf die warten konnte.

Ich fand einen Job als Kellnerin in Annecy. Einen Monat

habe ich es da ausgehalten, dann fand ich eine andere Stelle in einer Fernfahrerkneipe. Ich machte da alles: draußen in der Kälte in riesigen Plastikschüsseln abwaschen, Zimmermädchen und Serviererin. Ich tat das immer noch lieber, als in der Fabrik zu arbeiten. Es war sehr schmutzig dort, und die Chefin war ein echter Drachen. Wenn ich mal am Wochenende nach Hause fuhr, machte mir mein Vater nur Vorwürfe. Alles in allem war es eine fürchterliche Atmosphäre. Aber es machte mir wenig aus, weil ich zu der Zeit damals anfing, Haschisch zu rauchen.

Wie kamst du an das Zeug?

Marie-Rose: Ich sollte zwar mein ganzes Geld zu Hause abgeben, aber ich sagte immer, daß ich weniger verdiente, als ich wirklich bekam. Davon besorgte ich mir von meinen Freunden, was ich brauchte. Wir saßen zusammen, rauchten, redeten.

Hattet ihr ein gemeinsames Ziel, ein Ideal?

Marie-Rose: Och – ja, mein Ideal war wegzugehen, etwas anderes zu sehen. Ich stellte mir vor, mit einem Freund zusammen eine Weltreise zu machen und mal hier und da etwas zu arbeiten, um davon leben zu können. In erster Linie wollte ich Menschen treffen, mit ihnen reden, von ihnen lernen.

Du hast die Schule verlassen, bist von zu Hause weggegangen. Warum eigentlich, was hast du deinen Eltern vorzuwerfen?

Marie-Rose: Alles.

Was heißt alles?

Marie-Rose: Als ich z. B. sieben war, rief mein Vater mich zu sich und erlaubte mir von einem Tag zum anderen nicht mehr, daß ich mit Jungen spielen durfte. Bis dahin hatte ich meine Eltern verstanden und ihnen geglaubt, was sie sagten. Ich hatte mich frei gefühlt, mit meinen Freunden und Geschwistern riesige Ausflüge gemacht, doch plötzlich gab es nur noch Tabus. Ich verstand nichts mehr. Ich sah das nicht ein. Wenn mein Vater abends von der Arbeit kam, griff er je nach Laune meine Mutter oder mich an, es war immer sehr laut zu Hause, ein echter Zirkus, unglaublich. Von allen Seiten kriegte ich eine hinter die Ohren. Es gab immer einen Riesenskandal, wenn ich mal mit Freunden ausgehen wollte. Wenn mein Vater mich in der Stadt erwischte, wie ich eine Zigarette rauchte, riß er sie mir vor allen Leuten aus dem Mund und klebte mir eine, zu Hause war dann die Hölle los. Genauso wie er drohte, mich einzusperren, wenn er mich mit einem Jungen sehen würde. Ich war immer gegen meine Eltern, schon als Kind. Aber im ganzen gesehen, kriegte ich das ganz gut hin, meine Freunde hielten zu mir. Ich habe auch immer viel gelesen.

Was suchtest du in den Büchern?

Marie-Rose: Ich wollte von der Wirklichkeit wegkommen, träumen, in meinen Phantasien leben.

Was hast du denn gelesen?

Marie-Rose: Alles, vom Comic bis zum Liebesromänchen. Ab meinem siebten oder achten Lebensjahr hab' ich jeden Tag ein Buch gelesen. Die Frau in der Bibliothek, wo ich mir die Bücher immer auslieh, dachte, daß ich sehr interessiert und fleißig in der Schule sei und daß es sich lohnte, mich zu unterstützen, wo ich doch aus einem einfachen Arbeitermilieu kam. Ich durfte meine Hausarbeiten bei ihr machen, und sie half mir, nahm mich auch mit in die Ferien. Manchmal hab' ich diese Frau als Alibi benutzt meinen Eltern gegenüber, wenn ich meine Freunde treffen wollte. Mein Vater mochte die Frau nicht. Er war aber froh, daß sich jemand um mich kümmerte, und glaubte, daß sie aus mir einen gebildeten Menschen machen würde. Und natürlich kam dann seine ganze Enttäuschung und Wut durch, als ich als Kellnerin arbeitete.

In diese Fernfahrerkneipe kam jeden Tag so ein Typ, der da zu Mittag aß. Eines schönen Tages fragte er mich, ob er mich sprechen könne. Sonnabends war mein freier Tag, und wir verabredeten uns. Ich fragte mich, was der Kerl eigentlich von mir wollte, bei dem blöden Gesicht. Als ich rauskriegte, daß er gerade dabei war, ein Geschäft zu eröffnen, wurde ich hellhörig und dachte mir, vielleicht will er mir einen Job anbieten. Ich hatte die Nase voll von meiner Arbeit. Wir trafen uns also an dem folgenden Samstag in seiner Drogerie, und der gute Mann bot mir wirklich eine Stelle an.

Wie sahst du André damals?

Marie-Rose: Das einzige, was mich interessierte, war, daß er mir diesen Job anbot, ansonsten – er sah fürchterlich aus in seinem grünen Anzug. Außerdem, alles, was über fünfundzwanzig war, war für mich sowieso schon gestorben. Aber er war so ganz nett. Wir einigten uns, daß ich zwei Monate später anfangen sollte. In der Zwischenzeit kam André jeden Tag zum Mittagessen zu uns, nur um mich zu sehen. Ich wußte inzwischen, daß er verheiratet war und zwei Kinder hatte, und dachte mir, na, da kann ja nichts passieren. Deshalb nahm ich es auch nicht so ernst, daß er immer hinter mir her war. Eines Nachmittags, so gegen drei, wollte ich in Ruhe einen Joint nehmen und verzog mich auf einen kleinen Waldweg. Plötzlich sah ich hinter mir einen BMW. Es war André. Er fragte, ob er mich in die Stadt fahren könne. Ich sagte nein. Nachdem ich meinen Joint zu Ende geraucht hatte, ging ich wieder in das Café zu meinen Freunden. André wartete dort auf mich. Er sagte mir, daß er in der Drogerie etwas mit mir besprechen müsse. Ich ging mit ihm. Dort nahm er meine Hände und versuchte, meine Schultern zu streicheln. Das mochte ich nicht. Schließlich war er verheiratet. Meine Freunde lachten sich immer tot über ihn. Eines Tages erwischte ich André, wie er sich in einem Laden Jeans und andere neue Klamotten kaufte, er wollte wohl auf jugendlich machen. Er sah fürchterlich aus, und er war so stolz. Ich konnte an ihm überhaupt nichts finden.

Wie lange ging dieses Hin und Her mit euch beiden?
Marie-Rose: Oh, ein paar Monate, bis zum 10. März, meinem Geburtstag, da hat er mich geküßt.
Warum hast du dich von ihm küssen lassen, wenn du ihn doch nicht mochtest?
Marie-Rose: Och, ich weiß nicht...
Weil er dein Chef war?
Marie-Rose: Nein, nein nein... Er sagte mir jeden Tag, daß er mich anbete und mit mir schlafen wolle. Ich wußte nicht, was das sollte, ich hatte noch nie mit einem Mann geschlafen. André verstand es nicht. Damals war ich für ihn nur eins dieser Mädchen, die eben rauchte, mit diesen Hippies zusammen war und Orgien feierte. Er sah mich so, auch wenn es nicht so war. Er hatte nur eins im Sinn, mit mir zu schlafen. An meinem Geburtstag hatte er mich zum Mittagessen eingeladen, und abends sind wir zusammengeblieben, wir blieben im Geschäft. André hatte alle Türen verriegelt und die Lichter ausgemacht, er umarmte mich, wir küßten uns, mehr passierte nicht. Ich sagte ihm, o. k., nun haben Sie etwas zu meinem Geburtstag bekommen, aber bilden Sie sich nicht ein, daß Sie das morgen wieder kriegen. So ging es dann weiter, tagsüber war André unmöglich und aggressiv zu mir, und abends wollte er was von mir. Seine ganze Liebe zu mir bestand nur darin, daß er mit mir ins Bett wollte. Meine Freunde kamen mich oft im Geschäft besuchen. André hatte es erlaubt, sie tranken dort Tee und wir erzählten uns Geschichten. Sie nahmen ihn sowieso nicht ganz ernst. Er war für sie der arme Kerl aus der Kleinstadt, der nichts kannte als Arbeit.
Ist es nicht ein bißchen einfach, sich über Leute lustig zu machen, die arbeiten, nur weil sie arbeiten, auf der anderen Seite aber von ihnen etwas anzunehmen? Wie viele wart ihr, die da zusammenhockten?
Marie-Rose: Oh, so fünf, sechs. Aber ich seh' das nicht ganz

so wie du. Schließlich war es André, der uns immer einlud, er war sehr großzügig. Wir konnten uns alles erlauben, weil er uns keine Grenzen setzte.

Wie lange bist du insgesamt in dem Geschäft geblieben?

Marie-Rose: Bis Ende des Jahres, ich hatte André von vornherein gesagt, daß ich nur ein Jahr bleiben würde.

Wie ging das mit euch beiden weiter?

Marie-Rose: Inzwischen lebten wir zusammen.

Was heißt das?

Marie-Rose: Naja, wir aßen zusammen zu Mittag, ganz schnell, meistens nur ein Sandwich, dann schoben wir unten in der Drogerie schnell die Matratzen zusammen und liebten uns, wir hatten ja nur bis um zwei Uhr Zeit, weil das Geschäft dann wieder öffnete. Abends nach Geschäftsschluß ging es dann weiter, meistens blieb er über Nacht da. Aber so ganz ernst nahm ich das alles nicht.

Warum warst du denn mit ihm zusammen? Aus Mitleid?

Marie-Rose: Nein, das nicht, es war eben so. Ich weiß nicht warum.

Weil du dir von ihm Vorteile versprochen hattest?

Marie-Rose: Nein nein, das auf keinen Fall. Es war nicht so wichtig, es lief so nebenbei. Es war ganz amüsant. Ich lebte mein Leben weiter wie bisher. Ich sprach mit meinen Freunden auch nicht darüber, es war eine kleine Geschichte für sich. Ich war auch nicht sonderlich stolz darauf. Ich fand ihn nach wie vor blöd. Wir liebten uns jeden Tag, und ich wollte mich von ihm befreien, ich fing eine andere Bekanntschaft an, das dauerte einen Monat.

War André nicht gut auf der Matratze?

Marie-Rose: Doch, von der Seite her gesehen, ging das wirklich gut, aber er war nach wie vor für mich ein blöder Kerl. Wenn z.B. Kunden eine bestimmte Farbe kaufen wollten und er vergessen hatte, sie nachzubestellen, schob er mir die Schuld zu, das fand ich feige.

Warum schläfst du mit einem Feigling?
Marie-Rose: Das war eben so, ich hatte sowieso nicht vor, daß das lange dauerte. Im Grunde hatte ich die Nase von ihm voll, ich wollte mit jemand anderem zusammensein, wo ich mehr lachen konnte. André machte keine Einwendungen, als ich diesen Monat lang mit dem anderen Menschen wegging. Er sagte, es fiele ihm sowieso zu schwer, mit mir zusammenzusein, weil er mich zu sehr liebte, es sei eine zu große Belastung für ihn. Ich ging also weg, aber ich merkte, daß es nicht klappte mit der Trennung. Ich bin wieder zu ihm zurückgekehrt. Doch nur für kurze Zeit. Im Grunde hatte ich von allem die Nase voll, von zu Hause, von André, von meiner Arbeit, auch von meinen Freunden, ich brauchte etwas Neues. Als André über Weihnachten sein Geschäft schloß, ging ich weg, so wie ich es vorhergesagt hatte. Ich hatte einen Gehaltsscheck über dreitausend Francs. Es machte mir überhaupt nichts aus, mich von André zu verabschieden.
Was versprachst du dir davon, als du weggingst?
Marie-Rose: Tapetenwechsel. Ich fühlte mich sowieso dort unwohl in meiner Haut, die Leute gaben mir nichts, es machte mir nichts mehr Spaß, auch das Haschen nicht mehr. Ich war krank von allem.
Hast du denn den anderen irgend etwas gegeben?
Marie-Rose: Keiner gab eigentlich dem anderen was, wir hockten zusammen, redeten, aber im Grunde hörten wir uns gar nicht zu. Wir gaben uns gegenseitig nur Illusionen. Ich ging erst einmal zu Freunden nach Paris. Ich dachte, da gab es viel zu sehen und zu erleben, viele neue Ideen. Aber ich blieb nur eine Nacht in Paris. Alle Freunde hatten zu mir gesagt, du spinnst, was willst du in Paris, das ist nichts für dich. Ich war unsicher, ich wußte nicht, was ich tun sollte. Darum ging ich am anderen Tag nach Aix-en-Provence. Eigentlich fühlte ich mich ziemlich leer so allein. Außer

meinem Scheck von dreitausend Francs hatte ich nur fünf Francs in der Tasche, und diesen Scheck wollte mir die Bank nicht einlösen. Ich rief André an und erzählte ihm, daß ich Schwierigkeiten mit seinem Scheck hätte. Deswegen wußte er, wo ich steckte. Um irgendwovon zu leben, nahm ich einen Job an und ging von Haus zu Haus, um Bücher zu verkaufen. Die Arbeit war ganz angenehm, mein neuer Chef war genausowenig vom Arbeiten begeistert wie ich, deshalb verbrachten wir die meiste Zeit in irgendwelchen Cafés und redeten. Er war schließlich der Boß, und er sollte uns zeigen, wie man arbeitete, und da er nichts tat, taten wir es auch nichts. Ich hatte mir ein Zimmer gemietet und lebte ganz alleine da. Ich hatte auch keine Lust, kein Bedürfnis, rauszugehen und Menschen zu sehen. Die meiste Zeit schlief ich. Aix langweilte mich. Die ganzen anderen Mädchen um mich herum fand ich unheimlich doof. Ich war weggegangen, weil ich von allen die Nase voll hatte, warum sollte ich hier neue Bekanntschaften schließen?
Ich hatte festgestellt, daß es auf tausend Menschen höchstens einen gab, der mir was brachte, obwohl die Kommunikation für mich sehr wichtig ist.
Was verstehst du unter Kommunikation?
Marie-Rose: Ganz einfach mich wohlfühlen, keine Rolle spielen zu müssen, mich neben einer Person wohlfühlen. Mein ganzer Enthusiasmus, mit dem ich nach Aix gekommen war, verschwand langsam, mich interessierte überhaupt nichts mehr. Ich setzte mir selber eine Frist von drei Tagen, wenn in den drei Tagen nichts passieren würde, wollte ich mich umbringen.
Meinst du wirklich, daß du das getan hättest?
Marie-Rose: Das weiß ich eben nicht. Physisch gesehen könnte ich mich umbringen, aber irgend etwas sagte mir, daß ich weiterexistieren und mich weiter quälen würde. Der Gedanke war eine große Belastung.

Was waren deine Probleme damals?

Marie-Rose: Der Sinn des Lebens. Ich fragte mich danach, seitdem ich allein war.

Mir war immer klargewesen, daß ich nicht fähig war, ein geordnetes Leben zu führen. Zum Beispiel hab' ich mir als junges Mädchen immer vorgestellt, daß ich die Möglichkeiten hatte, zu studieren, aber gleichzeitig wußte ich, daß das später bedeutete, jeden Morgen zur selben Zeit aufzustehen, jeden Tag zur Arbeit gehen, jeden Tag, jeden Tag, das ganze Leben lang. Das konnte ich nicht ertragen. Oder ich dachte auch, ich könnte später ein schönes Haus bauen, einen Garten anlegen, das Haus schön einrichten, ja, und dann, was sollte ich hinterher damit machen? Ich hatte immer schon einen Horror vor diesem ordentlichen Leben gehabt, das Problem war nur, wie man dem entkommen konnte. Ich wollte reisen und dadurch lernen, um besser Entscheidungen treffen zu können.

Aber du hast doch viel gelesen, wie du sagst. Konntest du nicht auch aus Büchern lernen?

Marie-Rose: Die guten Bücher waren mir zu teuer, außerdem verstand ich sie nicht.

Warum hast du nicht jemanden gefragt und sie dir erklären lassen?

Marie-Rose: Och, so jemand ist schwer zu finden. Einmal hatte ich jemanden, der war Universitätsprofessor für Physik, aber der wußte viel zu viel für mich, ich verstand überhaupt nicht, was er mir erklären wollte. An ihm wurde mir nur klar, daß der Mensch sehr begrenzt ist, der nur seine Sache im Kopf hat. Ich möchte gerne etwas lernen, etwas wissen, aber ich finde, man darf dann nicht alles andere beiseite lassen. Dieser Physiker hatte in seinem Kopf nur eine Bücherwand, sonst nichts.

Du hast immer darauf gewartet, daß die anderen dir etwas gaben. Warst du bereit, selber etwas zu tun?

Marie-Rose: Ich wollte ja nichts geben, ich kann doch nichts geben, ich will ja lernen, aber ich habe niemand gefunden, der mir etwas beibrachte.
Und André?
Marie-Rose: Och – wir telefonierten, bis er plötzlich bei mir auftauchte. Er sagte, daß er zu Hause alles geregelt hätte. Wir mieteten uns ein kleines Studio in Aix-en-Provence. Er hatte tausend Francs, und wir mußten das Studio zwei Monate im voraus bezahlen, das waren zusammen zwölfhundert Francs.
Wovon habt ihr die Differenz bezahlt und gelebt?
Marie-Rose: Wir haben zusammen gearbeitet, André hat mitgeholfen, Bücher zu verkaufen.
André: Der Job stank mir ganz schön, aber ich hatte keinen anderen.
Wart ihr glücklich, daß ihr wieder zusammen wart?
Marie-Rose: Nein, es war sehr schwierig. André war sehr durcheinander. Er hatte seine Frau verlassen, seine Kinder, und er wußte nicht, wo er stand.
André: Die ersten drei Monate fragte ich mich, ob das nicht sehr verrückt war, was ich getan hatte, so alles hinter mir zu lassen. Es wurde mir bewußt, daß ich nichts mehr hatte, da ich ja meiner Frau alles gegeben hatte.
Hast du das bedauert?
André: Ich bedauerte nichts, weil ich liebte. Das kompensierte alles, was ich hinter mir gelassen hatte. Aber ich fragte mich, wie es weitergehen sollte. Ich war nicht weggegangen, um irgend etwas Neues aufzubauen. Und Marie-Rose wollte sowieso nichts tun.
Warst du manchmal verzweifelt?
André: Ja, ich muß schon zugeben, daß manchmal, wenn ich morgens aufwachte, mein Kopfkissen feucht war von den Tränen der Nacht. Nach ein paar Wochen entschloß ich mich, wieder zurück nach Hause zu gehen.

Marie-Rose: Ich hab' ihn zum Bahnhof gebracht. Ich hab' ihn nicht gebeten zu bleiben, aber er blieb trotzdem, freiwillig.

Machte es dir nichts aus, daß er weggehen wollte?

Marie-Rose: Ich fühlte mich schon schwach, allein, hilflos. Aber sonst...

André: Einmal wollten wir uns wirklich trennen, zumindest für eine gewisse Zeit. Wir fuhren zusammen nach Savoyen. Marie-Rose wollte zu ihren Eltern, ich zu meiner Frau. Wir verabschiedeten uns. Ohne etwas zu sagen, war uns beiden klar, daß wir uns wiedersehen würden. Wir sahen uns eine Stunde später wieder. Als ich zu meiner Frau kam, schmiß sie mich sofort wieder raus. Schon in dem Moment als ich zur Tür hereinkam und sie sah, wußte ich, daß ich hier nichts mehr zu suchen hatte. Alles das, meine Familie, meine Frau, meine Kinder, mein Geschäft, ich konnte es nicht mehr ertragen. Das war mir in Minutenschnelle klar. Ich bin sofort umgekehrt, habe Marie-Rose gesucht.

Ich fand sie in dem Café, wo sie immer verkehrte, zusammen mit ihren Freunden von damals.

Marie-Rose, warst du überrascht, ihn so schnell wiederzusehen?

Marie-Rose: Nein, ich fragte ihn nur, bis du wieder zurück? Und er sagte, ja, und jetzt bleibe ich endgültig.

André, als du dein Geschäft aufgegeben, deine Frau und deine Kinder verlassen hast, dein Geld, deinen Komfort zurückgelassen hast, das war eine große Entscheidung. Hat Marie-Rose dich bei dieser Entscheidung bewußt beeinflußt?

André: Nein, sie hat mich nie gebeten, etwas aufzugeben, um mit ihr zu leben. Das war meine freie Entscheidung. Auf dem ganzen Weg von Aix-en-Provence nach Hause dachte ich daran, Marie-Rose zu verlassen und zu meiner Frau zurückzukehren. Ich stellte mir vor, wie ich mit Hilfe meiner

Frau wieder von vorne anfangen könnte. Aber es war einfach nicht mehr möglich.

Hast du dich gefreut, Marie-Rose, als André zu dir zurückkehrte?

Marie-Rose: Das war nicht die Frage, ich fand das ganz normal.

André: Wir sind dann für drei Monate wieder nach Aix-en-Provence gegangen. Wir hatten überhaupt kein Geld mehr. Wir arbeiteten kaum noch, im Monat hatten wir höchstens sechshundert, siebenhundert Francs. Wenn wir die Miete bezahlt hatten, blieb uns nichts mehr zum Leben. Es war wirklich eine Katastrophe. Wir hatten gar keine Lust mehr zu arbeiten. Es war eine schlimme Zeit, aber ich fing an, meine Frau und meine Kinder zu vergessen. Um leben zu können, entschlossen wir uns, auf dem Markt Schmuck zu verkaufen. Marie-Rose hatte Leute kennengelernt, die das machten, und wir schlossen uns ihnen an. Sie hatte rausbekommen, daß man tausend Francs brauchte, um sich als ambulanter Händler anzumelden. Ich verkaufte meinen BMW für zwölftausend Francs, für siebentausend kaufte ich einen Kombiwagen, in dem wir dann lebten. Wir bezahlten die tausend Francs für die Händlerkarte, die Versicherung für den Kombi im voraus, und von dem Rest kauften wir in Paris den Schmuck. Er wurde von körperbehinderten Kindern hergestellt. Das fand ich gut. Ja, und seitdem ziehen wir von Markt zu Markt. Zum Teil macht Marie-Rose den Schmuck auch selber.

Marie-Rose: Ich kaufe kleine Perlen, Silberdraht und bastle Ringe und Armbänder daraus.

Wie lange habt ihr das im vergangenen Jahr gemacht?

Marie-Rose: Bis Dezember, dann sind wir hier auf diesen Bauernhof gezogen.

Wo könnt ihr am besten eure Ware verkaufen?

André: Hauptsächlich auf den Märkten in Südfrankreich.

Im Süden haben wir im Sommer immer drei sehr gute Monate. Den vorigen Winter hatten wir eigentlich nach Gran Canaria fahren wollen, um dort die Wintermonate in der Wärme zu verbringen. Aber das hat nicht geklappt, wir hatten kein Geld. Deswegen mußten wir den vorigen Winter in unserem Kombi verbringen. Es war so wahnsinnig kalt, wir haben so gefroren! Die Wärmflasche, die wir uns abends gemacht hatten, um überhaupt einschlafen zu können, war am anderen Morgen voller Eis. Um diesen Winter nicht wieder im Auto verbringen zu müssen, sind wir im Herbst auf die Kanarischen Inseln gefahren. Wir hatten eine sehr gute Saison gehabt und uns Geld zusammengespart. Wir sind dort insgesamt drei Monate geblieben.
Man kommt dort mit sehr wenig Geld sehr lange aus. Es ist nicht teuer da, die Menschen leben einfach, ruhig und gut. Wir hatten vor, bis zur nächsten Schmucksaison in Südfrankreich, das heißt, bis zum Mai dazubleiben. Die Zeit außerhalb der Saison muß man ja nicht gerade in der Kälte verbringen.
Wieso seid ihr denn den Winter über nicht dort geblieben, sondern jetzt hier in der Kälte?
André: Eines schönen Morgens kommt ein Nachbar, klopft an die Tür unseres Kombis und fragt, ob hier ein André Grand wohne. Ich sagte ja, und er sagte, da sei ein Telefongespräch für mich. Das war mein Bruder aus Frankreich. Ich hatte ihm, bevor wir weggingen, eine Telefonnummer hinterlassen. Mein Bruder erzählte mir, daß er Hilfe brauche und ob ich nicht Lust hätte zurückzukommen, um eine Zeitlang in seinem Geschäft zu arbeiten. Das paßte uns ganz gut, wir hatten sowieso Probleme miteinander.
Was für Probleme?
André: Das waren keine Probleme, die mit unserem Aufenthalt auf den Kanarischen Inseln zusammenhingen, das waren grundsätzliche Probleme.

Marie-Rose: Wir haben so unterschiedliche Charaktere, daß wir Schwierigkeiten haben, uns zu verständigen. Wir haben keine gemeinsame Basis. Wenn er etwas Blaues sieht, dann sehe ich das als weiß an.

Aus Prinzip?

Marie-Rose: Nein, überhaupt nicht, das ist einfach so, es tut mir leid, aber ich sehe immer das Gegenteil.

Ist das nicht ein Mangel an Toleranz?

Marie-Rose: Er toleriert nicht und ich auch nicht. Aber ich bemühe mich, im Gegensatz zu André, der sich überhaupt keine Mühe gibt. Er macht mir viele Vorwürfe, kriegt Wutanfälle und dann, wenn der Sturm vorbei ist, tut es ihm leid, und er macht sich selbst Vorwürfe. Das ist wieder zu extrem. Wenn er schreit, bin ich das Böseste und Negativste, was man sich vorstellen kann, und danach bin ich wieder der kleine Engel. Ich weiß oft gar nicht, woran ich bin.

André: Du mußt bedenken, daß es nicht einfach ist, jahrelang in einem Kombi mit sechs Quadratmeter Fläche zu leben. Es ist nicht wie in einem Haus, wo man ausweichen kann, Holz hacken oder irgend etwas tun kann, wenn man Schwierigkeiten miteinander hat. Es spielt sich alles auf engstem Raum ab. Wenn ich z. B. koche, dann tu' ich das in einem Abstand von fünfzig Zentimeter von Marie-Rose.

Ist dieses Aufeinanderhocken auf engstem Raum vielleicht der Grund für deine Aggressivität?

André: Im Vergleich zu früher ist meine Aggressivität in den drei Jahren mit Marie-Rose sehr viel weniger geworden.

Marie-Rose: Für mich kamen die Probleme nicht durch die Enge. Vielleicht sind sie dadurch verstärkt worden, mehr aber auch nicht.

André: Man muß auch sagen, daß Marie-Rose in jeder Hinsicht sehr schwierig ist.

Marie-Rose: Ja, das stimmt, das muß ich zugeben.

André: Sie ist wie eine kleine Wilde, sie tut nur, was sie will.

Ich soll nur ja nicht wagen, für sie eine Entscheidung zu treffen, sie gibt nie nach.
Marie-Rose: André ist sehr egoistisch, er glaubt, nur weil er ein Mann ist, sich aufspielen zu können. Schon mein Vater spielte sich immer so auf, und ich hatte keine Lust, mir das von André gefallen zu lassen. André ist ganz lieb und alles, bis zu dem Moment, wo er zu mir sagt, halt den Mund, du bist eine Frau, du hast sowieso nichts zu sagen, du hast zu gehorchen. Als wir nach Frankreich zurückgingen, wollten wir uns endgültig trennen.
André: Der Anruf meines Bruders hatte mich sehr gefreut, da ich lange nichts mehr von meinen Eltern gehört hatte. Er brauchte mich, und ich hatte vor, ihm zu helfen, nicht für immer, aber eine Zeitlang wollte ich schon bei ihm bleiben. Ich wollte unbedingt ein Haus finden, um Marie-Rose sagen zu können, jetzt komm, ich hab' etwas, wo wir wohnen können. Ich werde von morgens bis abends arbeiten, und du kannst in der Zeit machen, was du willst, aber bitte komm zurück zu mir.
Was hast du in der Zeit gemacht, Marie-Rose?
Marie-Rose: Da ich kein Geld hatte, bin ich zu meinen Eltern gegangen.
Haben sie dich bereitwillig wieder aufgenommen?
Marie-Rose: Aber natürlich, das ist doch ganz normal. Die Eltern sind nicht nur dazu da, um den Kindern Unannehmlichkeiten zu bereiten, sondern um ihnen zu helfen. Ansonsten – für mich bedeutet die Familie sowieso nur Scherereien. Geld und Familie, das sind die größten Plagen für mich, aber ich glaube, die Familie ist noch die schlimmere von beiden. Natürlich weiß ich, daß ich meinen Eltern wehgetan habe, aber sie sind selber schuld. Wenn sie mir die Möglichkeit gegeben hätten, mit ihnen zu diskutieren, wäre ich vielleicht auch weggegangen, aber nicht so absolut. Ich sehe nicht ein, daß ich mir Vorwürfe machen soll, weil ich

damals weggegangen bin. Im Gegenteil, wenn ich das nicht getan hätte, müßte ich mir jetzt Vorwürfe machen. Ich hatte vor, mir einen Job und eine Wohnung in der Nähe zu suchen, dann hätten dort auch meine Geschwister sein können. Die hatten auch die Nase voll, zu Hause bei den Eltern zu wohnen. Ich versprach mir die Unabhängigkeit davon, die ich bei André nicht hatte.

Meinst du mit Unabhängigkeit, daß du dir selbst genügst?

Marie-Rose: Nein, ich brauche Menschen, einen oder mehrere. Wenn ich einen Menschen liebe, dann lebe ich mit einem zusammen, wenn ich zwei liebe, dann lebe ich mit zweien zusammen. Je mehr, um so mehr Freude. Ich habe das zwar noch nie erlebt, aber ich glaube daran. Hauptsache, ich kann meine Gefühle und Zuneigungen einem Menschen geben, egal, ob es ein Mädchen oder ein Junge ist. Ich brauche die Menschen, den Austausch, den ich jetzt nicht habe.

Warum lebst du denn weiterhin mit André zusammen?

Marie-Rose: Ich kann mich von ihm nicht trennen, ich versuche es seit anderthalb Jahren, aber ich komme immer wieder.

Und du, André?

André: Ich kann mir nicht vorstellen, daß ich mit einer anderen Frau erleben könnte, was ich mit Marie-Rose erlebt habe. Ihre ganze Lebensart... Sie ist ein wunderbarer Mensch, man kann es nicht erklären. Ich habe keine Angst zuzugeben, daß ich mit dreißig mit ihr die Liebe entdeckt habe.

Glaubst du, daß sie stärker ist als du?

André: Sie ist viel sicherer als ich, viel selbstbewußter, und sie hat meistens recht. Ich liebte meine Frau, aber wenn ich darüber nachdenke, ich habe sie nie geliebt, nie auf diese Weise. Ich bete Marie-Rose an, sie ist alles für mich.

Seit wann lebt ihr wieder zusammen?

Marie-Rose: Seit einer Woche, wir waren drei Monate getrennt.
Wie lange wollt ihr hier auf dem Hof bleiben?
André: Bis zum Mai, dann beginnt die Saison auf den Märkten.
Gefällt dir das Leben auf der Straße, im Auto wohnen?
André: Ja, das gefällt mir. Aber nicht ohne Marie-Rose. Auch das Leben hier wäre ohne sie nichts.
Was würdest du denn ohne sie machen?
André: Ich denke lieber nicht darüber nach.
Du mußt dir doch Gedanken gemacht haben?
André: Ich würde mich aufhängen.
Weißt du, was du sagst?
André: Ja, ja, es mag vielleicht blöd klingen, aber ich weiß, was ich sage.
Erpreßt du sie manchmal damit?
André: Erpressung vielleicht nicht, aber wenn ich sehr verzweifelt bin, dann sage ich es ihr.
Aber das ist doch Erpressung.
André: Nein, das ist die Realität. Ohne sie habe ich keine Freude mehr an unserem Kombi, am Schmuck verkaufen, an der Freiheit. Ohne sie ist alles zu Ende.
Wie seht ihr eure Zukunft? Eine gemeinsame Zukunft?
Marie-Rose: Was mich angeht, ich will kein Leben zu zweit, vom Prinzip her nicht. Nun gut, ich lebe mit André, aber ich wäre ganz glücklich, wenn wir zu mehreren wären.
Denkst du nie ans Heiraten?
Marie-Rose: Früher dachte ich, wenn man nicht heiratet, wird man auch nicht unterdrückt. Aber mit André bin ich nicht verheiratet, und trotzdem versucht er, mich zu unterdrücken. Ich will unabhängig und frei sein.
Und du?
André: Verheiratet sein, nein, aber ich möchte, daß Marie-Rose mir gehört.

Marie-Rose: Zwischen uns ist soviel Spannung, daß wir nie wissen, wie es weitergeht. Natürlich, es ist schon nicht schlecht, hier zu wohnen.

Aber ein Haus, ist das nicht schon die Bürgerlichkeit, die du ablehnst?

Marie-Rose: Wieso, das hat damit nichts zu tun. Ein Haus, dann weiß man, wo man hingehört, und die anderen wissen, wo sie einen finden können. In einem Auto ist es immer das Problem, daß keiner weiß, wo man ist und einen keiner besuchen kann. Die Menschen fehlen einem schon, es tut verdammt gut, wenn einer an die Tür klopft. Ich mag keine Verabredungen, aber ich mag gern jemanden sehen, einfach so, wenn ich die Laune dazu habe, egal, wann oder wo, das kann auch drei Uhr morgens sein, ich liebe Überraschungen. Ich mag, wenn Menschen mich besuchen, wenn sie Lust dazu haben, weil ich es genauso machen würde. Ich finde es sehr schade, wenn man diese schönen Dinge durch Prinzipien und Konventionen zerstört. Nun, ich hätte gerne ein Haus, aber ich möchte nicht durch dieses Haus angebunden sein. Ich will nur den Nutzen daraus haben.

Vermißt ihr hier etwas?

Marie-Rose: Ja, Frieden zwischen uns beiden.

Und materiell nichts?

André: Aber wir haben doch alles, was wir wollen: Der Kühlschrank ist draußen auf der Fensterbank, ein Rohr habe ich installiert, das ist unsere Dusche, unsere Sachen können wir an die Wand hängen, die Stühle hier haben wir auf dem Müll gefunden, und vor allem: wir haben ein Bett. Wir haben Hände, um uns zu basteln, was wir brauchen. Warum sollen wir etwas besitzen? Wenn wir in unserem Kombi wohnen, dann haben wir doch alles, besitzen die ganze Natur, das Meer, die Bäume, alles. Wir lassen unsere Hunde auf allen Wiesen laufen. Warum kaufen sich die Leute ein Stück Land? Sie haben nicht mehr als wir.

Wieso bist du nicht früher auf den Gedanken gekommen, als du dir damals selber ein Haus bautest?
André: Früher wollte ich wie alle Menschen mein Haus, mit dem Zaun darum, das ist meins. Wenn ich mir vorstelle, was ich alleine für meine Badewanne ausgegeben habe!
Marie-Rose: Und dabei hattest du so eine ganz normale.
André: Olàlà, das war schließlich die größte, die ich kaufen konnte, es war alles vollautomatisch, man konnte die Temperatur einstellen und so.
Marie-Rose: Wenn ich Geld hätte, würde ich gerne eine haben, die mindestens zwei Meter groß ist.
Aber, ihr habt doch jetzt die größten Badewannen der Welt, euch gehören alle Seen und Flüsse ...
André: Genau! Wenn wir unten in Südfrankreich sind und im Mittelmeer baden, dann gehört uns das ganze Meer. Normalerweise, wenn wir in den Bergen sind, stellen wir uns unter einen Wasserfall oder baden in einem Flüßchen. Nur neulich, als wir oben auf dem Paß waren, es liegt da alles voller Schnee, mußten wir das Eis aufhacken, es war nur zehn Meter von dem Gletscher entfernt. Wir haben uns ganz ausgezogen und nackt in dem Eiswasser gewaschen. Unsere Körper dampften danach, die dampften vielleicht! Ich hatte noch nie meinen Körper so dampfen sehen. Wir fühlten uns ganz toll danach, in Bombenform. Wir liefen völlig nackt durch den Schnee. Das war echter Komfort!
Warum hast du sowas früher nie gemacht?
André: Ich hab' nicht gewußt, wie gut das ist, das hat mir nie jemand gesagt.
Was heißt, das hat dir nie jemand gesagt. Du hast auf dem Land gelebt. Du hättest das doch selber erfahren können.
André: Ja, aber mit den Leuten, mit denen ich zusammen war, haben wir nie über sowas gesprochen, daran hat keiner gedacht. Ich lebte eben, wie jeder lebte, ohne eine Öffnung zu einem neuen Leben.

Sagt mal, was macht ihr, wenn ihr krank seid, wenn ihr z. B. zum Zahnarzt müßt? Seid ihr versichert?
André: Ich gehe zum Zahnarzt, er zieht mir den Zahn raus, ich bezahle, ich gehe weg.
Woher hast du das Geld?
André: Ich arbeite vorher dafür, wenn ich weiß, daß ich zum Zahnarzt muß.
Marie-Rose: Nein, wir sind nicht krankenversichert. Das einzige, was wir haben, ist diese Karte für ambulante Händler auf den Märkten. Die muß man haben, sie bietet auch einen gewissen Schutz.
André: Für mich nicht, ich habe meine noch nicht bezahlt. Außerdem sind meine ganzen Papiere sowieso nicht mehr in Ordnung. Seitdem ich mein Leben gewechselt habe, war mir das alles unwichtig.
Findet ihr es nicht besser, krankenversichert zu sein?
Marie-Rose: Nein, nein, in den zwei Jahren, die ich mit André unterwegs und nicht mehr krankenversichert bin, war ich auch nicht krank. Wenn ich in den zwei Jahren meine Krankenversicherung bezahlt hätte, wären das zehntausend Francs gewesen. Die hab' ich gespart. Ein einziges mal war ich beim Arzt, es hat fünfzig Francs gekostet, nun rechne mal. Krankenversichert sein ist ein Luxus.
André: Die Leute nutzen sowieso die Krankenversicherung nur aus und sind ewig krank, viel mehr als sie wirklich krank sind. Vor allem die Ausländer, die hier leben.
Und wenn ihr ernsthaft krank werdet, im Alter z. B.?
André: Wenn wir ernsthaft krank werden, dann gibt es immer noch Krankenhäuser. Die Zukunft interessiert uns überhaupt nicht.
Könntest du dir vorstellen, zu deiner Familie zurückzukehren, wenn du krank bist?
André: In gar keinem Fall, ich würde nie zurückgehen. Ich würde eher einen Freund bitten, mir zu helfen.

Marie-Rose: Du hast doch keine Freunde, nur durch mich hast du welche.
André: Sie interessieren mich auch nicht sehr, ich mag nicht in Bars gehen und neue Bekanntschaften schließen. Durch Marie-Rose habe ich festgestellt, daß meine Freunde gar keine wirklichen Freunde waren. Wenn wir z. B. abends jemand besuchen wollten, dann konnte man nur bis zehn Uhr dahingehen. Da ließen wir es eben bleiben.
Marie Rose hat mir beigebracht, am Ende eines Tages darüber nachzudenken, ob es ein glücklicher Tag war, ob ich zufrieden bin. Früher hab' ich mir nie diese Art Fragen gestellt, ich habe nur funktioniert.
Als wir vorhin hierherfuhren, fiel mir bei Chambery ein, daß ich kein Holz hatte, um den Kamin anzuzünden, damit euch nicht zu kalt ist. Ich fand ein paar alte Baumreste, die hab' ich kleingehackt, nun haben wir Feuer. Man muß nur praktisch denken. Früher hätte ich mir von Chambery bis hier den Kopf zerbrochen, wo ich nun Holz herbekommen könnte, womöglich hätte ich noch welches gekauft. Es gibt für alles eine Lösung, warum soll man sich vorher den Kopf zerbrechen?
Marie-Rose: Warum soll man die Lösung suchen, wenn das Problem noch gar nicht da ist? Die Lösung kommt von alleine, in dem Moment, wenn man sie braucht. Die Tatsache, daß man sich überhaupt Sorgen macht, bewirkt doch nur, daß die Probleme eher kommen. Ewig von Sicherheiten reden, schützt doch auch nicht vor der Krankheit. Schau meine Mutter und meinen Vater an, ewig haben sie von Sicherheiten gesprochen, und was haben sie nun, nun sind beide krank. Wenn ich dagegen an all diese Jungen und Mädchen denke, die ich auf den Straßen getroffen habe, seitdem wir umherziehen, die sind nie krank, die wehren sich einfach dagegen. Man darf nur nicht daran denken, krank zu werden.

Was hat dich rückblickend an deinem früheren Leben am meisten gestört?
André: Alles, die ganze Art. Ich finde wirklich, daß ich wie ein Idiot gelebt habe. Ich wußte nicht, was Leben bedeutet. Man kann auch mit viel Geld bewußt leben, wenn man mit dem Geld umgehen kann. Aber ich habe gearbeitet und wußte nichts mit dem Geld und mit dem Leben anzufangen. Es war meine Schuld, daß ich nicht leben konnte. Es gibt leider zu viele Leute, die arbeiten ihr ganzes Leben nur, um an materielle Dinge zu kommen. Ich liebe das Geld, aber ich möchte keins besitzen. Wenn ich mir jetzt z. B. einen etwas besseren Kombi kaufen will und dafür diese paar Monate bei meinem Bruder arbeite, dann ist das nicht aus demselben Grund wie früher.
Früher hätte ich mir einen neuen Wagen gekauft, um ihn zu besitzen und mit ihm anzugeben. Jetzt freue ich mich, daß ich meinen alten Kombi gegen einen etwas besseren eintauschen kann, aber ich wäre nie bereit, noch länger zu arbeiten, um einen noch besseren zu haben.
Seid ihr politisch engagiert?
Marie-Rose: Überhaupt nicht. Ich kann sowieso nichts daran ändern, wer gerade an der Macht ist und was er tut. Es ist sowieso alles Scheiße. Ich mag mich überhaupt nicht engagieren. Ich will auch nicht hören, wenn die Leute sagen, daß ich außerhalb der normalen Gesellschaft lebe. Ich bin eben ich. Wenn man mich irgendwo einordnet, dann müßte ich mich automatisch engagieren.
Du willst dich nie und nirgends engagieren?
Marie-Rose: Ich habe nur ein Ziel, ich will mich mit mir selbst wohlfühlen. Hauptsache, ich bin mit mir zufrieden, dann bin ich auch mit den anderen zufrieden. Auf der politischen Ebene kann ich sowieso nichts tun. Für mich kann man sowieso nichts mehr ändern. Wenn ich schon Schwierigkeiten habe, einen Menschen zu finden, mit dem

ich zurechtkomme, wie soll das erst aussehen, wenn ich mir eine ganze Gruppe suchen sollte, mit der ich in einem Ziel übereinstimme.

Könntest du dir vorstellen, daß du für einen anderen Menschen Verantwortung übernimmst?

Marie-Rose: Nein, jeder soll selber sehen, wie er zurechtkommt. Jeder sollte versuchen, es zu machen wie ich: ehrlich, sauber und sicher sein. In so einer Gesellschaft gibt es keine Probleme mehr.

Was würdet ihr denen an Ratschlag geben, die mit sich unzufrieden und noch unentschlossen sind, was sie tun sollen?

Marie-Rose: Tut, was ihr wollt, und kümmert euch um nichts.

Was heißt um nichts kümmern?

Marie-Rose: Auf alles scheißen.

Wie siehst du das, André?

André: Die ganze Politik ist mir egal. Das sind doch alles Betrüger. Das hat mich nie interessiert.

Aber es muß doch jemand unsere Politik in die Hand nehmen und Entscheidungen treffen?

André: Ja, wenn sie sich selber nach ihren Entscheidungen richten würden. Nehmt jetzt die Situation mit der Benzinknappheit: Man sagt uns, wir sollen nicht mehr soviel Auto fahren. Gut, aber was tut der Präsident der Republik? Er fliegt mit dem Hubschrauber durch die Gegend und braucht viel mehr Sprit. Die da oben sind für sich selber nicht konsequent. Früher habe ich oft mit dem Gedanken spekuliert, mal zu den Herren ganz da oben hinzugehen, sie zu packen und sie in Unterhosen mitten auf die Straße zu setzen, damit die Leute mal sehen, was das für welche sind. Nehmen Sie diese kleinen Streiks, die hier immer gemacht werden, die da oben lachen doch nur darüber, sie nehmen das gar nicht ernst. Warum soll man die Leute an der Spitze

auswechseln? Die nächsten, die kommen, werden auch nicht anders sein. Aber jetzt interessiert es mich nicht mehr, ich besitze nichts mehr, ich habe nichts mehr zu verlieren. Die sollen tun, was sie wollen.
Ich nehme von der Gesellschaft nur das, was mich interessiert. Wenn wir kein Geld hatten, um uns etwas zu essen zu kaufen, dann sind wir auf die Märkte gegangen und haben hinterher die Reste an Früchten und Gemüse aufgesammelt. Man kann ganz gut von den Resten der Gesellschaft leben.
Wir nutzen die Gesellschaft aus, aber man kann uns keinen Vorwurf daraus machen, wir nehmen nur das, was übrigbleibt.
Ihr lebt mitten in der Natur, tut ihr auch was für sie?
André: Als Marie-Rose und ich einmal bei Aix-en-Provence ein Picknick machen wollten, haben wir ewig nach einem sauberen Platz gesucht. Überall lag der Dreck rum, den die anderen hinterlassen hatten. Es war unglaublich schmutzig. Schließlich fanden wir einen Platz mit einer Tonne, das war mindestens ein Zweihundert-Liter-Faß. Wir haben die ganze Scheiße von den anderen aufgesammelt, hineingetan und verbrannt. Da kam die Polizei und hat uns kontrolliert, unsere Papiere verlangt. Es ist entmutigend.
Marie-Rose: Ich liebe die Natur, ich lebe mit ihr, sammle die Kräuter und Pflanzen und heile mich selbst damit. Ich brauche keine Medikamente vom Arzt.
André, als du vor drei Jahren von zu Hause weggingst, war dein Sohn drei Jahre alt. Wenn er mit achtzehn zu dir kommt, um deinen Ratschlag zu hören, ob er eure Geschäfte weiterführen oder ein Leben führen soll so wie du. Was würdest du ihm raten?
André: Ich würde meine Kinder schon vorher aufklären. Die Eltern sind nicht dazu da, den Kindern irgendwelche Ratschläge zu geben, sondern um ihnen zu helfen, wenn sie

Hilfe brauchen. Ich würde ihnen höchstens raten, tut, was ihr wollt.

Woran glaubt ihr?

André: Bewußt werden und bewußt glücklich sein.

Was fehlt euch in eurem jetzigen Leben?

André: Nichts, wir können uns alles holen.

Marie-Rose: Für mich ist das Glück des Lebens nicht mit einzelnen Menschen verbunden. Ich will das Leben voll erleben, den größten Nutzen für mich daraus ziehen, zu jedem Moment meines Lebens glücklich sein.

JOHANNES

Johannes (»Johannes der Täufer«), 73, Seemann, Vater Beamter, lebt seit 35 Jahren in einer selbstgebauten Holzhütte direkt am Ostseestrand in der Nähe von Glücksburg. Will abgeschieden sein von den Menschen, um sich »geistig zu erbauen«.

EINSIEDLER

Sie leben hier völlig allein und zurückgezogen. Haben Sie etwas zu verheimlichen?
Gar nichts, ich habe gar nichts zu verheimlichen. Ich bin auch ganz frei in der Liebe, ich liebe die Mädchen, die jüngeren Jahrgänge. Aber eher platonisch.
Was verstehen Sie unter jüngeren Jahrgängen?
Jugendgruppen, die hier so sind. So wie die neulich, da waren welche aus Frankreich hier mit den Nonnen. Sie wissen doch, was Nonnen sind? Ich hab' mich ganz nett mit denen unterhalten. Ich sagte auf französisch zu denen, ja, was sagte ich noch auf französisch. *Au revoir* sagte ich, *au revoir, ma chérie Mademoiselle.* Da haben die immer gelacht und kamen am nächsten Tag wieder.
Wie lange leben Sie schon hier am Strand?
Seit dem Zweiten Weltkrieg, als die Kapitulation war. Da kam ich von Hamburg hierher. Ich war im Krieg gewesen. Aber ich war schon ein Jahr vor Kriegsschluß von der deutschen Wehrmacht entlassen worden. Aus gesundheitlichen Gründen. Ich hatte mich noch freiwillig gemeldet, da in Hamburg, im Lotsendienst.
Waren Sie Seemann?
Ja, ich bin beruflich Seefahrer. Ich bin als Kapitän gefahren, auf großer Fahrt, sehr jung fing ich schon an.
Wo waren Sie denn überall?
Sozusagen alle Weltmeere, Südamerika, Japan, China, Indien vor allem. Ja, ich hab' mich überhaupt sehr umgesehen.
Wie sind Sie nun ausgerechnet hierhin gekommen?
Das will ich Ihnen sagen. Ich hatte noch zwei Brüder, und wie die mal auf Urlaub waren mitten im Kriege, das war in Hamburg, da sage ich, wie der Krieg wohl auslaufen wird? Das war 1941. Der wird gewinnen, der am meisten Geld hat, die Nation, sage ich. Ja, da guckten mich alle erstarrt an, und einer von den Soldaten da meinte zögernd, wer könnte denn

am reichsten sein, Amerika? Na ja, sag' ich, ihr wißt das. Ich hab' nicht gesagt Amerika, man durfte nicht darüber reden. Und zu meinen Brüdern sag' ich, wißt ihr was, der Krieg, der geht schlecht aus hier. Wir werden wohl nicht in Hamburg bleiben, treffen uns in Glücksburg bei dem Café, da vorne. Am Strand. Da treffen wir uns. Meine Brüder kannten diesen Strandabschnitt.

Kommen Sie hier aus dieser Gegend?

Ja, ja, ich bin in Arnis geboren.

Auch zur Schule gegangen?

Auch zur Schule gegangen.

Was machte Ihr Vater?

Mein Vater war bei der Marine, bei der kaiserlichen Marine. Und später wurde er dann Beamter.

Ihre Brüder, waren die auch bei der Seeschiffahrt?

Ja, das waren sie auch, und einer, der wurde dann aktiver Polizeibeamter in Hamburg, der jüngste, aber der kam aus dem Kriege nicht zurück. Und der zweite ist jetzt gerade seit vier Jahren tot. Der einzige, der nachgeblieben ist,bin ich.

Wann sind Sie geboren?

Am 22. Oktober 07. Ich war zu Kaiser-Wilhelms-Zeiten immer hier. Als ich sieben Jahre alt war. Daher kannte ich die Ecke hier. Ja, und nach der Kapitulation da kam mein zweiter Bruder, der hat sich gar nicht erst vom Kommiß abgemeldet, der hat eine Nacht bei mir in Hamburg geschlafen und ist denn gleich weiter hierhin. Hat sich dann ein kleines hölzernes Boot besorgt, so unter der Hand, das war etwas defekt, und das hat er sich zurechtgemacht mit Teer und Asphalt. Schön wasserdicht wieder hergestellt. Und dann ging er hier auf Angeltour. Er hat auch Fische gefangen. Damals gab's noch Lebensmittelkarten, und die Fische hat er dann gegen die Lebensmittelkarten getauscht. Es war ein kleines Boot, gut drei Meter. Das hat er immer auf Land gezogen, umgekehrt, ein Brett druntergestellt. So hatte er ein Dach über dem Kopf. Dieses trockene Seegras, was da liegt, ganz knochentrocken, das hat er dann armevoll druntergelegt. Und da hat er dann gewohnt. Als ich nach vierzehn Tagen nachkam, haben wir beide da geschlafen. Wir haben sehr viele Fische gefangen, zwei, drei Zentner jeden Tag. Die holten die Frauen und Mädchen aus dem Dorf ab.

Sie haben also die Fische, die Sie gefangen haben, verkauft und davon gelebt?

Ja, ja.

Wie lange haben Sie dieses Leben geführt?

Bis zur neuen Währung, 1948. Dann wurde ja auch der Fischbestand nach und nach alle.

1948 waren Sie also gerade einundvierzig Jahre alt.

Ja, so ungefähr ...

Kamen Sie damals nicht auf die Idee, nach Hamburg zu gehen, sich dort eine Arbeit zu suchen?

Ja, richtig, ich habe mich da bemüht, bin auch hingefahren, habe mich bemüht und umgehört, aber die sagten mir überall, die jungen Leute, die jetzt aus dem Kriege zurückgekommen sind, werden natürlich bevorzugt. Zwecks Einstellung und so weiter.

Aber mit einundvierzig waren Sie doch auch noch ein junger Mann.

Ja, nich, da war ich doch eigentlich noch ein junger Mann.

Das mein' ich doch.

Ja, da kam ich hier wieder zurück und fing das alte Gewerbe wieder an, Fischfang.

Hat es Sie damals nicht geärgert, daß Sie in Hamburg keine Stellung fanden?

Ach, geärgert ... Hier hatte ich mehr meine Freiheit, dachte ich. Und wenn in Hamburg nichts zu machen ist, ja, och, dann bleibst du beim Fischfang.

Also, so traurig waren Sie nicht, daß Sie wieder hierher kamen?

Nein, nein, gar nicht! Im Gegenteil. Ich dachte, hier kann ich freier leben. Da bekam ich die D-Mark, und dann war hier noch die Fischart, die Makrelen, zahlreich hier. Da kriegten wir gleich, 1948, für das Pfund eine Mark. Und wenn die Woche mal gut war, fingen wir so ein, zwei Zentner, da hatten wir zweihundert Mark.
Seien Sie mal ehrlich, haben Sie sich danach überhaupt ernsthaft bemüht, in Hamburg eine Stellung zu finden? Wollten Sie nicht sowieso hierbleiben?
Ja, ja, ja. Sie haben es richtig erfaßt. Sie sagen, wie es richtig ist.
Haben Sie die ganze Zeit mit Ihrem Bruder unter dem Boot gelebt?
Inzwischen war da ein dänischer Staatsangehöriger, auch so ein junger Mann wie ich, der kam aus Dänemark, der war bei der deutschen Wehrmacht gewesen, obwohl er das während des Krieges nicht durfte. Er ist mit einem Boot, mit einem Ruderboot, von da drüben gekommen. Da drüben ist Dänemark. Er kam hier rüber an den Strand, und da lernten wir ihn kennen. Er ging zu dem Waldstück hin da drüben und holte sich kleine Erlenbäume. Mit dem trockenen Schilf hat er sich ein Dach gebaut, so wie ein Schafstall, ganz primitiv. Und eines Tages waren in Dänemark auch wieder andere Gesetze. Die sich schuldig gemacht hatten, mit der deutschen Wehrmacht zusammengearbeitet hatten, konnten wieder einreisen. Das war eine Amnestie, ja, so heißt das. Und der sagte, hier du, willst du das Boot kaufen, ich geh' wieder zurück nach Dänemark. Und da sag' ich, ja, das ist schön, aber was willst du dafür haben? Zweihundert D-Mark, und das hab' ich ihm gegeben. Dann hatte er auch noch Netze, die könnt ihr auch nehmen, die gebe ich euch so mit. Und dann könnt ihr die Hütte übernehmen.
Das ist diese Hütte hier, in der Sie jetzt noch leben?
Ja, das ist diese Hütte hier.

Das sieht so aus, als ob das aus angeschwemmtem Strandgut gebaut wäre.
Ja, ja. Ich brauch' das auch zum Reparieren. Auf Pfahlbauten steht das ja. Von wegen dem Hochwasser.
Aber es ist wasserdicht, es regnet nicht rein?
Nein, nein, ganz trocken.
Und wenn wieder Hochwasser ist?
Ja, wir hatten vor zwei Jahren eine Sturmflut. Und die Wogen, die da kamen, die haben alles unterspült. Zaun und Büsche und Bäume, alles ist weggespült.
Sie haben das hier eingezäunt, gehört Ihnen denn dieses Stückchen Land, worauf Ihre Hütte steht?
Ja, seit gestern habe ich es eingezäunt. All die Leute, die konnten ein und aus gehen. Da wurde ich immer gestört.
So wie durch uns ...
Das macht ja nichts, da brauchen Sie nur zu rufen, wenn Sie kommen.
Wie sollen wir denn da rufen?
Ich heiße Johannes der Täufer.
Warum Johannes der Täufer?
Ich heiße Johannes mit Vornamen, und ich nenne mich so aus Spaß.
Hatten Sie denn früher keinen Zaun?
Ja, ja, da war so ein Zaun aus Wildrosen. Die sind weggespült vom Hochwasser. Wurzeln und alles. Wildrosen, mannshoch, da konnte keiner durch, das ist ja dornig. Ja, und als der Zaun dann weg war, da gingen die Leute einfach rein, und denn auf einmal, ohne daß ich es gewahr wurde, waren sie an der Tür oder wühlten da rum. Ja, Leute, sag' ich, ihr müßt euch doch wenigstens anmelden. Da hatte ich keine Lust mehr zu, und da hab' ich denn dieser Tage gerade den Zaun hier gemacht. Fehlt noch ein Stück, das will ich aber diese Woche noch alles fertigmachen.
Sie machen alles Handwerkliche selbst?

Ja, das mache ich.

Wenn Sie hier einen Zaun ziehen, dann bedeutet das doch, daß Ihnen dieses Stückchen Erde gehört, daß es Ihr Eigentum ist?

Ja, ja.

Haben Sie es irgendwann einmal gekauft?

Nein, so gepachtet.

1945 schon gepachtet, mit Ihrem Bruder zusammen?

Die Kriegswirren, die machten das. Da bin ich beim Bürgermeister gewesen und hab' ihm vorgeschlagen, daß ich mich hier am Strand wild angesiedelt habe. Da sagte er zu mir, woher kommen Sie? Ich sag', von Hamburg. Hamburg ist eine zerstörte, zerbombte Stadt. Nun sind wir hierhergekommen und fischen hier. Ja, sagt er, das ist gut, daß Sie hier raufkommen. Flüchtlinge und kriegsgeschädigt und ausgebombt. Richten Sie sich am besten so ein, wie Sie können. Ich sag' danke, und seither wohne ich hier.

Haben Sie denn einen richtigen Pachtvertrag?

Nein, so nicht, aber mündlich, mündlich. Von dem Bürgermeister. Der lebt noch, er wohnt da in Glücksburg.

Wenn der nun eines Tages tot ist, und der neue Bürgermeister kommt und sagt, Sie haben ja gar keinen Pachtvertag, haben Sie davor keine Angst?

Nee, da hab' ich gar keine Angst vor.

Haben Sie da nie Scherereien bekommen?

Nein, seine Nachfolger haben es versucht, weil sie meinten, das sei illegal, aber das ist schon Gewohnheitsrecht. Das ist jetzt schon über fünfunddreißig Jahre.

Vorsicht, Ihr Stuhl fällt ja halb zusammen, woher haben Sie den, ist der auch mal angeschwemmt?

Ja, so ungefähr. Sehen Sie da hinten an der Waldschneise, da liegt so ein weißes Motorboot. Das Boot ist vor zwei Jahren bei der Sturmflut an Land gespült worden. War aber gut versichert, und das hatte zwei solche Stühle da oben drauf.

Da war ich hingegangen und guckte mir das Schiff an und hab' mit dem Besitzer, der kennt mich ja, gesprochen. Ja, sagt der, ich hab's gut versichert. Und da sah ich im Wasser diese zwei Klappstühle liegen.

Wo ist der andere?

Der andere ist etwas defekt, da ist etwas gebrochen. Also die beiden hab' ich aus dem Wasser gefischt und sie in einem Dornenbusch versteckt. Über Winter. Ich dachte mir, was soll ich sie jetzt schleppen. Und im Mai, ja, dacht' ich, vielleicht sind sie noch da. Und richtig, die waren alle da. Hat keiner genommen. Jeden Tag einen Stuhl holte ich her.

Wie haben Sie denn Ihre Hütte eingerichtet? Richtig mit Tischen und Stühlen?

Na ja, es ist alles noch nicht so richtig eingerichtet. Ich habe eine Liegecouch da oben stehn.

Es ist noch nicht richtig eingerichtet?

Nein, nein, gar nicht, primitiv.

Man muß ja auch nichts übereilen.

Nein, nein. Sie wissen Bescheid, muß nichts übereilen.

Sie wohnen nun immerhin fünfunddreißig Jahre hier. Auf welchen Zeitraum planen Sie denn nun, wann Sie eingerichtet sein wollen?

Das wollte ich jetzt schon machen. Erst mal, wenn ich diese Woche den Zaun fertig habe, dann wollte ich so vierzehn Tage Urlaub machen.

Von der Arbeit mit dem Zaun?

Ja, ja.

Wo machen Sie denn Urlaub?

Vielleicht fahr' ich nach der Insel Fehmarn.

Warum gerade dahin?

Ich will an die See.

Aber Sie wohnen doch hier direkt am Strand.

Aber das ist mal was anderes.

Was bringt Ihnen denn der Aufenthalt?
Erstmal die frische Seeluft...
Die haben Sie doch hier zur Genüge.
Es ist ja nicht gesagt, daß ich da bleibe. Vielleicht drei Tage. Dann reise ich weiter nach der Lübecker Bucht.
Wie kommen Sie dahin? Mit dem Boot?
Nein, ich fahre mit der Bahn. Früher fuhr ich mit dem Boot. Aber jetzt fahr' ich mit der Bahn.
Und was machen Sie auf Fehmarn?
Da habe ich ein kleines Minizelt, grasgrün, so einen knappen Meter hoch, und den modernsten amerikanischen Schlafsack, Armeeschlafsack, den hab' ich mir bestellt, der wiegt nur 3,3 Kilogramm.
Die Bahnfahrt, das Zelt, der Schlafsack, das kostet doch alles Geld. Woher haben Sie das Geld?
Tja... dieser Schlafsack, der kostet rund, ungefähr... was hab' ich bezahlt... ganz modern, hundertzwanzig Mark. Aber er ist wasserdicht und gepolstert. Da brauche ich keine Wolldecken mitzunehmen.
Na ja, aber das Zelt, der Schlafsack, das kostet doch alles viel Geld...
Das Zelt ist aber so hauchdünn wie Seide. Kein Boden drin, weil ich einen Schlafsack habe, und dann packe ich diese dünne Zeltplane in eine Tragetasche 'rein und hab' 'nen kleinen Spirituskocher, einen winzig kleinen. Statt Tassen und Teller habe ich leere Konservendosen, weil es leicht ist, und unter Umständen kann ich's wegwerfen. Wenn ich das alles tragen müßte, so Teller und Töpfe, da hätte ich ja gar keinen Platz dafür.
Aber trotzdem, die Bahnfahrt und das alles. Wovon bezahlen Sie das? Also, ich würde ganz gerne wissen, wovon Sie denn eigentlich leben.
Ja, tja, dann... Ja, meine Rente.
Vom Krieg her?

Ja, ich kann Ihnen das ja ruhig mal erzählen. Ich krieg' knapp achthundert Mark im Monat.

Und damit kommen Sie gut aus?

Ja, weil ich ja ein sparsamer Mensch bin.

Seit wann kriegen Sie diese Rente?

Tja, wann war das ... 1952.

Aus Gesundheitsgründen und weil Sie in der Marine waren oder warum?

Ja, ja, das ist es.

Und mit dem Fischfang haben Sie sich noch etwas dazuverdient.

Ja, vor Jahren.

Wann haben Sie denn mit dem Fischfang aufgehört?

Vor zehn Jahren.

Was machen Sie heute so den ganzen Tag?

Ja, heute, da ist ja warm. Da kann man ja nich viel tun. Und gestern, da hab' ich hier am Zaun gearbeitet. Und dann muß ich ja auch den Maschendraht noch machen und die Pforte.

Wie groß ist Ihr Gelände hier, auf dem Sie Ihre Hütte haben?

Das kann ich gar nicht sagen. Das ist unwirtschaftlich. Felsen, Dornen, die Bäume hab' ich selbst gepflanzt. Die Weide hier ist über dreißig Jahre alt.

Haben Sie sich einen Gemüsegarten für Ihre Selbstversorgung angelegt?

Nein, nein. Nein, nein.

Warum nicht?

Das lohnt sich nicht. Weil die Seeluft, die ist zu scharf im Frühjahr. Das wächst dann auch nicht. Und von dem Regen, da wächst ja auch alles Unkraut. Aber das soll wohl so sein, nicht?

Langweilen Sie sich nie?

Nein, nein, Langeweile, das finde ich nicht, daß ich Langeweile habe.

Haben Sie in all den Jahren keine Langeweile gehabt?
Das kann ich gar nicht sagen, nein. Wenn Regenwetter kommt, so wie gestern den ganzen Tag, na ja, dann ist schlecht, dann hat man eben Langeweile. Ich geh' dann spazieren, auf und ab hier.
Lesen Sie?
Och, wissen Sie ... Zeitung halt ich nicht ... Und dann hab' ich da so einen kleinen Apparat ...
Ein Radio?
Einen Transistor. Da höre ich Nachrichten, Wetterbericht, und denn, so wie gestern abend, da war Wunschkonzert um neunzehn Uhr dreißig. Da nahm ich den Apparat in die Hand und ging hier an den Strand, langsam auf und ab und ließ die Musik spielen. Und zuletzt setz' ich mich dann hier auf den Stuhl, bis der Schluß war so gegen Viertel nach neun.
Haben Sie eine Uhr, ist Zeit für Sie wichtig?
Ja, ich muß doch so ungefähr den Tag wissen, wie der so abläuft.
Überlegen Sie sich denn morgens beim Aufwachen, was Sie an dem Tag machen wollen!
Das ist je nachdem. Wenn es hell wird morgens, dann steh' ich allmählich auf. Heute morgen bin ich um sechs Uhr aufgestanden. Ein bißchen spazierengegangen, 'ne gute Stunde. Dann hab' ich mich nochmals schlafen gelegt. Der Ofen, der war schön in Gang, schön warm. Als ich wieder aufstand, na, dann hab' ich erstmal Kaffee getrunken.
Und dann sind Sie wieder spazierengegangen?
Ja, aber da im Schatten, da kam nämlich die Sonne schon raus, und ich kann die Sonne nicht so ab.
Haben Sie einen guten Kontakt zur Bevölkerung?
Ich bin von Natur aus ja ein geselliger Mensch mit den Nachbarn. Aber ich gelte für sie als Fremdling. Manchmal benehmen sie sich auch ein bißchen komisch.
Wieso komisch?

Als ob ich hier so ein Eindringling sei, der nichts zu suchen hätte hier am Strand. Durch die Bank zeigen sie mir ja eine freundliche Miene.

Haben Sie schon mal Feindseligkeiten erfahren?

Ja, insofern, daß sie nicht vertragen können, daß ich als Junggeselle, als Einsiedler hier lebe. Das ist ihr größter Kummer.

Hat man schon mal versucht, Ihnen die Dorfschönen zu verkuppeln?

Ganz oft sogar. Aber meist ältere Jahrgänge. Und wenn ich nicht darauf einging, dann kamen sie mit jüngeren, ganz jüngeren Jahrgängen. Und da bin ich auch nicht drauf eingegangen. Und da haben sie gesagt, ja, das ist aber komisch.

Halten Sie denn nichts von Frauen?

Wissen Sie, mich interessieren ... ich bin ein großer Mädchenfreund.

Aber nur platonisch?

Ja – platonisch, aber auch ... Man kann sich mit den Frauen, auch älteren Jahrgängen, nett unterhalten. Ich weiß ja, Frauen die keinen Mann haben, die wollen gerne einen Mann betreuen. Aber Liebschaften mit den älteren Frauen, das hat's bei mir noch nie gegeben. Aber die jüngeren Jahrgänge ... Gestern zum Beispiel war bei mir eine Jugendgruppe aus dem Jugendlager, so Vierzehn-, Fünfzehnjährige mit einer zwanzigjährigen Zeltbetreuerin. Sah leider nicht so gut aus, aber an ihren Augen da war schon zu sehen, daß sie auch sexy und so weiter ist und so allerlei durchgemacht hat. Ja, sag' ich, ich hoffe immer noch, so ein Mädchen von euch zu finden, in eurem Alter. Und da sagt das zwanzigjährige Mädchen, aber doch nicht, wenn Sie über sechzig Jahre alt sind. Ja grade, sag' ich, grade. Nicht als Frau, sondern als kleine Sekretärin. Damit sie sich einleben bei mir. Sie kann bei mir noch viel lernen ...

Was denn zum Beispiel?
Schreibmaschine schreiben zum Beispiel. Junge Mädchen wollen ja auch eine Anstellung haben. Und den Kursus bezahle ich dann.
Von einer netten, älteren Witwe wollen Sie sich also nicht verwöhnen lassen?
Gar nicht, gar nicht. Und wenn sie Geld mitbringt.
Auch dann nicht, wenn sie viel Geld mitbringt?
Hier in der Ortschaft wohnen ja sehr viele, und neuerdings ist da ein Mann verstorben. Die Frau, die hat ein ganz neues Haus geerbt. Da haben die Nachbarn auch versucht, hier, wie wäre das. Nö, sag' ich, die schönste Villa interessiert mich nicht, dazu kann sie auch eine Million Bargeld mitbringen. Das interessiert mich auch nicht.
Sie möchten lieber was Jüngeres?
Ja, wenn's darauf ankommt, da hab' ich ja so viele an der Hand.
Haben Sie denn manchmal mit denen Liebschaften?
Ja, das will ich Ihnen sagen, als sehr, sehr junger Mann sogar.
Wann?
Sechzehn, siebzehn.
Da haben Sie schon die ersten Abenteuer mit Frauen gehabt?
Ja, ja. Weil ihr ja Frauen seid, will ich euch erzählen, wie das so war in Hamburg. Das war in den zwanziger Jahren. Da sagt das eine Mädchen zu mir, aber die waren sehr solide, das waren keine Stadtmädchen, waren alle berufstätig. Sagt die eine also, nee, was sagt sie noch, du mußt doch auch man was anderes tun, als nur küssen und knutschen. Ja, sag' ich, da lauf' ich aber Gefahr, sag' ich, daß ich, äh ... will mal so sagen, daß es da Nachwuchs gibt. Dann heißt das nachher bezahlen. Ja, meinte sie, man kann doch heiraten. Ich sage, du weißt doch ganz genau – sie war achtzehn Jahre – daß ich

noch gar nicht heiraten will. Ich will doch meine Laufbahn bei der Seeschiffahrt machen.
Sie haben nie bereut, daß Sie nicht geheiratet haben?
Das habe ich nicht, bis zum heutigen Tage nicht.
Sie können ja auch heute noch heiraten!
Ja, wenn ich das will, ja.
Sie wollen auch für die Zukunft lieber allein bleiben?
Erst mal noch, ja.
Und später?
Ja – ja, diese jungen Mädchen, diese Vierzehn-, Fünfzehnjährigen, Sekretärinnen nenne ich die. Nicht als Frau. Später kann man sie ja auch, wenn sie wollen, dann heiraten. Aber sie haben bei mir den Unterhalt und lernen bei mir und so weiter, aber ich sage nichts von sexy.
Haben Sie in Ihrer Hütte denn zwei Schlafzimmer?
Zwei Schlafzimmer?
Ich meine, wenn Sie so ein Mädchen aufnehmen, müssen Sie doch zwei Schlafzimmer haben!
Ja, aber wissen Sie, das ist so: In den früheren Jahren, als ich in Hamburg wohnte, durfte man gesetzlich gar nicht in einem Raum zusammenwohnen. Aber heute sieht man doch so viele Liebespaare, die haben eine Wohnung gemietet und leben zusammen wie verheiratet. Aber wenn's danach geht, ja, ich habe zwei Räume. Wenn ich das wollte... Aber vielleicht kann man ja auch in einem Raum.
Haben Sie schon mal jemanden aufgenommen, der hier bei Ihnen für längere Zeit gewohnt hat?
Nein, das gar nicht.
Vermissen Sie manchmal Menschen?
Gar nicht, gar nicht. Ich liebe das Alleinsein hier.
Und als Sie jünger waren?
Nein gar nicht. Und wenn ich wollte, ich geh' ja manchmal in die Stadt. Und wenn die Kapelle spielt in Glücksburg am Strand, dann geh' ich da auch schon mal hin.

Haben Sie Angst vor dem Winter, wenn es kalt wird?
Nein, dann freue ich mich, wenn die Sommersaison zu Ende geht, daß ich dann mehr einsamer bin. Da freue ich micht darüber. Der Ruhe wegen.
Warum ist Einsamkeit für Sie so wichtig?
Ja, in der Natur, wissen Sie. Ich will mal auf die biblische Geschichte zurückkommen. Man sagte damals, Jesus ging in die Wüste vierzig Tage. Oder war das Moses? Ich weiß nicht mehr. Spielt ja auch keine Rolle. Ja, was will er da in der Wüste? Er wollte mal abgeschieden sein von den Menschen. Sich geistig erbauen. So ungefähr geht mir das.
Denken Sie denn hier viel nach?
Das tue ich, ja.
Worüber?
Hauptsächlich über die Menschen. Das Bestehen der Erde. Wie lange das noch gutgehen soll.
Und was meinen Sie dazu?
Tja, wir sind ja zum Weltende gekommen. In der biblischen Geschichte steht ja, die Menschen haben die Erde selbst verdorben. Läßt sich ja denken mit den Atombomben und so weiter. Teuflische Dinge haben die Menschen erfunden, das dürfte ja gar nicht sein. Dadurch haben sie die Erde sozusagen ruiniert. Das funktioniert alles gar nicht mehr natura.
Die Natur funktioniert nicht mehr?
Die ganze Natur, das funktioniert alles nicht mehr.
Können Sie das hier bei sich beobachten?
Die Menschen werden immer schlechter, nich, ist doch wahr! Statt besser, man sagt, gottähnlich in der Bibel, stellt sich bei den Menschen das Gegenteil ein. Werden immer schlechter, die Menschen. Sie achten nicht mehr das Leben ihrer Mitmenschen. Sie verstoßen gegen die Natur und gegen die Menschen. Eigentum zerstören sie.
Haben Sie manchmal Angst?

Nein, das sind diese jugendlichen Räuberbanden, die wissen aus Übermut nicht, was sie tun sollen. Neulich waren da welche, die haben hier von Gästen die Schlauchboote kaputtgemacht. Aber die Attentäter, die haben sie gefaßt, das waren so sechzehnjährige Jünglinge.
Und haben Sie keine Angst, daß man Sie überfällt?
Angst nicht – wenn da mal solche kommen sollten, solch 'ne jugendliche Räuberbande, dann wach' ich ja auch auf. Und einen Schlagstock, den hab' ich immer bei der Hand, wenn es darauf ankommt.
Könnten Sie sich vorstellen, in der Stadt zu leben?
Ich habe in Hamburg gewohnt, früher, in Friedenszeiten. Wie noch nicht der Zweite Weltkrieg war. In einem Haus ganz oben, die obere Etage, mit unverschlossener Tür.
Könnten Sie sich heute vorstellen, wieder in der Stadt zu wohnen?
Nein, nein, nein, nein, nein. Würd' ich nicht mehr wagen. Mit unverschlossener Tür.
Sie könnten ja auch abschließen.
Ja, im allgemeinen heute, wenn man so vom Treppenhaus reinkommt, die Wohnungstür, die schließt man ja immer ab.
Wo würden Sie denn lieber wohnen, in der Stadt oder hier am Strand?
Hier.
Warum?
Ja – ich kann in der Stadt gar nicht schlafen.
Warum können Sie in der Stadt nicht schlafen?
Weil ich die Ruhe nicht habe. Das ist mir alles zu unnatürlich in der Stadt. Da hört man Autofahren und auch mal nach Mitternacht besoffene Leute rumgrölen.
Was ist hier für Sie das Wichtigste?
Die Einsamkeit und die Ruhe. Die Natur-Ruhe.
Ist es nicht sehr kalt im Winter?

Ich heize Tag und Nacht.
Woher kriegen Sie denn ihr Wasser?
Ich habe eine Naturquelle, da hinter der Weide, und habe im Kanister immer abgefüllt Trinkwasser.
Haben Sie Strom?
Nein, nein, Strom hab' ich nicht.
Worauf kochen Sie dann? Haben Sie einen Propangaskocher?
Ja, aber da ist die Flasche leer. Ich habe Spiritusgas immer und Petroleumgas. Habe auch Gaslicht und Kerzen.
Vermissen Sie nichts von der Zivilisation?
Ja, das will ich Ihnen mal sagen. Das kann ich gar nicht mal so beantworten. Wenn ich alles habe, so natura, die grünen Büsche hier, dann vermisse ich gar nichts.
Waren Sie schon mal krank in den fünfunddreißig Jahren?
Ernstlich nicht. Ich bin solide, ganz solide, da ist man nicht krank. Aber vor fünfzehn Jahren, da war ich mal in einen Autounfall verwickelt. Als ich damals aus dem Krankenhaus rauskam, da war hier alles feucht und klamm. Die Leute aus der Nachbarschaft, die haben ein Schild aus Jux gemalt, wegen Betriebsferien geschlossen. Das war am 10. Oktober, an dem Nachmittag schien die Sonne. Da ging ich erstmal rein und habe meinen Ofen in Gang gemacht. Ich habe ein Holzfeuer gemacht, da wurde es ja schnell warm. Und ich war so, als wenn ich taub war. Ich nahm nichts mehr wahr vom Wellenschlag, merkwürdig war das.
Haben Sie keine Angst vor dem Älterwerden und vor dem Kranksein?
Nein, ich empfinde es als natürlich, daß man mit jedem Tag seinem Ende entgegengeht. Wie die Pflanzen.
Sie sind glücklich hier?
Ich wollte es gar nicht anders haben.
Gut, wenn das jeder von sich sagen könnte ... Dürfen wir einmal in Ihre Hütte rein?

Nein, lieber nicht, ich bin ja noch nicht eingerichtet. Da liegt alles kunterbunt durcheinander. Einmal hab' ich welche reingelassen, zwei Polizisten wegen dem Protokoll damals mit der Räuberbande. Die schlugen die Hände überm Kopf zusammen, als sie das sahen. Aber ich hab' gesagt, das kommt alles noch in Ordnung. Man muß nichts übereilen. Da haben die gesagt, hier fehlt eine Frau. Und da sag' ich, das kommt ja alles noch ...

DR. MED. ROLFSON

Rolf Rolfson, 40, Vater Restaurator alter Handschriften, wußte mit 18 Jahren ganz genau, daß er von Deutschland die Nase voll hatte und rauswollte. Macht Abitur und studiert Medizin, weil er den Menschen in der Dritten Welt Know-how mitbringen wollte. Wird mit 31 Jahren Leiter eines Leprakrankenhauses in Äthiopien.

ARZT IN AFRIKA

In welchem Alter stand es für Sie fest, daß Sie nicht in Deutschland leben würden?
Mit fünfzehn oder sechzehn hatte ich den ganz festen Wunsch, im Ausland zu arbeiten. Als Kind wollte ich Förster werden, draußen in der Natur sein, aber das ist nicht so einfach, Forstbeamter zu werden in Deutschland. Da hat mir jemand eingeredet, ich müßte Missionar werden. Das hab' ich ganz kurz versucht, ich bin ein Jahr auf ein christliches Internat gegangen, die Missionare ausgebildet haben. Aber ich hatte mehr den Wunsch, mit'm Jeep durch die Wüste zu fahren, als Geologe. Die Lehrer meinten, da mußt du aber gut rechnen können. Rechnen, das ist nichts für mich. Na ja. Geologie war nur Mittel zum Zweck. Kurz vorm Abitur mußte ich mich entscheiden. Ich bin ganz zielstrebig den Abiturientenkalender durchgegangen. Ich wußte damals ganz sicher, daß ich die Nase voll hatte und rauswollte.
Was gefiel Ihnen nicht?
Zum Beispiel die Bevormundung. Wir durften in dem Internat, das war 1957, keine Bluejeans tragen, kein Hemd über die Hose, mußten die Haare kurz schneiden. Ich habe mich gefragt, in welchem Beruf kannst du überall arbeiten? Irgendwann kam ich auf Medizin.
Worüber haben Sie Ihre Doktorarbeit geschrieben?
Über immunologische Arbeiten mit Tuberkulosebakterien, wieweit die Immunologie die Abwehr des Körpers durch Fette und Öle unterstützt und entwickelt. Es leitete auf Ernährungsfragen über. Irgendwann kam mein Doktorvater dann mit dem Vorschlag, ich sollte nach Äthiopien gehen. Er wußte, daß ich unbedingt rauswollte.
Aber Sie hätten doch auch nach Äthiopien gehen können vor oder nach dem Abitur, ohne erst eine lange Ausbildung als Arzt zu machen.
Da haben mir einige, zumindest eine Person geholfen, das ist der Schriftsteller Lewandowski. Der hat ein Buch geschrie-

ben »Genie und Eros« und mehrere Sachen über Gauguin. Ich hab' mich also theoretisch mit dem Problem beschäftigt. Gauguin ist ja damals rausgegangen, und viele andere. In den Bibliotheken habe ich versucht, möglichst viel über solche Leute zu bekommen. Ich hab' mich auch an so einen Menschen gewandt, der ist im Kanu den Amazonas runtergefahren.

Was haben Sie davon behalten?

Von Gauguin weiß man nicht viel. Alles, was man heute hat, auch dieses Buch »Noa-Noa«, ist ja nicht von ihm selbst geschrieben. Der hatte ziemliche Schwierigkeiten, der war natürlich auch relativ alt, als er rausgegangen ist, und konnte sich nicht mehr viel ändern. Er hat dort unten Krieg geführt gegen die Kirchen und alles mögliche, hat sich sehr in die Nesseln gesetzt und kam natürlich in dieser kleinen Gesellschaft nicht weiter. Er mußte immer weiter wegziehn. Wieder auf andere Inseln und wurde da gemieden. Lewandowski sagt, man muß erst den Beruf fertigmachen. Dadurch hat man dann die Möglichkeit, wieder zurückzukommen. Was nutzt jemand im Ausland, der nichts kann.

Also zwei Gesichtspunkte. Einmal der rein egoistische, sich die Hintertüre offenhalten...

...ja...

...und zweitens, ich helfe den Menschen mehr, wenn ich für sie etwas tun kann.

Ja. Man ist draußen nur erwünscht oder kann nur etwas tun, wenn jemand gebraucht wird in dieser kleinen Gesellschaft. Ich muß schon sagen, daß es aus meinem eigenen Wunsch, dem Wunsch des Ichs, herausgekommen ist. Nicht aus dem Wunsch, kleinen Negerkindern zu helfen. Sehr frühzeitig kam mir auch folgender Gedanke, daß ich hier in Deutschland in einer sehr guten Ausgangssituation bin. Als Kind wenigstens einigermaßen satt geworden in den Kriegsjahren. Ich habe selbst nie etwas zu meiner Ausbildung

getan – außer zu lernen –, ich hab's bezahlt bekommen.
Haben Sie deswegen ein schlechtes Gewissen?
Nein, das nicht. Aber ich habe ziemlich früh empfunden, daß daraus eine Art Verpflichtung erwächst, anderen, die diese Chance nicht haben, einen Teil davon abzugeben. Diese Erkenntnis ist erst gekommen, nachdem ich im Ausland war und die Situation draußen gesehen habe. Draußen sind viele, die intelligenter, fleißiger sind als ich, aber die Möglichkeit nicht haben, das zu lernen, was sie möchten, den Beruf ergreifen zu können, den sie möchten, die Verantwortung in der Gesellschaft zu übernehmen, daß sie also gehemmt sind aufgrund der wirtschaftlichen Situation des Landes und der Situation ihrer Familie. Das brachte mich zu der Überzeugung – und das ist jetzt nicht logisch konstruiert –, daß einem aus Dingen, die einem geschenkt worden sind, Verpflichtungen erwachsen. Nicht unbedingt aus Dingen, die ich mir selbst erarbeitet habe, aber aus solchen, die mir geschenkt worden sind. Für mich als Arzt bedeutet das, daß ich Kranke heile oder daß ich anderen wieder die Möglichkeit gebe, eine Ausbildung zu machen. Mich hat besonders beeindruckt, daß es solche Modelle in Äthiopien gibt. Wenn einer einen Beruf hat, dann bezahlt er dem Nächsten, seinem Bruder oder einem Freund, dessen Berufsausbildung. Er sagt, ich hab' die Ausbildung bezahlt bekommen von jemandem, und ich bezahle wieder eine. Ich weiß nicht, wie alt das System ist. Aber das wurde zum Teil auch von einigen Europäern übernommen. Ich hab' einem Krankenpfleger die Ausbildung bezahlt.
Damals, als ich das Angebot vom Institut bekam, nach Äthiopien zu gehen, hatte ich eine gute Bekannte, die wollte ich ganz gern mitnehmen. Da sagt mein Chef, das geht nicht, das ist ein katholisches Zentrum, entweder heiraten Sie oder bleiben Sie hier. Na ja, bei mir ist das so, daß ich die anderen nicht brauche, aber eine starke persönliche Bindungsfähig-

keit habe. Also gut, habe ich mir gesagt, dann heirate ich eben. Hab' mir einen Tag freigeben lassen, das war acht Tage vor dem Abflug, ich hatte es vierzehn Tage vorher erfahren, daß es für zwei oder drei Jahre losgeht.

Und die junge Dame war nicht überrascht?

Nö, das war ihr, glaub' ich, recht. Ja, wir sind dann Hals über Kopf ausgereist. Ich war an der Bindung interessiert, ich glaubte nicht, daß man jahrelang auseinander sein könnte. Ich hab' meinem Chef gesagt, nun geben Sie mir doch um Gottes willen mal ein Buch über Lepra, wenn ich da unten ein Krankenhaus mit hundertsechzig Betten leiten muß. Nein, sagt er, lesen Sie kein Buch! Sie lesen da etwas Falsches, gehn Sie runter und schauen Sie sich alles an und machen sich Ihre eigenen Gedanken.

Sie sollten das Krankenhaus leiten?

Ja, ich war der einzige Arzt. Hundertsechzig Betten und Außendienst...

Alles Lepröse?

Nur am Anfang. Ich hab' das dann über die Hälfte mit normalen Kranken aufgefüllt. Und dazu der Außendienst für die Provinz, die so groß wie die Bundesrepublik Deutschland war. Wir hatten zwölftausend registrierte Leprapatienten, fünftausend in regelmäßiger Behandlung und zum Schluß fünfundfünfzig Behandlungsstationen draußen.

Alle unter Ihrer medizinischen Verantwortung? Hatten Sie keine Angst davor? Immerhin waren Sie erst einunddreißig.

Das hat mir nichts ausgemacht. Ich hatte mehr persönliche Freiheit als hier. Ich habe keine Angst vor Problemen. Es macht mir Spaß, Probleme zu lösen, so tüfteln, wie kann man das am besten machen.

Sie wollen Probleme lösen, medizinische Probleme, es macht Ihnen Spaß. Wird nicht irgendwo der Mensch dabei verges-

sen, für den man das eigentlich tun sollte? Wird er nicht zum Objekt? Zum Sekundären?

Bevor ich nach Äthiopien kam, waren mir die grundsätzlichen Probleme dort bekannt, aber natürlich nicht die Menschen. Wenn ich mit den Menschen schlecht ausgekommen wäre, wären die Probleme sehr groß gewesen, vielleicht unüberwindbar. Dort unten habe ich Menschen vorgefunden, mit denen ich sehr gut zusammenarbeiten konnte, das hat die Arbeit sehr leicht gemacht und war sicher der Grund, warum die Arbeit gut funktionierte.

Haben Sie sich nicht ein bißchen wie der liebe Gott gefühlt?

Ich habe versucht, die Abhängigkeit der Schwarzen von den Weißen, die unten sehr schlimm war, abzubauen. Die mußten also noch fragen, wen sie heiraten durften. Die kamen zu mir und sagten, darf ich heiraten? Ja, was fragst du mich denn eigentlich? Natürlich dürft ihr das, ihr seid doch frei, das ist euer Land, das sind euere Frauen, natürlich dürft ihr das. Das war eine Antwort, die sie von Europäern nicht gewohnt waren. Die Weißen waren die Herren.

Was mich sehr erstaunt hat, war die Freundlichkeit der Menschen und ihre Fröhlichkeit in der Armut, in der Arbeit. Zumal die Mädchen, die jeden Tag zum Markt über zehn Kilo Milch tragen mußten, ich hab' die oft im Wagen ein Stück mitgenommen, weil die so lustig waren. Die waren vielleicht vierzehn, fünfzehn Jahre. Hier würde man sagen, Kinderarbeit. Es ist nicht die Arbeit, die sie unglücklich macht, aber auch nicht die Arbeit, die sie glücklich macht. Das fiel mir als erstes nach meiner Rückkehr nach Deutschland auf, daß hier jeder mit einem brummigen Gesicht herumläuft. Keiner lacht auf der Straße.

Wie lange waren Sie in Äthiopien?

Zweieinviertel Jahre.

War die ganze Zeit Ihre Frau dabei?

Ja.

Wenn Sie ohne Ihre Frau gegangen wären, hätten Sie das anders gesehen?
Noch intensiver. Noch intensiver, ja.
So daß Sie es bereuen, daß Ihre Frau dabei war?
Wir wußten schon nach einem halben Jahr, daß das nicht geht. Sie hatte nicht viel Interesse an dem Land, sie ist kaum gereist. Auch der Kontakt zu den Einheimischen war mehr von oben herab. Ein bißchen Unsicherheit vielleicht.
Überlegten Sie nicht, daß Ihre Frau vielleicht nur Ihretwegen, aus Liebe, mit Ihnen gegangen war und daß Sie im Grunde eine gewisse Verantwortung für sie hatten?
Das war ein Zentrum, in dem ungefähr fünfzehn Europäer waren, mit Swimmingpool und allem drum und dran, mit eigenem Bungalow. Da kann man auch als Europäerfrau leben.
Sie haben da ein ganz gutes Leben geführt?
Ja, mit Kühlschrank, Herd, Strom und Wasser und allem, was man so braucht.
War das wichtig für Sie? Hätten Sie es auch gemacht, wenn Sie das nicht gehabt hätten?
Natürlich! Ich habe mich über die fünf Zimmer geärgert, ich habe absichtlich zwei nicht bewohnt. Ich bin nie in den Swimmingpool gegangen, weil die Einheimischen nicht an das Wasser durften. Die hatten kein Trinkwasser, und wir haben in Trinkwasser gebadet!
Hätten Sie als leitender Arzt nicht durchsetzen können, daß die Schwarzen …
Das hab' ich versucht.
Und?
Das endete nach zweieinviertel Jahren damit, daß ich das Zentrum verlassen mußte.
Hatten Sie damals Ideale, die Sie heute nicht mehr haben?
Das ist gleich geblieben. Da hat sich nichts geändert.
Was sind das für Ideale? Damals wie heute?

Daß es wichtigere Dinge gibt als das, was wir heute in den Vordergrund stellen, wie zum Beispiel die Politik. Daß andere Werte wichtiger sind, Gastfreundschaft, Bekanntschaften, Toleranz, einfache Hilfestellung. Das ist unabhängig von der Politik. Es kommt auf das Subjektive zwischen den Beziehungen an. Natürlich, wenn mir ein politisches Regime verbietet, Gastfreundschaft zu leisten oder medizinische oder andere Hilfestellung, wenn ich also einen Guerilla, der zu mir in mein Haus kommt und eine Schußwunde hat, nicht behandeln darf. Da hört's eigentlich auf. In solch einem Land würde ich nicht arbeiten. Diese einfachen Dinge wurden damals im Kaiserreich gewahrt. Äthiopien galt als totalitär, obwohl ich nie etwas gemerkt habe. Da konnte man genauso leben, auch als Einheimischer, wie hier.

Vorhin waren Sie der nüchtern Analysierende, jetzt sagen Sie, wie wichtig im Grunde nur das Menschliche ist.

Die Menschen, die in den Ländern leben, die haben das Menschliche in die Wiege gelegt bekommen, auch durch die Erziehung. Wir müssen es vielleicht erst wiederfinden. Wir müssen wieder was lernen, was wir verloren haben. Oder was vielleicht durch unsere Umwelt und Erziehung, Einflüsse von außen, verschüttet worden ist.

Sie sind durch Nachdenken menschlicher geworden?

Sicher auch. Ich bin früher sehr viel mehr politisch interessiert gewesen, auch in Richtung Sozialismus, ein bißchen links tendiert. Das ist nicht mehr. Heute sehe ich die Notwendigkeit der menschlichen Begegnung.

Ist diese Entwicklung zum Menschlichen hin durch Ihren Aufenthalt in Äthiopien gekommen?

Ja, das war sehr entscheidend, ja. Weil ich viele Dinge gesehen habe, die man hier nicht kennt, von denen man meint, daß sie unmöglich sind, und viele andere Lebensformen gesehen habe, die erstaunlicherweise funktionieren. Wir glauben ja immer, daß nur unser Weg der richtige ist. Es

leben Menschen ganz anders. Da kommt das Problem der Vielehe und der Moslemreligion und ... ich habe zum Schluß, wenn möglich, nur noch Moslems eingestellt, weil die ehrlicher waren als die Christen da unten. Die Menschen leben anders und sind zufrieden, zufriedener, als ich es bin und andere Menschen hier. Man erfaßt das vom Gefühl, aber man muß nachdenken, um es zu verstehen, und es analysieren, warum ist das, und was steht dahinter, warum sind sie zufriedener? Dann muß man das eigene Weltbild umändern.
Ich will Ihnen ein Beispiel sagen. Es gab dort einen Missionar, einen katholischen Priester, der hat ein Lepradorf gebaut. Daneben hatte er eine Praxis, und das Geld, was er verdient hat, tat er in das Lepradorf. Der ist mal von einem deutschen Professor gefragt worden, wie viele Patienten haben Sie denn? Er sagte, das weiß ich nicht, aber heute hab' ich zweihundert Decken verteilt. Das hörte ich am Anfang meines Aufenthaltes und hab' das als Anekdote erzählt, um zu beweisen, wie schwachsinnig das ist. Weil doch klar ist, daß da einer dreimal hingeht und sich eine Decke holt. So ist eben ein Äthiopier, und so dumm sind Weiße. Nach den Jahren kam ich drauf, daß das ab einem gewissen Punkt die einzige Möglichkeit ist, etwas zu tun, daß es an einem gewissen Punkt einfach reicht, Decken zu verteilen. Wenn sich jemand zwei holt, holt er sich zwei. Und wenn er das ausnutzt und sie verkauft, ist das nicht meine Schuld.
Was Sie sagen, bedeutet doch, daß man sein ganzes Leben dazu braucht, wieder von dem wegzukommen, was man in seiner Jugend, bis zum Abitur und bis zum Staatsexamen, lernt, nämlich logisch denken und analysieren, um wieder zum Ursprung des Menschen zurückzukommen.
Weil wir anders erzogen worden sind. Weil wir diese ursprünglich menschlichen Empfindungen nicht mehr haben, müssen wir heute diesen intellektuellen Weg gehn, um wieder an diesen Punkt zu kommen. Noch ein Beispiel. Da

war damals die Dürrekatastrophe. Da zogen Herden mit wenigen Menschen aus der Steppe raus und versuchten, in Tälern, die genügend Wasser hatten, zu überleben. Äthiopier standen am Straßenrand mit einem Sack voller Brötchen und verteilten sie. Kein Europäer. Auch von uns nicht. Wir haben gesagt, die sind ja schon kurz vor dem Tal. Sicher, da war was dran. Wer wirklich ganz einfach caritativ geholfen hat, das waren Äthiopier. Zum Teil im Anzug. Also höhergestellte Leute. Auch der Kaiser ist rumgefahren und hat Wäsche verteilt. Die Europäer haben darüber gelacht. Doch er kennt sein Land sehr viel besser als die Europäer. Das ist, was die Leute brauchen. Was haben sie von fünfzig Mark? Was haben sie davon, wenn er zum nächsten Farmer geht und ihn enteignet? Gerade die Jüngeren, die kommen sich schlauer vor, die sagen, man muß die Welt verändern. Aber wenn man genug von der Welt gesehen hat, sieht der Weg anders aus. Am Ende steht, daß man ganz einfach das gibt, was man hat, teilt.

Eine christliche Gedankenwelt?

Das machen Moslems auch, stehen solche Ideen nicht hinter jeder Religion? Diese Empfindungen sind rein menschlich-fürsorglich. Sie haben nichts mit einer Religion zu tun und nichts mit dem Verstand.

Zu Anfang unseres Gesprächs haben Sie das logische Denken doch sehr hoch gesetzt.

Ja, weil es mir im Leben Zeit spart. Wie auch das Lesen von Büchern. Man liest sowieso aus einem Buch nur das raus, was man lesen kann, wofür die Augen offen sind. Deswegen findet man, wenn man später ein Buch durchliest, wieder ganz neue Passagen. Auf diese Art spart man viel Zeit, dadurch kann man sein Leben verlängern. Der Auslandsaufenthalt hat einen Zeitraffereffekt. Man sieht mehr, man erfährt mehr, man lernt mehr über das Leben kennen, über sich oder andere. Man sieht, aus wie vielen verschiedenen

Dingen die Welt zusammengesetzt ist.
Welche Sprache haben Sie dort gesprochen?
Es gibt vier große Sprachen, und von allem etwas, aber ich habe immer Dolmetscher dabeigehabt. Denn es sind ja alles Stämme dort mit ihren eigenen Sprachen. Aber die Regierungssprache habe ich nie gelernt, weil ich zu den Leuten am wenigsten Kontakt hatte. Das ist mir offiziell etwas übelgenommen worden. Ein Mitglied der kaiserlichen Familie, der in Salem und in San Francisco erzogen wurde, fragte mich einmal, warum können Sie unsere Sprache nicht? Der war schon eine andere Generation, bewußt aggressiv. Der Kaiser selbst, der war nicht so, nicht der Buhmann, als den ihn viele hinstellen wollen. Es war ein sehr weiser Mann, der hat erreicht, das Land zu entkolonialisieren, hat dadurch die Armut erkauft, aber die Eigenständigkeit gewonnen.
Wann sind Sie aus Äthiopien wieder nach Deutschland zurückgekommen?
1973. Es war für mich gefühlsmäßig sehr schwer, aus Äthiopien wegzugehn. Der Abschied war sehr schwer.
Warum sind Sie weggegangen?
Ich mußte.
Gab es Schwierigkeiten?
Ja, mit der Organisation, deren Krankenhaus ich leitete. Ich konnte nicht länger im Zentrum bleiben. Der dortige Verwalter, der Landwirt war, sagte, Sie bekommen kein Geld mehr, Sie bekommen keinen Wagen mehr, das Haus nehm' ich Ihnen weg.
Weil Sie zu Einheimischen freundlich waren?
Letztlich ja.
Was hat man Ihnen als Begründung angegeben?
Unruhestifter. Ich habe bei mir einmal sechzehn Leute gehabt, die den Verwalter umbringen wollten. Habe die halbe Nacht gebraucht, um denen das auszureden. Es waren einfache Sachen: Die Weißen haben in Trinkwasser geba-

det, und unsere Krankenpfleger, die zum Teil Abitur hatten, durften kein Trinkwasser von uns bekommen, mußten Wasser aus dem Fluß nehmen zum Trinken. Wo wir mit dem Wagen durchfuhren. Wir hatten Kinder zur Behandlung, die hatten seit anderthalb Jahren kein Stück Fleisch, kein Ei, keine Milch gehabt. Wir haben vierzig Milchkühe gehabt, sechzig Kühe zum Schlachten, fünftausend Hühner mit sechzigtausend Eiern auf Lager, die weggeworfen wurden!

Gab es keine Stelle, wo Sie sich beschweren konnten?

Nein, das wurde alles abgebogen. Außerdem – ich war angestellt, und ich mußte meinem Arbeitgeber gegenüber loyal sein. Es hilft auch nichts.

Das Zentrum ist inzwischen aufgelöst, die sind sicher auch ein Stück schlauer geworden.

Auf eigene Faust konnten Sie nichts machen, dort bleiben und weiterhelfen?

Nein, ich hatte kein Geld, man braucht zu allem sehr viel Geld. Ich weiß nicht, ob ich schon soweit bin zu sagen, es genügt, wenn ich dort lebe, ein bißchen verdiene und denen davon einen Teil abgebe. Ist das wirklich eine Hilfe, oder bleibt man ein Fremdkörper? Im Prinzip neige ich dazu, die Leute zu fragen, was wollt ihr denn haben? Wir sollten nicht bestimmen. Die kennen ihre Probleme besser als wir.

Haben Sie gefragt?

Ja! Die haben Kleinigkeiten. Sie haben mal Fieber, sie haben Wurmerkrankungen...

Gut, das können Sie als Arzt doch alles ohne viel Geld heilen.

Dazu braucht man keinen Arzt. Man muß ihnen nur zeigen, wenn du Würmer hast, nimmst du die Tablette. Und wenn du Fieber hast, Malaria, brauchst du die Tablette, so und so oft. Man sollte die Selbsthilfe dieser Leute fördern. Dazu muß ich die Anerkennung der Regierung haben, ich kann nicht einfach reingehn. Ich werd' nicht registriert als Arzt. Diese Staaten haben heute eine Ärztekammer, ich muß registriert sein und darf nur ärztlich tätig sein, wenn ich als Arzt registriert bin.

Bürokratismus auch in der Wüste. Wenn ein junger Mensch, der nicht Arzt ist, meinetwegen Buchhalter, nun sagt, mir reicht's, ich will ganz einfach leben, und wir wollen ruhig auch glauben, daß er das durchhält, was kann der tun?

Ja, welches Know-how will er denn weitergeben?

Er will nur menschlich helfen.

Dann kann er nichts weitergeben.

Menschlich etwas geben!

Menschlich! Die haben ihre Mütter und haben ihre Väter und ihre Onkel, wo sie Rat suchen können, sie haben ihre Weisen im Dorf... Der Bauer im Dorf braucht keine Menschlichkeit, die hat er genug, er braucht von uns unsern Verstand, unsere Ausbildung, unser Know-how. Er kann zum Beispiel jemandem eine Ausbildung bezahlen, er kann zu einem Volksschullehrer hingehen und sagen, hast du irgendeinen, ein Kind, das nicht genug Geld hat, ich bin bereit zu helfen.

Man soll lieber versuchen, hier mitzumachen, Geld zu verdienen, dieses Geld zu nehmen und dann gezielt einzusetzen?

Ja, entweder Wissen oder finanzielle Mittel einsetzen.

Was haben Sie gemacht, als Sie nach Deutschland zurückkamen?

Ich wollte wieder raus. Meine Frau nicht. Die wollte das »richtige Leben« in unserer Gesellschaft leben, und mir war klar, daß ich einen anderen Lebensweg wollte als meine Frau. Es hatte sich im Alltag gezeigt, daß unsere Wege und Vorstellungen weit auseinandergingen. Im Alltag kittet man sehr gut in unserer Gesellschaft hier. Das ist im Ausland schlecht möglich. Dort ist ein Zeitraffereffekt. Man merkt im Ausland sehr viel schneller, ob man zusammenpaßt oder nicht. Hier geht das alles wunderbar, man kann weggehn, man kann fernsehn, man kann... notfalls Karten spielen. Man kann die Differenzen immer wieder zudecken. Das geht im Ausland nicht. Weil man zu eng aufeinander lebt. Mein Frau drängte darauf, daß ich in Deutschland eine Praxis aufmachte und gesellschaftlich hier richtig mit ihr leben würde.

Wie standen Sie dazu? Es war ja wirklich die alternative Möglichkeit, als Sie zurückkamen. Als Arzt verdient man gut in Deutschland. Wahrscheinlich hätten Sie inzwischen einen großen Wagen, ein Haus...

Ich hätte dabei das Gefühl, daß ich mich zur Ruhe setze, weil der Alltag sehr trist ist. Weil das immer wieder dasselbe hier ist. Das bedeutet, daß ich die nächsten zwanzig Jahre morgens ein Stockwerk tiefer gehe, in die Praxis, und abends wieder hochkomme, immer dasselbe. Es gibt Menschen, die passen wunderbar hier in die Gesellschaft rein und welche, die passen sich nicht so gern an. Die verzichten auf einiges, dafür bekommen sie anderes dazu, was für sie wichtig ist.

Was ist für Sie hier unwichtig?

Der übliche Luxus. Es fängt schon bei der Einrichtung der Wohnung an.

Was ist noch unwichtig?

Fernsehn, Theater, die typischen Zeichen unserer westlichen Kultur. Damit meine ich, was wir typischerweise sehen, nicht das, was die Kultur wirklich ausmacht, die wichtigen Bücher zum Beispiel, das ist weiter wichtig. Aber der ewige Mußgang zum Theater, man geht auch mal in die Oper oder Operette, Repräsentation, viele Probleme in unserer Gesellschaft, die für mich keine mehr sind. Politische Probleme, zum Teil auch die Umweltproblematik, die sehr hochgespielt wird. Oder das Problem, ob der Mann unbedingt bei der Geburt dabeisein muß. Es fehlen meiner Meinung nach tiefe emotionelle Erlebnisse. Deswegen gucken die Men-

schen sich im Fernsehen Operationen an oder die Kambodscha-Kinder. Schmerz und Elend sind wenigstens Gefühle. Man hat ja sonst keine tiefen Gefühle mehr. Dazu gehört auch die Geburt. Sie war was Alltägliches, mit Schmerzen Verbundenes. Heute wird narkotisiert, in München auf Wunsch bei Kerzenlicht entbunden. Die Menschen, die nicht rauskommen, meinen, daß unsere Probleme hier die Probleme der Welt sind und unsere Lösungen die Lösungen für die Welt.
Je mehr man sieht, je mehr man an Eindrücken, an Einzelwahrheiten erfährt, um so mehr wird man dem wirklichen Bild des Menschen und der Erde näherkommen. Das führt zu Toleranz. Daß man einfach dulden kann, daß ein anderer Mensch anders lebt. Auch dulden kann, daß ein Mensch mich nicht akzeptiert, unsere Welt nicht akzeptiert.
Was empfanden Sie, als Sie nach Deutschland zurückkamen?
Ich hatte das Gefühl, in eine sehr traurige, sehr öde Welt zurückzukommen. Es hat natürlich auch mit den Farben zu tun, aber besonders fielen mir die traurigen, öden Gesichter auf. Die Menschen sind sehr ernst, verbissen. Man hat das Gefühl, daß jeder ein ziemliches Los zu tragen hat, ziemlich schwer schleppt. Obwohl er gar nichts tragen muß, man sieht gar nichts.
Was glauben die Menschen hier zu schleppen?
Sie leiden sicher mehr unter Zwängen als viele Afrikaner. Obwohl wir sagen, die Afrikaner haben Zwänge. Aber sie leiden nicht darunter. Die Freiheit, die wir haben, macht meiner Meinung nach den Menschen hier das Leben schwieriger. Die Afrikaner haben ihre klaren Gesetze, nach denen sie leben. Sie müssen sich an diese Spielregeln halten. Sie wissen, daß ein Ausbrechen nicht statthaft ist. Dadurch ergibt sich ein kleiner Freiheitsspielraum. Sie akzeptieren es. Sie haben nicht das Gefühl, ausbrechen zu müssen. Sie

sind daran gewöhnt, in der Gesellschaft zu leben, und daß die Gesellschaft ihnen gewisse Gesetze auferlegt.

Und wir?

Wir zweifeln alles an, rütteln an allem, versuchen, alle Grenzen einzurennen, die es gibt, egal, in welcher Richtung, und erkaufen uns dadurch eine persönliche Isolation. Wir verlieren Kontakte untereinander, weil wir alle Einzelkämpfer sind. Wenn man überhaupt anfängt, dann in einer Zweierbeziehung. Es hat keinen Sinn, über Toleranz zu sprechen, Gruppentoleranz und Randgruppentoleranz, wenn man gegenüber Kindern oder dem Partner keine Toleranz hat.

Wollen Sie die Welt verbessern?

Nein, ich will vielleicht meine eigene Welt verbessern. Wenn ich ausreichend fest auf beiden Beinen stehe, kann ein anderer dabeisein, der nur auf einem Bein steht. Das, was ich noch zu tun habe, an Denken und an Erkennen, davon lerne ich mehr in Afrika. Oder in einem anderen Entwicklungsland.

Wollen Sie da Ihr Leben verbringen bis zum Ende?

Nein. Nein, das werde ich nicht können. Denn ich bleibe immer ein Fremdkörper. Ich kenne auch das Gute, was unsere Gesellschaft hat. Sie hat den riesigen Vorteil, daß bei uns keiner zu hungern braucht, daß auch derjenige, der keine Arbeit hat oder krank ist, Geld bekommt, um seine Familie und sich zu ernähren. Daß, wenn jemand will, er jeden Beruf lernen kann, den er möchte. Wenn er wirklich will. Daß auch jemand die Freiheit hat, nicht arbeiten zu brauchen, und trotzdem ein Auskommen hat, leben, wohnen und essen kann. So wie ich meine Zukunft jetzt überblicken kann, ist mein Wunsch, so lange wie möglich in Entwicklungsländern zu arbeiten und mich dann an einen sehr ruhigen Ort, wahrscheinlich in Europa, zurückzuziehen.

Um was zu tun?
Vielleicht über meine Erfahrungen schreiben. Ich finde es immer sehr traurig, wenn Menschen, die die Welt kennen, die sechzig, siebzig sind, mit all ihren Erfahrungen von einem Tag zum anderen zurücktreten, in einem Altersheim verschwinden und all ihr Wissen nicht weitergeben. Man sollte von Menschen, die viele Erlebnisse gehabt haben, einfach verlangen, daß sie ihre Meinung niederschreiben.
Sie sagten, daß Sie auf jeden Fall wieder raus wollen. Aber Sie sind einige Jahre – nach Ihrer Rückkehr aus Äthiopien – in Deutschland geblieben.
Das hat einen bestimmten Grund. Ich habe nach meiner Rückkehr eine Facharztausbildung zum Hautarzt gemacht. Ich hatte da unten gemerkt, daß die Menschen unter Kleinigkeiten mehr leiden als unter den großen Krankheiten, an die wir immer denken. Eine Wurmerkrankung oder eine Malaria gehört fast zum Leben dort. Aber das persönlich stärkste Leiden sind die Hauterkrankungen. Da hab' ich wirklich unglückliche Menschen gesehen, weil es ein ganz persönliches Schicksal ist. Das trifft nicht alle, das gehört nicht zum Leben. Ein Mädchen, das eine braune Haut hat und diese Weißfleckenerkrankung bekommt, für die ist das Leben gelaufen. Sie wird nie geheiratet werden. Deshalb fand ich Interesse an Dermatologie und habe meine Facharztausbildung gemacht.
So daß Sie diese Zeit in Deutschland wieder ganz zielbewußt genutzt haben? Woraufhin?
Zielbewußt einen Bereich in der Medizin auszusuchen, in dem ich dem einzelnen am meisten helfen kann. Und einen Bereich auszusuchen, in dem ich möglichst wenig auf Technik angewiesen bin. Wo ich all mein Wissen im Kopf oder einem kleinen Notizbuch habe, keine großen Geräte brauche, keinen Operationstisch.
Was geben Ihnen die Menschen in Afrika, was Sie hier in

Deutschland nicht von ihnen bekommen?
Sie sind ehrlicher, freundlicher, nicht so verkrampft. Sie sind zu freundschaftlichen Bindungen bereit, ohne allzuviel zu fordern. Manche freundschaftliche Bindungen können ja sehr belastend sein. Dort ist das Zusammenleben einfacher. Mich beeindruckt die Gastfreundlichkeit der Menschen, und ich lerne davon. Ich konnte es als Kind schon nicht verstehn, daß bei uns zu Hause kein Sofa angeschafft wurde, weil ja Leute übernachten könnten. Und das ist da unten anders, ungezwungener. Ich möchte noch viele Dinge lernen in dieser Richtung. Jede Gesellschaft hat in ihrer Entwicklung eigene Regeln des Zusammenlebens aufgestellt. Ich glaube, daß einige Regeln in unserer Gesellschaft den ganz einfachen, vorher erwähnten Regeln des menschlichen Zusammenlebens, Hilfsbereitschaft, Toleranz, Freundschaft, Gastfreundlichkeit entgegenlaufen. Vielleicht ist es notwendig in unserer Gesellschaft, vielleicht kann sie nicht mehr anders funktionieren. Aber andere Gesellschaften funktionieren noch anders. Man wird sich mit zunehmendem Alter die Frage, warum habe ich gelebt, war es gut oder schlecht, immer öfter stellen. Und man braucht Antworten dafür, triftige Antworten. Viele Menschen sind im Alter verzweifelt und verbittert, weil sie keine Kontinuität sehen, keinen Sinn mehr finden.
Natürlich kann ich verstehen, daß die Menschen dort nicht gleich begeistert sind, nur weil jemand da reinkommt, der so aussieht wie ich. Warum sollen mir diese Leute deswegen um den Hals fallen? Ich habe aber das und das zu bieten. Wenn euch das soviel wert ist und ihr das braucht, dann bin ich bereit, in eurer Gesellschaft zu leben. Aber das kann ich sicher nicht auf Dauer in afrikanischen Gesellschaften, denn da ist die Hautfarbe der Haupthinderungsgrund. Ein Weißer kann noch so lange leben dort, er wird kein Afrikaner.
Also jemand, der in ein Entwicklungsland geht, soll über-

legen, was er den Leuten bieten kann. An purer Menschlichkeit haben sie ausreichend. Dafür braucht keiner rauszugehen. Das können wir eher von ihnen lernen. Er soll eine der üblichen Reisen ein Jahr lang um die Welt machen. Aber möglichst nicht auf Kosten dieser Menschen leben, das ist nämlich inzwischen Mode geworden. In kaum einem Land ist noch ein Rucksackmann, Tramper, willkommen. Das war er vor zwanzig Jahren überall.

Also diese Typen, die ankommen und sagen, nun gebt mir mal zu essen, zu trinken und einen Schlafplatz, ihr seid ja so gastfreundlich.

Ja. Derjenige, der mal in einigen Jahren wirklich in Not kommt, der wird verhungern, weil ihm kein Einheimischer mehr hilft. Ich kenne einen, der ist in äthiopischen Wüstengebieten umhergezogen. Damit er umsonst leben konnte, hat er gelernt, wie man als Moslem betet, hat sich als Moslem gekleidet und gesagt, ich brauche gar nichts mitzunehmen, ich bekomme da alles von den Leuten. Die Leute, die waren am Verhungern, am Existenzminimum. Das find' ich eine unheimliche Schweinerei. Und dann nach Deutschland zurückgehen, Bücher schreiben, Filme drehen, Geld verdienen. So verderben wir moralisch die Welt. Das ist etwas ganz Schlimmes: Wir bewundern, daß alte Kulturen noch so leben, wie wir denken, daß es gut war, und gleichzeitig machen wir sie kaputt aus angeblich guten Motiven. Dieser Mensch zum Beispiel gibt vor, daß er die Welt kennenlernen will, aber in Wirklichkeit will er nichts anderes als sich bei anderen Leuten durchfressen.

Das ist genau dasselbe, wenn landwirtschaftliche Projekte in einem Nomadenland gemacht werden. Man nimmt ihnen natürlich das beste Weideland, macht einen wunderbaren landwirtschaftlichen Musterbetrieb, aber keiner von den Einheimischen will da arbeiten. Dadurch drängt man die Nomaden weiter raus auf die Wüstengebiete, wo sie verhungern. Sicher sind die Hungersnöte auch ein Resultat der zunehmenden landwirtschaftlichen Projekte, die den Nomaden das Land nehmen.

Sie leben dort wie ein Europäer...

Wir sind Europäer, wir müssen wie Europäer leben, nur dann kann man was leisten. Das kann ich nicht in einer Hütte, da brauche ich einen klaren, kühlen Kopf. Der Afrikaner ist nicht faul, wie man so immer sagt, er leidet nur genauso unter der Hitze wie wir. Wenn man acht bis zehn Stunden arbeiten muß, muß man ein Refugium haben, um sich zu erholen. Wenn der Afrikaner das hätte, könnte er sicher auch mehr arbeiten.

Fühlen Sie sich als Aussteiger?

Ich fühle mich in der Gesellschaft hier nicht sehr wohl. Weil sie einen gewissen Preis fordert, der mir für viele Dinge zu hoch erscheint. Manche Menschen können den Preis bezahlen, für manche ist er etwas hoch. Ich müßte mich sehr ändern, um mich hier voll einleben zu können. Sehr vieles aufgeben. Aber vielleicht ist das ein Entwicklungsprozeß, vielleicht kommt das mal automatisch.

Sie halten mehr davon, nach Afrika zu gehen als hier zum Psychiater?

Ja, das auf jeden Fall. Ich bin sehr skeptisch gegenüber psychiatrischen Dingen, sehr skeptisch ...

Es gibt Menschen, die sich dagegen wehren, sich über irgend etwas zu freuen. Sie sagen, sie haben ein schlechtes Gewissen, wenn sie sich über etwas ganz normal freuen. Weil ihnen das nicht zustehe, weil es soviel – angeblich – Elend auf der Welt gäbe. Das geben sie als Erklärung: Ich kann nicht glücklich sein, wenn irgendwo ein anderer verhungert. Da sollten wir mal einen Afrikaner fragen, wie er die Natur, die menschliche Natur, sieht. Es ist immer eine traurige Sache, wenn jemand stirbt oder wenn jemand verhungert. Aber ich glaube, daß gerade diese Kulturen uns am ehesten noch Freude gönnen, auch wenn es Elend auf der Welt gibt. Man darf nur nicht mit dem Gedanken rausgehen, für immer in einer heilen Welt leben zu wollen.

Gibt es denn da unten die heile Welt?

Sicher eine heilere Welt. Wo man sich vielleicht sehr wohlfühlen würde. Aber man kann dort nicht leben, man wird immer Außenseiter bleiben. Man sollte nicht mit dem Gedanken rausgehen, sich dort einen Platz zum Leben zu suchen, das sollte nicht der Sinn sein, das geht nicht. Er wird dann jemand sein, der aus unserer Gesellschaft ausgeflippt und woanders nicht reingekommen ist. Man muß so viele Erfahrungen sammeln, daß man zurückkehren kann. Möglicherweise erst, wenn man alt ist, und sich dann einen ruhigen Ort suchen, wo man seinen Neigungen entsprechend leben kann, in seiner eigenen Kultur. Ich kenne Europäer, die in Afrika ihr Leben lang gelebt und versucht haben, eine Heimat zu finden. Auch alte Leute. Ich kenne einen alten Mann, einen Österreicher, der im Busch lebt in Äthiopien. Eine Hütte und eine Decke hatte, in Plastik einen schwarzen Anzug. Hat sehr primitiv gelebt, ist von allen Menschen ausgenutzt worden. Der war gestrandet.

Warum ist er gescheitert?

Ja, er hat sicher Afrika geliebt. Das Land und auch die Natur und die Landwirtschaft. Er war begeisterter Landwirt. Aber er hat keine Arbeitsmöglichkeiten gefunden. Er hat immer wieder kleine Projekte bekommen, sollte Landwirtschaft aufbauen, dann wollten die nach einem Jahr das große Geld sehen, das wurde nichts, da haben sie ihn wieder rausgeworfen.

Also Geld überall.

Ja, er wurde von den andern Europäern sehr verachtet. Er war nicht unglücklich, er war lustig, über siebzig schon. Aber er konnte sein äußeres Leben nicht so leben, wie es ihm entspricht. Im Busch hat er also kleine Bänkchen hingebaut, unter den Bäumen, hat eine kleine Aussichtsstelle gehabt, ist mit einer Luftmatratze auf den Fluß gefahren und hat Krokodile eingemacht...

Es gibt ja diesen Satz, daß viele vor ihrem Tode zu der Stelle zurückkehren, wo sie geboren worden sind. Was mir im Ausland persönlich schwergefallen ist, war, auf die Jahreszeiten zu verzichten. Ich liebe Nebel und Regen. Den gab es da nicht. Irgendwann ärgert einen der ewige blaue Himmel, die Sonne. Es sind die Kindheitserlebnisse, daß man am Fenster gestanden und die ersten Schneeflocken gesehen hat, das waren die größten Erlebnisse viele Jahre lang. Dieses wunderbare Gefühl, wenn Schnee liegt. Wenn man als Kind nachts in der Gegend rumrennt oder durch einen Wald läuft. Und das vergißt man nicht. Im Alter möchte ich auf jeden Fall in Nordeuropa leben. Irgendwo im Nebel, nicht weit von der See. Wo es viel Regen gibt. Wenn man bewußt lebt, kann man sehr viel Zeit gewinnen.

Anmerkung: Dr. Rolf Rolfson ist seit einem Jahr wieder als Arzt in einem Entwicklungsland tätig, im ärmsten Teil der westafrikanischen Sahelzone.

FRIEDRICH MAY

Friedrich May, 53, Vater Studienrat, Kriegsabitur, Studium der Publizistik in Aachen, selbständig. Zieht sich vor 20 Jahren mit Frau und Sohn auf einen Berg in der Eifel zurück. Versucht hier, sein persönliches Paradies zu verwirklichen.

BERGBEWOHNER UND NATURSCHÜTZER

Das hier ist also Ihre Insel der Seligkeit.
Das angestrebte Paradies, wobei ich die Betonung auf angestrebt lege, denn erreichen tut man das nicht. Unsere Insel ist sehr begrenzt und reicht nur genau bis zur Einfriedung. Dahinter ist die Welt nicht heil.
Haben Sie die Grenze selber gezogen?
Die Grenze mußten wir selber ziehen. Wir waren von der Voraussetzung ausgegangen, daß wir die heile Welt antreffen würden. Aber die gibt es, glaube ich, nirgends.
Auch nicht auf Ihrem Berg hier?
Nur bis zur Grenze, das schon, bis dahin ganz bestimmt.
Wie viele Quadratmeter umfaßt Ihre heile Welt?
Leider nur fünfzigtausend.
Fünf Hektar heile Welt ist schon nicht schlecht...
Es ist wenig für eine heile Welt, aber für uns ist es reichlich, denn wir müssen die ja intakt halten.
Reichlich von der Arbeit her oder ausreichend für Sie vom Anspruch her?
Vom Anspruch her kann sie gar nicht groß genug sein. Aber von der Arbeit her ist es mehr als reichlich.
Sie können doch das ganze Gelände nicht alleine in Ordnung halten?
Ich tue es aber. Ganz alleine. Meine Frau hilft im Rahmen ihrer Möglichkeiten. Mein Sohn ist krank, der kann nicht aktiv mitmachen.
Wie lang sind die Wege hier?
Die ausgebauten? Etwa einen Kilometer. Aber da kommen möglicherweise noch ein paar Kilometer hinzu, wenn wir das Gelände aufgliedern.
Wie sind Sie gerade auf diesen Berg gekommen?
Mein Vater hat ihn 1940 gekauft. Völliges Ödland. Ackerland oder bebautes Land hätte man damals nicht kaufen können. Als ich mich hierhin zurückzog, habe ich noch etwas dazu erworben.

Wenn ich mich umschaue – man kommt sich wirklich vor wie in einem Paradies. Wie sah Ihr Paradies vor vierzig Jahren aus?

Schrecklich! Das war eine Wüste aus Brombeeren- und Schlehenhecken. Ich war eigentlich, als ich den Berg das erste Mal sah, schrecklich enttäuscht. Mein Vater hatte uns damals auf einer Postkarte geschrieben, ich hab' die noch genau vor Augen; ich mache euch die freudige Mitteilung, daß wir Besitzer des Keltenberges geworden sind.

Ich setzte mich voller Erwartung auf mein Fahrrad und fuhr mal eben die drei Stunden von Köln bis hier. Mein Vater erwartete mich in seiner Pension. Wir gingen dann die Straße rauf. Auf einmal kommen wir unten um die Kurve. Er bleibt stehen und sagt: Ja, sag' mal, siehst du denn gar nichts? Nein, sage ich, ich sehe nichts. Und dann stellt er sich hin und deklamiert auf der Straße: Sei mir gegrüßt, du Berg mit dem rötlichen Streifengipfel. Mein Vater war ein großer Verehrer von Goethe. Und ich sehe einen Berg, der nur bestanden war mit Brombeeren und Schlehen, zwischendurch standen auch ein paar Bäume, aber die waren sehr verkrüppelt, durch den Wind wahrscheinlich, der immer hier draufliegt. Und mein Vater sagt dann: Also das ist der Keltenberg. Ich dachte, mein Gott, dafür bist du hergekommen.

Inzwischen hatte mein Vater sich aber schon umgesehen und Macheten gekauft. Lange Buschmesser, wie man sie in Brasilien oder im Urwald braucht. Mit diesen Macheten haben wir uns zuerst mal einen Weg durch die Brombeerhecken geschlagen. Dabei hatten wir ja beide von praktischer Arbeit keine Ahnung. Mein Vater war Studienrat am Gymnasium in Köln, und ich war dreizehn, hatte so ein Ding noch nie in der Hand gehabt. Also wir sahen schlimm aus, zerkratzt von oben bis unten. Innerhalb von vier Tagen haben wir uns überhaupt mal einen Weg gebahnt.

Ihr Vater war noch nie oben gewesen?
Nein, konnten wir nicht, alles war zu.
Wann erreichten Sie zum erstenmal die Spitze?
Drei Monate später. Am 21. Januar 1941. Wir standen oben und waren wirklich ergriffen von der Schönheit der Landschaft. Zudem war es noch Abend. Ein ganz eigenartiger Abend, ich erinnere mich genau. Der 21. Januar ist auch heute noch ein ganz eigentümlicher Tag. Der Sonnenuntergang findet genau hinter der Burg Hohenfels statt. Wenn man Glück hat, und es ist ein klarer Tag – ruhig ein bißchen nebelig –, dann steht die Sonne wie eine riesige Scheibe genau hinter der Burg. Die wirkt dann ganz plastisch. Wie ein Schattenriß.
Haben Sie sich damals vorstellen können, daß Sie einmal Ihr Leben hier verbringen würden?
Nein, überhaupt nicht.
Sie haben nach dem Krieg Ihr Abitur qemacht?
Nachgemacht, Sonderlehrgang für Kriegsteilnehmer. Dann habe ich in Aachen Publizistik studiert. Ich bin dort als freier Journalist geblieben. Da verdiente man nicht das Salz in der Suppe. In Köln habe ich dann versucht, Messeberichte zu schreiben, und hatte sehr großes Glück mit einem Bericht über die Fotokina, den ich unterbringen konnte. Zweihundertsiebzig Mark bekam ich, ein Vermögen.
Wann war das?
Das war 1950. Und das war ein Vermögen. Meine Frau und ich waren selig und sahen uns schon richtig im Geld schwimmen. Das war damals sehr wichtig, denn man hatte ja nichts. Es war schwierig, beim Journalismus unterzukommen. Überall wurde man gefragt: Auf welchem Fachgebiet haben Sie schon gearbeitet? Haben Sie promoviert? Und dann kam die lächerlichste Frage: Haben Sie Auslandserfahrung? Ja, woher hätte ich die Auslandserfahrung haben sollen, wenn vorher Krieg war, danach Nachkriegszeit und Stu-

dium. Bis auf diesen einen Artikel habe ich nichts mehr unterbringen können.

Hat Ihnen das viel ausgemacht, daß Sie so wenig Geld hatten?

Doch, das war schrecklich.

Sie wollten Karriere als Journalist machen?

Karriere machen ist der falsche Ausdruck. Aber ich glaube, das geht jedem jungen Menschen so. Man steht außerhalb der Gesellschaft, und man möchte gern integriert sein, aber man findet den Weg nicht. Um das zu kaschieren, gibt man sich zwangsläufig als Feind der Gesellschaft und sagt: Das ist ja alles falsch, diese Pfeffersäcke ...

Waren Sie damals so?

Ja, absolut. Das ist die Phase, in der jeder Jugendliche mehr oder weniger rot oder rötlich wird, bis er nämlich selbst die Möglichkeit bekommt, daran teilzuhaben. Man sieht das am besten bei den Demonstranten der sechziger Jahre. Die sind inzwischen alle in Amt und Würden, voll integriert und nehmen sehr gern am Konsumterror teil.

Bis auf einige. Wann haben Sie denn angefangen, eigenes Geld zu verdienen?

Wir haben etwas ganz Schlimmes tun müssen, also für mich das Allerschlimmste, meine Reporterfotoausrüstung verkaufen an einen Gebrauchtwarenhändler. Wir haben einen Spottpreis dafür bekommen und damit einen alten Lieferwagen angezahlt. Er war Baujahr '37, hatte den ganzen Krieg mitgemacht, ist bei der Shell gefahren und bei der großdeutschen Wehrmacht. Er ist in Norwegen gewesen und in Rußland. Er war aber auch in Afrika bei Rommel. Mit diesem Wagen nun wollten wir ins große Geschäft starten. Meine Frau entwarf dazu ein Bild, mein Konterfei und ihres. Sehr einfach gemalt, und dazu schrieb sie dann: Als Geschäftsleute grüßen Gertrude und Friedrich May. Nun fragen Sie mich nicht, womit wir gegrüßt haben.

Was war das für ein Geschäft?
Wir haben mit Obst und Südfrüchten gehandelt. Damals war die Freßwelle. Als dann die Einrichtungswelle kam, haben wir auf Haushaltsgeräte umgesattelt. Das war ein tolles Geschäft. Als wir unser erstes großes Geld auf dem Konto hatten, stiegen wir in die Textilbranche um.
Also, all diese Jahre von 1948 bis 1960 war Ihr Leben doch sehr vom finanziellen Aufbauen und Geldverdienen bestimmt.
Ja, ich glaube auch, daß das die wichtigste Phase ist überhaupt im Leben, daß man eine Grundlage bekommt. Heute gibt es soziale Auffangmöglichkeiten noch und noch. Aber damals, wenn man nicht spurte, dann ging man kaputt. Also man mußte.
Sie hätten sich doch damals schon hier auf Ihren Berg zurückziehen können. Sind Sie nie auf den Gedanken gekommen?
Nein, hier war doch nichts.
Gut, als Sie sich schließlich hierhin zurückzogen, war ja auch noch nicht viel mehr da. Sie wollten doch die freie Natur, den Himmel und auf den Äckern Kartoffeln anpflanzen.
Ich war im Winter 1946/47, das war ein fürchterlicher, kalter, langer Winter, alleine auf dem Berg. Da bin ich fast verhungert. Da hatte ich kennengelernt, daß es ohne nicht ging.
Das heißt, man braucht immer Geld.
Ja. Es ist eine Utopie zu sagen, man braucht es nicht. Und es ist auch falsch, wenn man heute glaubt, ach ja, man kann sich schon irgendwie durchbringen.
Auch zum Aussteigen gehört Geld?
Zum Aussteigen gehört auch Geld. Für mich ist das Aussteigen nicht eine Frage, daß man damit die Welt ändern kann, sondern man muß die Menschen ändern. Es sind zwei ganz verschiedene Ausgangspunkte. Die Weltverbesserer sind

mir sehr suspekt. Vor denen habe ich Angst. Menschenverbesserer, die müßte es geben, aber das wird man nie schaffen, den Menschen zu verbessern. Er ist so, wie er ist.

Aber bis 1960, um das kurz zu Ende zu führen, war für Sie das wichtigste, wo verdiene ich jetzt am meisten?

Ja.

Welche Konjunkturwelle war denn inzwischen erreicht?

Inzwischen war alles gesättigt. Der Markt war ziemlich satt. Da kam meine Frau auf die glorreiche Idee, das Handwerk hat einen goldenen Boden. Wir hatten ja inzwischen ein ganz schönes Kapital angesammelt. Handwerk, nun gut. Was immer geht, das ist Leichenbestatter, Hebammen, Friseure, Bank, oh, da fiel das Stichwort: Friseur. Gertrude hat einen Kursus besucht und die Meisterprüfung gemacht.

In Frankfurt?

In Frankfurt. Wir wollten eine Kette Friseurgeschäfte aufmachen unter der Bezeichnung »Salon Elegance«. So daß wir unsere eigenen Großhändler gewesen wären.

Es war Ihnen also nicht genug, diesen einen Laden zu haben, obwohl Sie gut davon hätten leben können?

Es ging darum, wir wollten ja frei werden. Wir wollten uns durch die Geschäfte freimachen von den Zwängen, denen man ausgesetzt ist. Man geht morgens in den Laden rein, bleibt bis abends drin und sagt sich, das war ein verlorener Tag. Es sei denn, man findet seine Befriedigung darin, daß man die wachsenden Konten begutachtet und sagt, ah, jetzt habe ich schon wieder was mehr verdient. Aber man lebt ja nicht für die Konten, sondern man lebt für sein Leben. Umgekehrt ist es, daß die Konten fürs Leben da sind.

Hinzu kamen noch verschiedene andere Dinge, also das wirtschaftliche, das politische und das soziale Leben gefiel mir nicht. Ich war damals schon drauf und dran auszubrechen. Ich wollte raus.

Aus Frankfurt raus?

Ich wollte aus Frankfurt, ich wollte aus Deutschland raus, ich wollte aus Europa raus.

Warum?

Ich fand, es war hier zu kleingeistig, zu engstirnig, man stieß überall an Grenzen. Man fühlte sich überall eingeengt. Es waren, ach, ich möchte sagen, praktisch auf jedem Gebiet waren es Dinge, die mir nicht gefielen.

Vom Geschäft her ging es uns ja recht gut, aber ich meine, das ist nicht die Hauptsache.

Ein Unwohlseingefühl?

Ja, ja. Wir überlegten, ob wir nicht auswandern wollten.

Wohin?

Kanada war uns damals als Ausreiseland eigentlich am sympathischsten.

Warum gerade Kanada?

Wegen der Weite. Die Nichtbeengtheit in diesem Land, die Möglichkeit, sich selbst zu entwickeln.

Was beengt Sie in Deutschland am meisten?

Was mich furchtbar stört in der Stadt, das ist dies Eingezwängtsein in Mauern. Man läuft über Asphalt, man läuft über Steine und sieht die Masse Menschen.

Aber nicht nur räumlich, sondern auch im psychischen Sinne, die Beengtheit in der geistigen Entfaltung.

Haben Sie ein Beispiel?

Oh, da gibt es viele Beispiele. Sehen Sie, ich bin beispielsweise religiös liberal. Und das ist ganz schlecht. Wenn man Kinder hat, dann darf man das schon mal nicht sein. Und in Diskussionen eintreten über Politik, das ist noch schlechter.

Warum darf man das nicht sein, wenn man Kinder hat?

Wenn man Kinder hat, müssen sie irgendeiner Konfession angeschlossen sein. So war es damals jedenfalls unabdingbar, daß wir die Kinder in die katholische Schule schickten.

Sind Sie in der Kirche?
Nein, ich bin ausgetreten. Ich bin aus der Überzeugung ausgetreten, daß ich zu christlich denke, um noch katholisch sein zu können. Ich konnte das nicht mit meinem Glauben vereinbaren, dieser Organisation anzugehören, die zweitausend Jahre Vergangenheit noch nicht bewältigt hat mit den vielen Millionen Inquisitionstoten. Die das Unrecht, was damals begangen worden ist, bis heute noch nicht gutgemacht hat. Sie sollte es tun, und wenn sie es an den Betroffenen selbst nicht mehr tun kann, dann sollte sie es tun bei den Menschen, die heute leben und die dringend die Unterstützung der Kirche brauchen, siehe in Lateinamerika. Und was tut die Kirche? Sie tut nichts dafür. Sie bleibt distanziert.
Sie konnten Ihr Kind nicht erziehen, so wie Sie wollten?
Wir mußten einen Anschein geben. Das paßte mir nicht.
Daß die Gesellschaft von Ihnen erwartete, eine gewisse Rolle zu spielen ...
Ja, genau. Deswegen der Wunsch auszuwandern.
Wieso landeten Sie dann hier auf dem Keltenberg?
Das Schlüsselerlebnis war der Tod meines Vaters. Er starb sehr plötzlich. Mein Vater sprach sieben Sprachen, hat sich immer sehr engagiert in seinem Leben, und nun war er auf einmal nicht mehr da. In dem Augenblick sagt man sich, alles das, was du machst, ist doch sehr begrenzt. Logischerweise kommt dann die Frage, leben wir eigentlich richtig? Nun gut, jetzt hatten wir den Keltenberg, und hier war nichts.
War inzwischen mit der Machete nicht ein bißchen mehr weggeschlagen?
Mein Vater war nicht in der Lage gewesen, das alleine zu machen. Es sah schlimm aus. Wir fragten uns, ja, wofür haben wir den Keltenberg? Erste Antwort darauf: als Altersruhesitz wunderbar. Und dann kommt als nächstes die Frage, ja, erleben wir denn das Rentenalter? Werden wir

überhaupt so alt? Denn wir wollten ja auch gerne die Früchte der Arbeit genießen, nicht nur wie die Wilden schuften, sondern auch was davon haben.

Wie alt waren Sie da?

Moment, dreiunddreißig.

Mit dreiunddreißig haben Sie schon gesagt, so, jetzt haben wir genug gearbeitet?

Ja, nee, aber zu sagen, das soll jetzt endlos so weitergehen mit dem Arbeiten. Wieder ein neues Geschäft, Ärger mit dem Personal.

So daß Sie sich sagten, ich habe die Nase voll. Ich geh' jetzt mit Frau und Kind auf den Berg, und wir leben da.

Wir haben die Frage des Bedürfnisses zuerst einmal geklärt. Wir hatten gesagt, es kommt nicht darauf an, viel zu konsumieren, sondern es kommt darauf an, zufrieden zu konsumieren. Wenn Sie unsere privaten Räume sehen, glauben Sie, Sie kommen in eine Klosterzelle. Man stellt auf einmal fest, was alles nicht nötig ist. Und wenn Sie meinen privaten Wagen sehen wollen, ich hab' gar keinen. Und wenn Sie unsere sonstigen Ambitionen dazu nehmen, wir haben keine. Wir hatten während unserer ganzen Ehe noch keinen Urlaub ...

Früher, in Frankfurt, doch sicher aus geschäftlichen Gründen nicht?

Die Angst hat uns immer im Nacken gesessen! Wir hatten so schwere Anfangsjahre erlebt, daß wir immer Angst hatten, es könnte mal wieder rückläufig werden, wir könnten wieder an den Ausgangspunkt zurückgeworfen werden. Ich glaube, daß die Angst bestimmend war. Schreckliche Angst. Diese Existenzangst. Zuerst reinzukommen und nachher die Angst, das wieder zu verlieren.

Die Belastung des Eigentums.

Ja eben. Aus Frankfurt weggegangen wären wir auf jeden Fall.

Was störte Sie am meisten?
Die Zwänge im allgemeinen. Daß man gezwungen war, einen Tag wie den anderen regelrecht zu verschleißen...
... sich selbst zu verschleißen.
Ja, sich selbst zu verschleißen im Alltag. Und abends zu sagen, allenfalls wirkt sich das auf dem Konto aus. Aber das Konto ist so unmaßgeblich, das ist so nebensächlich, heute ist es für uns vollkommen egal.
Heute, aber früher auch?
Nein, denn wir waren ja damals viel mehr Zwängen ausgesetzt, als wir es heute sind. Wir wohnen heute auf unserer Insel. Die Insel ist völlig lastenfrei. Wir selbst sind bedürfnislos, derart bedürfnislos.
Aber Sie müssen doch irgendwovon leben.
Das hat der Finanzbeamte auch gesagt. Wir hatten im vergangenen Jahr eine Betriebsprüfung. Zuerst kam eine junge Dame, die sich die Sporen verdienen wollte. Ganz jung von der Schule. Ja, sagte sie, Ihr Privatverbrauch, der ist so niedrig, damit kann man doch gar nicht auskommen. Ich habe ihr unsere Privaträume gezeigt. Würden Sie so wohnen wollen? Nein, sagt sie, ich nicht. Ich sage, Sie haben einen Privatwagen? Ja, selbstverständlich. Hat doch heute jeder. – Ich nicht. Sie haben Ihre Urlaubsreise gemacht? Ja, natürlich. – Ich nicht. Ich sage, rechnen Sie alleine mal zusammen, wenn ich dreißig Jahre lang jedes Jahr in Urlaub gefahren wäre und hätte fünftausend Mark ausgegeben im Durchschnitt. Das wären einhundertfünfzigtausend Mark plus Zinsen und Zinseszinsen. Aber wir sind auch nicht ausgegangen. Wir haben uns nichts, aber auch wirklich gar nichts gegönnt. Wir haben nicht gelebt, wenn Sie Konsum mit Leben gleichsetzen.
Sie konnte es nicht verstehen. Sie war entsetzt. Sie hat ihren Vorgesetzten zu Hilfe geholt. Ich sage, fragen Sie doch mal im Dorf unten. Wir sind nämlich bekannt. Im ganzen Dorf

sagt man, so wie die leben, wollen wir nicht leben. Das ist die Auffassung der Leute! Wir wollen so leben!

Hält man Sie im Dorf für einen Sonderling?

Wir verstehen uns nicht, weil wir verschiedene Sprachen sprechen.

Als Sie von Frankfurt hierher zogen, hatten Sie da keine Angst vor dem »einfachen Leben«?

Nein.

Sie hatten keine Sorge, daß Sie irgend etwas, was eine Großstadt wie Frankfurt Ihnen bieten konnte, hier vermissen würden?

Als wir hierher zogen, hatten wir uns überlegt, was tun wir, wenn uns die Einsamkeit erdrücken sollte. Da haben wir gesagt, wir haben ja jederzeit die Möglichkeit, mal wieder für einen Tag nach Frankfurt zu fahren.

Haben Sie es gemacht?

Nicht ein einziges Mal.

In all den Jahren nicht?

Wir haben Frankfurt nie wiedergesehen.

Können Sie erklären ...

Das Bedürfnis fehlt. Wir sind hier voll ausgelastet. Das ist ein so vollkommener Lebensbereich, den wir hier haben, wir vermissen nichts. Das ist genauso, als wenn ich beispielsweise vermissen würde, Alkohol zu trinken. Das vermisse ich nicht, dann ich bin nie Alkoholiker gewesen.

Sie haben zwar in der Großstadt gewohnt, aber die Großstadt hat Ihnen nie viel gegeben?

Nein, im Gegenteil, einsamer gemacht.

Sie sind hier weniger einsam als in der Großstadt?

Selbstverständlich. Wir waren in der Großstadt allein. Wir waren den Tag über im Geschäft, und im Geschäft drehte sich alles nur um das Geschäft.

Aber trotzdem haben Sie hier auf dem Berg ein kleines Hotel gebaut. Sie beherbergen Gäste.

Wir hatten uns überlegt, im ersten Jahr wird uns die Einsamkeit wahrscheinlich gefallen. Diese totale Freiheit und Unabhängigkeit. Wir werden also unseren Keltenberg bestellen, werden Gras mähen und Bäume pflanzen. Im zweiten Jahr werden wir das nicht mehr so schön finden. Und im dritten Jahr werden wir möglicherweise genauso werden wie die Leute, die wir gar nicht mögen, nämlich stur, abgekapselt, einseitig, nicht mehr aufgeschlossen der Umwelt gegenüber. Also wir brauchen Menschen.

Bauen wir uns ein Haus, das ein paar Gästezimmer mehr hat, und nehmen Geld dafür ...

Ganz genau. Nicht um Rendite daraus zu haben, sondern nur damit es seine Kosten trägt.

Deckt es seine Kosten?

Tut es. Kaufmännisch gesehen ist das ganze Haus eine Utopie. Das haben wir vorher schon gewußt. Aber es bietet hervorragende Möglichkeiten, Leute kennenzulernen, die einem etwas zu sagen haben, die interessant sind. Wir wollten es zuerst sogar »Haus der Begegnung« nennen. Es ist nicht als Hotel im üblichen Sinne konzipiert, es hat keinen Gastraum, es hat keine Theke, es ist überhaupt nicht auf Durchgangsverkehr eingestellt.

Dafür gibt es aber einen Raum, in dem wir mit unseren Gästen abends sitzen.

Wollen Sie auf Menschen einwirken?

Ich würde mir nicht anmaßen, irgendwie auf andere Menschen einzuwirken oder ihnen zu sagen, seht her, so müßt ihr leben. Mein Beispiel wird von den meisten mißverstanden. Die sagen, wie kann man nur so leben, so abgeschieden. Und wenn sie dann noch hören, daß wir nie hier wegkommen ...

Weisen Sie auch schon mal Gäste zurück?

Es kommt vor. Beispielsweise kam einmal ein Gast hier an, sehr hochnäsig, und sagt, wissen Sie, wir sind ein Freundeskreis, wir sind alle Millionäre, und wenn Sie Wert darauf legen, Leute wie uns hier zu haben, dann sorgen Sie dafür, daß diese weißen Köpfe hier verschwinden, so was mögen wir nicht.

Was für weiße Köpfe?

Die alten Leute. Daraufhin hab' ich ihm gesagt, hören Sie bitte zu, Sie sind an der ganz falschen Adresse. Suchen Sie für Ihren Freundeskreis ein anderes Unterkommen, aber nicht mein Haus.

Ich muß zu meiner fürchterlichen Enttäuschung feststellen, daß es sehr selten ist, Menschen anzutreffen, die dem entsprechen, was man erwartet. Sowohl auf kulturellem Gebiet wie auf politischem.

Sie erwarten zu viel von Ihren Gästen.

Eigentlich nicht, nein.

Aber Sie sind enttäuscht.

Ich erwarte, daß derjenige, der sich eine Meinung gebildet hat, auch weiß, wovon er spricht. Sonst sollte er lieber sagen, tut mir leid, aber da bin ich überfragt. Und nicht so tun als ob. Es ist erstaunlich, weil doch jeder die Möglichkeit hat, sich über die Fakten zu informieren, und diese Fakten sind ja letztlich für uns von äußerster Wichtigkeit. Davon hängt unsere Zukunft ab. Wie unsere Gäste oft meinen, och, der nächste Krieg wird sich am Golf abspielen. Das ist eine solche Infamie zu sagen, daß das Leben der Menschen am Golf weniger Wert hat als das unsrige. Es ist eine solche Infamie, davon zu sprechen, daß die Waffentechnik ja Gott sei Dank dazu geführt hat, daß die Werte erhalten bleiben, während die Menschenleben kaputtgehen. Schon alleine diese Tatsache, daß so gesprochen wird, die bringt mich auf die Palme. Das müßte eigentlich einen Protest hervorrufen, wie er noch nicht dagewesen ist. Da bahnt sich eine Katastrophe an, und niemand hat gelernt, auf die Straße zu gehen, jetzt, und zu schreien.

Gehen Sie auf die Straße und schreien?
Ich gehe nicht auf die Straße.
Was tun Sie?
Ich sage es Ihnen, ich sitze auf meiner Insel und habe resigniert.
So resigniert kommen Sie mir gar nicht vor.
Doch, es ist genau wie 1938, als wir die Kristallnacht erlebten und uns fragten, was können wir tun. Was sollten wir denn tun? Wenn wir auf die Straße gegangen wären und hätten geschrien, tut das nicht, das ist ein Verbrechen, dann hätte man uns am Kragen genommen und beiseite geschafft. Und genau dasselbe würde heute auch passieren.
Wer würde Sie denn heute beim Kragen nehmen und beiseite schaffen?
Entweder Sie singen das Lied, was gesungen wird, oder Sie stehen dagegen. Aber die gegenteilige Auffassung ist die Auffassung des Gegners. Hier werden keine Meinungen mehr ausgetauscht, sondern hier werden Positionen festgelegt. Wer diese Position vertritt, der ist der richtige Mann, und der andere, ja, der kann nur ein Kommunist sein. Ich will kein Kommunist sein, ich bin auch keiner, ich kann gar keiner sein, weil ich das System als falsch ansehe, aber ich kann auch nicht auf dieser Seite sein, die wir vertreten.
Sie meinen die bundesrepublikanische Gesellschaft?
Selbstverständlich. Meiner Ansicht nach ist die Bundesrepublik genauso falsch wie das System da drüben.
Warum ist das System in der Bundesrepublik falsch?
Weil es auf dem System des grenzenlosen Wachstums basiert. Dieses System hat sich als falsch herausgestellt. Dieses System ist auch der Anlaß dazu, daß wir mit in den Sog reinkommen werden.
Welchen Sog?
In den Sog, der möglicherweise in Kürze schon zum Untergang der Menschheit führen wird.

Sie meinen Krieg?
Selbstverständlich. Nicht nur die wirtschaftliche und die existenzielle Vernichtung, sondern die Vernichtung des Abendlandes, auf das wir so stolz sind und das zu verteidigen wir uns ja stark gemacht haben.
Das klingt sehr ironisch. Meinen Sie nicht, daß das Abendland Werte hat, die es wert sind, verteidigt zu werden?
Ich spreche deshalb ironisch, weil das Abendland, wie es allgemein verstanden wird, aus Kühlschrank, Auto, Fernseher und Ferienreise besteht. Der Besitzstand, die Zivilisation, ist schon der Rücktritt von der Kultur, die Rückentwicklung der Kultur. Blütezeiten der Zivilisation sind noch nie identisch gewesen mit Blütezeiten der Kultur, es sind Gegensätze.
Als historische Tatsache?
Nicht nur, ich glaube, daß die Sattheit, die wir in unserer heutigen Gesellschaft haben, die kulturelle Blüte zerstört.
Es ist gut, wenn man hungert?
Ja, genau. Das Erleben ist intensiver, impulsiver, die Ausdrucksweise ist eine andere, als wenn man satt oder sogar übersättigt ist. Wir sind alle übersättigt. Unsere Gesellschaft unterliegt dem Wahn eines grenzenlosen Wachstums. Das Wachstum kann aber nicht grenzenlos sein, denn die Grenzen sind uns ja gesetzt.
Wodurch?
Alleine dadurch, daß die Bodenschätze, auf die sich unser Wachstum stützt, begrenzt sind. Wir nutzen die Bodenschätze in einer Art und Weise aus wie keine andere Generation vor uns. Wir wissen genau, daß sie zur Neige gehen, aber wir lassen uns nichts vorschreiben, weil wir ja eine demokratische Gesellschaft sind. Wenn ein autofreier Sonntag eingeführt wird, dann fahren wir erst recht mit dem Auto. Wir wollen ja beweisen, daß wir das können. Wir können ja, und wenn der Sprit zwei Mark kostet.

Haben Sie etwas gegen die Demokratie?
Ja, habe ich. Weil der Mensch nicht reif ist, um demokratisch leben zu können. Das setzt ein hohes Maß von persönlicher Verantwortung voraus, nicht Verantwortung für sich, sondern Verantwortung für die Allgemeinheit. Für die Gesamtheit. Ob es die Gesamtheit des Volkes ist oder ob es die Gesamtheit der Menschheit ist. Wir haben einen Kolonialismus entwickelt, der anders verläuft als der der früheren Jahrhunderte. Aber wir beuten nach wie vor aus. Wir haben das in Persien mit großem Erfolg getan und auch in den Öllländern.
War es früher anders?
Eine andere Lebensweise. Ich kann ein Beispiel anführen, das ich hier tagtäglich erlebe. Nehmen Sie die Fabel von Lafontaine: Drei Jünglinge begegnen dem Großvater, der gerade einen Baum pflanzt, und schelten ihn einen Narren. Wie kann man als Greis einen Baum pflanzen? Er wird ja niemals die Früchte ernten von diesem Baum. Der Großvater sagt, ich habe von einem Baum geerntet, den mein Großvater gepflanzt hat. Und dieser Baum, den ich jetzt pflanze, ist nicht für mich bestimmt, sondern für meine Enkel, die werden die Früchte ernten.
Diese Mentalität gibt es nicht mehr.
Früher gab es sie?
Ja, ich habe sie selbst noch erlebt. Ich habe erlebt, wie hier Großväter die Bäume pflanzten und sagten, das ist für meine Enkel, und die Großväter Häuser bauten und sagten, damit es meinen Kindern besser geht. Die Leute haben sich krummgelegt.
Was hat die Änderung gebracht?
Die veränderte Lebensweise der Menschen. Es bestehen nur noch wenig familiäre Bindungen. Sie sind auf ein Minimum geschrumpft und rechtlich abgesichert. Paragraphen werden in den Vordergrund geschoben.

Heute hat man lieber eine gute Versicherung als eine große Familie.

Die Ehe zu schließen ist von vornherein ein rechtlicher Kontrakt zwischen zwei Partnern, man könnte fast sagen, Geschäftspartnern. Ich wundere mich über die Narren, die heiraten. Wenn ich einem Brautpaar ein Hochzeitsgeschenk machen würde, ich würde ihnen einen Gutschein für den Scheidungsanwalt geben. Das hört sich bitter an, aber es ist doch so. Die staatlichen Eingriffe in diese Intimbereiche, sowohl der Familie wie auch der Ehepartner selbst, sind so gravierend, daß sie doch vielen die Lust verderben. Ich möchte keine Kinder mehr haben.

Das einzige, was ich jetzt erwarte, ist der Urknall in irgendeiner Form.

Möchten Sie recht behalten?

Nein, das wäre eine billige Bestätigung, eine schreckliche Bestätigung. Aber ich bin überzeugt davon, daß wir keine anderen Aussichten haben. Der einzelne hat keine Möglichkeiten.

Sie könnten nicht durch glühende Aufrufe versuchen, die Deutschen zu bewegen...

Dazu bin ich nicht geboren. Ich stehe am Fenster, auf meiner Insel, sehe raus und sehe, wie sich das Gewitter zusammenballt. Und ich weiß, die Windrichtung geht auf mich zu. Aber ich stehe da und kann es nicht aufhalten.

Sie können trotzdem gut einschlafen?

Weil ich das als unabwendbar ansehe. Es gibt einen schönen Spruch, der heißt, ich wünsche mir die Gelassenheit, das hinzunehmen, was ich nicht ändern kann, den Mut, das zu ändern, was ich ändern kann, und die Einsicht, das eine von dem anderen zu unterscheiden. Es liegt im Menschen selbst, er müßte praktisch alles das fortwerfen, was wir bisher für richtig angesehen haben. Er müßte von unten her ein vollkommen neues philosophisches Weltbild schaffen.

Wie müßte das aussehen?
Es müßte nicht auf dem Haben beruhen, sondern auf dem Sein. Der Mensch muß im Mittelpunkt stehen. Nicht der Besitz. Der Besitz als Weg zum Sein, denn ganz ohne Haben ist Sein nicht denkbar. Und wenn es nur die Schale für den Reis ist, die man braucht, aber die ist notwendig.
Also ein Haben zum Sein. Ja. Aber nicht ein Sein zum Haben. Es ist eine ganz andere Konzeption. Ob ich nun sage, ich lebe, um zu besitzen, oder ob ich sage, ich besitze, um zu leben. Die Umverteilung ist gar nicht zu umgehen, wenn wir friedlich aus diesem Dilemma herauskommen wollen. Aber da eine solche Entwicklung nur langfristig möglich ist, die Probleme aber schon kurzfristig anstehen, glaube ich nicht daran, daß es möglich ist, etwas zu ändern. Ich glaube, daß wir dezimiert werden müssen, um den Nachfolgenden Raum zu geben.
Welchen Nachfolgenden?
Die übrigbleiben.
Nach einem Krieg?
Ja.
Haben Sie keine Angst?
Es kommt doch nicht auf die Dauer des Lebens an, sondern auf die Intensität, auf die überwertigen Ziele.
Welche sind das für Sie?
Ob man die Form gefunden hat, so zu leben, wie man es für richtig erkannt hat.
Haben Sie für Ihr Leben die richtige Form hier auf Ihrem Berg gefunden?
Das weiß ich nicht.
Wieso wissen Sie das nicht?
Ich bin ja noch nicht abgeschlossen. Ich lebe in einer ständigen Entwicklung.
Waren die vergangenen Jahre hier die für Sie richtige Form?

Ja, ja, das waren sie.
Obwohl Sie doch hier eine unglaubliche Arbeit haben?
Eine wahnsinnige Arbeit. Wir müssen nämlich vieles tun, was man normalerweise nicht zu tun braucht. Das liegt wiederum an der nicht heilen Umwelt. Seinerzeit haben wir zum Beispiel vom Forstamt die Auflagen bekommen, bestimmte Baumsorten zu pflanzen, Kiefern. Kiefern passen gar nicht in diese Vegetation, sie sind untypisch für dieses Landschaftsbild. Trotzdem hat man uns damals gezwungen. Es ging darum, einen möglichst wirtschaftlichen Wald, also einen Wald zur Ausbeutung, zu schaffen. Darum werden leider Gottes Monokulturen angepflanzt, denn die bringen am schnellsten Profit. Es geht nicht um die Ökologie, denn in der Ökologie ist eine Monokultur völlig undenkbar, für die Natur untragbar. Aber da sitzen irgendwelche Leute am grünen Tisch, die haben sich überlegt, da werden nun in der Eifel Kiefern gepflanzt, obschon es hier von Natur aus nirgendwo Kiefern gab. Der Boden ist nicht geeignet dazu. Man pflanzt also jetzt Kiefern. Der Abstand wird einem vorgeschrieben. Sie müssen in der Reihe dreißig Zentimeter voneinander entfernt sein und von Reihe zu Reihe einen Meter. Der Förster kam und guckte, ob die auch richtig gepflanzt wurden. So, und jetzt haben wir uns sehr um die Erhaltung der Kiefern bemüht, haben uns eine Arbeit gemacht, sie nun durchs Unkraut durchzubringen. Das ist an so einem steilen Berg eine fürchterliche Arbeit. Da wuchsen nun kahle Stämme hoch, und oben war ein Büschel Grün dran. Es war viel zu eng gepflanzt worden. Nach Vorschrift! Also, was mußten wir tun? Rausschneiden und wieder rausschneiden und nochmal. Wir haben in diesem Frühjahr alleine in der Zeit von Anfang März bis 30. April zweitausend Bäume rausgeschlagen.
Wer?
Meine Frau und ich. Ich kann es nicht alleine machen, denn

das sind inzwischen zehn Meter hohe Bäume geworden. Und die Stämme, samt ihren Kronen, müssen entastet werden, vom Berg runter, wegen der Brandgefahr. Eine fürchterliche Arbeit.

Der Bürokratismus dringt also auch auf Ihren Berg vor.

O ja, das gleiche haben wir jetzt eben erlebt. Wegen dem Schild, was da unten steht. Es paßt sich nicht der Landschaft an, hieß es, es muß verschwinden. Dann bin ich schikaniert worden und sollte das Schild zwanzig Meter von der Straße entfernt wieder aufbauen, aber nicht so, wie es dasteht, sondern in der Größe von dreißig mal sechzig Zentimeter. Daraufhin sage ich, das geht doch nicht, wer kann denn das Schild lesen? Antwort: Ja, wer hat gesagt, daß das jemand lesen soll. Da sag' ich, dann brauch' ich ja kein Schild. Ja, das liegt an Ihnen. Da ist eine Kommission von Koblenz gekommen von der Bezirksregierung mit sechzehn Mann. Ein Verwaltungsrichter, Schreiber, Beisitzer, Sachverständiger, Naturschutz-Sachverständige, Forst-Sachverständige, Straßenbau-Sachverständige und was weiß ich. Vergangenes Jahr standen wir unten an der Straße. Die Gäste waren außer sich. Mein Gott, das sieht ja gefährlich aus. Die Autos blieben auf der Straße stehen und fragten mich, ist hier eine Tatortbesichtigung? Ist hier einer umgebracht worden? Ich sage, ach, bleiben Sie doch bitte stehen, gleich wird nämlich hier einer umgebracht. Daraufhin sagt der Richter zu mir, Herr May, ich habe den Eindruck, Sie nehmen die ganze Sache nicht ernst. Ja, sage ich, entschuldigen Sie bitte, erwarten Sie von mir wirklich, daß ich ernstnehmen soll, wenn sechzehn erwachsene Männer sich hier zusammengefunden haben vor einem lächerlichen Schild, bestehend aus zwei Brettchen mit einem Dächelchen darüber. Und dann kommt so ein ausgewachsener Mann, der promoviert hat, mit Dr. Sowieso unterschrieben hat und sagt, ja, das Dächelchen kann nicht subsumiert werden. Den Begriff *subsu-*

miert, den mußte ich zuerst nachsehen, ich habe den Duden deswegen befragen müssen. Ich sag', das ist doch mehr als lachhaft. Und ich war so böse, wie der Herr Richter die Anklageschrift vorlas, das Schild beeinträchtigt den Naturgenuß und schädigt das Landschaftsbild und gefährdet den Verkehr und ist aus prinzipiellen Erwägungen und aus besonderen Erwägungen und laut Landschaftsschutzgesetz und laut seitenlang ...

Ein typisches Beispiel dafür, was Sie an unserer Gesellschaft stört?

Ja, genau, das ist ein ganz typisches Beispiel.

Haben Sie viele Gäste?

Die Belegung liegt so etwa bei 20 Prozent.

Das bedeutet, daß es über Dreiviertel des Jahres vollkommen leersteht. Fühlen Sie sich in der Zeit nicht einsam?

Da schneiden Sie ein Thema an, das tatsächlich sehr schwierig ist. Die schlimmste Zeit ist für unsere Familie der Winter. Wo man eigentlich annehmen sollte, daß das die schönste Zeit sein sollte, gemütlich mit brennendem Kamin, langen Abenden. Aber dann sind wir auf uns begrenzt, dann leben wir echt wie auf einer Insel. Sie wissen das von Arktisforschern beispielsweise, die auf engem Raum aufeinander angewiesen sind, ohne ihre Emotionen, die sich anstauen, loszuwerden.

Draußen könnten Sie Ihren Dampf ablassen, Kiefern hacken.

Körperkräfte, die können wir abreagieren, aber die Emotionen, die hier oben drin sitzen, in den grauen Zellen, die suchen irgendwie Ventile. Und dann sind keine da. Wenn Gäste da sind, reagiert man sich durch die Gespräche ab.

Sind Sie es nicht manchmal leid und wollen wieder nach Frankfurt zurück?

Nein, da hab' ich noch nie dran gedacht. Hier ist für uns der stärkste Zusammenhalt für die Familie. Ich könnte mir vorstellen, daß die Familie vielleicht aufgrund von manchen Schwierigkeiten, die aufgetreten sind, zerbrochen wäre ohne den Keltenberg.

Die gemeinsame Arbeit und die Last verbinden?

Genau. Heute ist das Verhältnis von Eltern und Kindern viel schwieriger geworden, weil sie keine Gemeinsamkeiten haben. Früher gab es Großsippen, Gemeinschaften. Die Kinder nahmen teil an der Tätigkeit der Eltern, sie halfen mit. Aber wie ist es denn beim Kind in der Stadt? Es weiß meistens gar nicht, was der Vater tut, was die Mutter macht. Es sieht beide nur hin und wieder, unwirsch, müde, nervös. Sie leben nebeneinander statt miteinander, auch gegeneinander.

War auch bei Ihrer Frau nie der Punkt erreicht, daß es ihr zuviel wurde, sie zurück wollte?

Vom Grundstück her nicht, wohl schon vom Hotel, das uns nicht befriedigt.

Ein Mensch, der keine Träume mehr hat, ist ein armer Mensch. Wenn man keine Träume mehr hat, ist man so gut wie tot. Träume habe ich darum immer noch.

Welches sind Ihre Träume?

Eine Art Musentempel.

Mit Yogaseminaren...?

Oh, da habe ich Erfahrungen! Wir hatten einen Lehrer der Transzendentalen Meditation hier. Das hat was gegeben. Ich weiß nicht, tendieren Sie in die Richtung?

Nein.

Dann würde ich nämlich nicht weitererzählen. Also, wir waren ganz unvoreingenommen. Eines Tages im Januar erschienen zwei Herren. Ich war gerade beim Rosenschneiden. Sie hielten mich wohl für den Gärtner, als sie an mir vorbeischritten zu meinem Sohn, und boten meinem Sohn an, die sogenannte Eifelakademie hier in unser Haus zu verlegen. Eifelakademie, das hört sich toll an. Und zwar als

Trainingszentrum für Leute mit Geld, die das bezahlen können. Denn die sind durchaus nicht weltabgewandt. Was mich dann sehr verwunderte, daß sogar die Decken mit Schaummatten gepolstert werden sollten. Die Jünger würden in dem Raum herumschweben während der Transzendentalen Meditation. Und damit sie sich nicht stoßen, sollten Wände, Boden und Decke mit Schaumstoffmatten ausgelegt werden. Es war sehr schwer, aus diesen beiden Herren herauszubekommen, worum es überhaupt ging. Bis einer sagte, unser Auftraggeber... Ich sage, dann nennen Sie doch Ihren Auftraggeber. Ja, der sitzt in der Schweiz. Ich will ja nicht wissen, ob der in der Schweiz sitzt, sondern ich will wissen, wer er ist. Es sei eine Vereinigung von Wissenschaftlern. Ja, sag' ich, unter welchem Namen denn? Ja, Eifelakademie. Nein, sag' ich, das bezieht sich doch nur hier auf die Eifel. – Sie nennt sich TM. Ja, sag' ich, hinter einem Begriff steht doch eine Person. Man soll doch nicht immer alles anonym machen, welche Person steht dahinter? Dann kam heraus, Maharishi Mahesh Yogi. Sag' ich, dann erklären Sie mir mal die Wirkungsweise, wie geht das. Als die dann erklärten, daß die Leute da drin rumschweben, da war ich so vermessen, ihn zu bitten, er möchte mir das doch mal vorführen. Darauf sagte er gleich, ja, so geht das nicht, so profan. Sie würden das Bewußtsein der Menschen erneuern. Damit kann man viel Geld machen, darum sprechen wir nur die Manager an, die das dicke Geld haben. Der einfache Kurs kostet vierhundert Mark. Wenn sie weitermachen, kostet das zehntausend Mark und der nächste Kurs zwanzigtausend. Da war natürlich bei mir der Groschen gefallen. Es vergeht ein halbes Jahr, da taucht dieser Jugoslawe auf. Ein interessanter Mann, spindeldürr, ganz asketisches Gesicht, tiefliegende brennende Augen. Ein Schüler von Maharishi Mahesh Yogi. Er brauche auch nichts essen, er nehme seine Energie aus dem Licht der Sonne.

Aß er nun wirklich nichts?
Das Frühstück begann bei ihm mit einer Tasse Milch. Dazu aß er eine Feige. Und dann guckte er mich mit wehmütigen Augen an und sagte, das genüge ihm. Wehmütig nicht etwa deswegen, weil er jetzt Schluß machen sollte, sondern deswegen, weil ich mich hemmungslos dem Genuß meines Brötchens hingab. Hinterher habe ich erfahren, daß er heimlich, bevor er überhaupt zum Frühstück kam, einen großen Teller Müsli aß.
Er besaß keinen roten Heller. Er hatte alles an Maharishi gegeben, auch seine Rücklagen in Höhe von zwanzigtausend Mark.
Zehn Millionen Anhänger soll dieser Maharishi in der ganzen Welt haben. In Südfrankreich war unser Jugoslawe zum Lehrer der Transzendentalen Meditation ausgebildet worden. Ja, sag ich, und was haben Sie heute davon? Ganz einfach, sagt er, ich kann heute die vierhundert Mark kassieren von jedem Kursteilnehmer.
Und wie war das mit dem Fliegen?
Natürlich, das könnten sie. Er wollte das nur nicht zeigen vor profanen Augen, also vor mir. Beispielsweise sei es für ihn auch überhaupt kein Problem, Gegenstände über Kilometer entfernt nur Kraft des Geistes von einer Stelle zur anderen zu bewegen.
Hat er Ihnen das vorgeführt?
Nein, das hätte ich gerne gehabt, zumal ich gerade so viele Baumstämme hier liegen hatte, die man mit Telekinese auf einen Haufen hätte schichten können.
Die zweitausend Kiefern ...
Das wäre phantastisch gewesen, aber da wollte er doch nicht recht ran. Auf jeden Fall – der hatte ein falsch verstandenes Sein.
Sie sagen, man muß auch etwas haben, um sein zu können?
Es fragt sich nur, was man haben muß. Die Gesellschaft

urteilt nur nach der Quantität des Habens. Wer viel hat, wer viel konsumiert, ist um so angesehener. Ob es das Auto ist, das Haus, die Kleidung, also die Gesamtheit des Konsums entscheidet über das Ansehen des Menschen in unserer Gesellschaft. Umgekehrt müßte es sein. Der Konsum als Notwendigkeit des Seins. Wir können nicht von der Kraft des Lichtes und aus den Energien der Sonne leben. Ich sagte Ihnen ja schon, ich habe neunundneunzig Dienstmützen und muß mir die jeweils passende anziehen.

Welches ist denn die größte Dienstmütze, Gärtner?

... und Tierversorger und, und, und ...

War das nicht damals für Sie ein großer Einschnitt, als Sie hier auf diesen Berg zogen? Mit Menschen kaum noch Kontakt hatten? Lange Spannen ganz alleine, mitten in der Natur? Ein Riesenunterschied zu dem Leben in einer Stadt wie Frankfurt. Sind Ihnen diese Dreiviertel eines Jahres, in denen Sie hier alleine sind, nicht manchmal sehr schwer geworden?

Die dreiviertel Jahre sind schwer geworden, in den persönlichen Beziehungen. Nicht von der Arbeit her.

Haben Sie vorher damit gerechnet?

Nein, das haben wir nicht gewußt. Das sind die Schwierigkeiten, die jeder hat, der lange Zeit auf engem Raum immer mit den gleichen Menschen zusammenleben muß. Von diesen Schwierigkeiten hatten wir keine Ahnung. Darum werden wir auch nie wieder, wie im vergangenen Jahr, das Haus Weihnachten schließen. Wir wollten uns einen herrlichen Winter, ein wundervolles Weihnachtsfest machen. Mit dem Ergebnis, daß man Heiligabend schon sagte, ach, umziehen, warum sollen wir uns umziehen. Und dann sagte meine Frau, ach ja, Festmenu. Du bist dick genug, ich bin dick genug, denk', du hättest schon gegessen. Es gab nichts. So daß ich demonstrativ meine Gummistiefel und den Parka anzog, mir einen großen Rechen nahm und diese Wiese hier gekehrt habe, den ganzen ersten Weihnachtstag.

Was wollen Sie damit sagen?
Es war kein Weihnachten. Ich war in einer schrecklichen Verfassung. Denn man braucht diese Tage, nicht weil Weihnachten ist, aber man braucht die Tage, um einmal auf andere Gedanken zu kommen.
Hilfsmittel...
Ja, sicher, das sind Hilfsmittel, aber ich brauche sie.
Sie brauchen gewisse Äußerlichkeiten?
Als ich 46/47 völlig einsam auf dem Berg hauste und nichts zu essen hatte, habe ich mir den Tisch festlich gedeckt, eine Damastdecke aufgelegt, eine Kerze angezündet und Blumen auf den Tisch gestellt. Dann habe ich ein Stück von meiner Bohnensuppe, die ich sehr rationieren mußte, abgeschlagen, die war draußen eingefroren. Und wenn es absolut nicht schmeckte, dann las ich Shakespeare dazu. Aber es war festlich. Ich war alleine hier und zog mich trotzdem jeden Abend nach der Arbeit um. Ich habe Regenwasser in Tonnen aufgefangen, mich und die Sachen gewaschen.
Warum sind Sie nicht damals schon geblieben?
Man wird zum Sonderling. Davor hatte ich Angst. Jetzt, mit meiner Familie, ist das etwas anderes. Die Liebe hier zum Keltenberg wurde bald sehr groß.
Wodurch kam das?
Wir haben hier viel gearbeitet. Man sah, was man tat. Man hatte einen Tag lang schwer gearbeitet und sah dann abends zufrieden auf das, was man geschaffen hatte. Das ist eine solche Erfüllung. Hinzu kam noch etwas. Das, was wir jetzt tun, das bleibt unter Umständen von uns übrig als einziger Nachweis, daß wir überhaupt gelebt haben. Man soll sein Leben nicht so nutzlos oder anonym verbringen, daß überhaupt nichts übrigbleibt. Es ist wichtig, zu wissen, daß man irgend etwas geschaffen hat, was einen überlebt.
Sie machen hier alles selbst. Dieser Brunnen mit den Schalen hier zum Beispiel. Was ist das?

Ein Grab aus der Keltenzeit. Man findet so was beim Pflügen. Die Leute hier haben seit eh und je diese Steine, die einen großen Hohlraum haben, als Sauerkrauttöpfe benutzt oder Bohnen darin eingemacht.

Sie haben einen Brunnen daraus gemacht.

Eine Bienentränke.

Wie kamen Sie zur Bienenzucht?

Wie die Jungfrau zum Kinde. Seit 1970 oder 71. Ein Gast hat es verschuldet. Der kam nachts hier an, ganz spät, und sagte, Sie haben hier eine herrliche Bienengegend. Haben Sie Bienen? Das war im Winter, alles hoch voll Schnee. Ich sage, wie wollen Sie sehen, daß wir hier Bienen halten könnten? Ja, sagt er, das sehe ich doch auf einen Blick. Wissen Sie, ich bin begeisterter Imker. Nun fing er an, über Bienen zu sprechen, und alle anderen Themen, die wir vorher hatten, waren vorbei und aus, es wurde nur noch über Bienen gesprochen. Drei Tage lang. Das wurde immer länger des Nachts, ich konnte immer weniger gegen meinen Schlaf ankämpfen, und er sagte schließlich, wohl in irgendeiner frühen Morgenstunde, ja, also Herr May, denn machen wir das so, wir bauen hier einen Bienenstand auf. Im Halbschlaf muß ich dann gerade so gelallt haben, ja, ja. Ich kann mich an nichts erinnern. Am anderen Morgen sind wir durch den hohen Schnee gestapft. Bis mittag hatte er dann eine Stelle, die er ideal fand für einen Bienenstand. Und wie das Unglück es will, stirbt im Dorf ein Imker, und die Erben wollten die Bienen nicht übernehmen und sagten, wir töten jetzt die Bienen. Da appelliert er an mich und sagt, auf Ihr Gewissen geht das. Jedes Volk hat zehntausend Bienen, zehntausend Bienen von jedem Volk werden umgebracht, wenn Sie sie nicht nehmen. Ja, diese Verantwortung konnte ich nicht tragen. Ich habe mich wirklich zähneknirschend reingefügt und gesagt, um Gottes willen ja, aber Sie müssen mir doch wenigstens die Anfangsbegriffe beibringen.

Er wollte zuerst gar nicht, daß ich Handschuhe anzog und einen Hut mit Schleier aufsetzte, denn er sagte, ein echter Imker lebt mit seinen Bienen, und die Bienen stechen ihn auch nicht. Sie müssen nur absolut ruhig sein und souverän an den Bienen arbeiten. Die Bienen fühlen das, ob Sie Angst haben oder nicht. Also, ich guck' mir das erst einmal an, Schleier aufgesetzt, Handschuhe, Kittel gut zu. Er ohne Schleier, ohne Handschuhe. Und ich hörte dann und sah, wie sich Bienen in seine buschigen Augenbrauen setzten und anfingen ssssssssss. Ach, sagt er, die machen nichts, und zerquetschte eine Biene nach der anderen. Ich war ganz unschuldig und sagte, hat die Biene Sie etwa gestochen? Nein, sie hat mich nicht gestochen. Und die nächste Biene wurde zerquetscht. Das nahm allmählich Formen an, die mich doch sehr skeptisch machten. Ach, sagt er, wissen Sie, Sie machen mich ganz nervös, und die Bienen merken das. Und aus dem Grund stechen sie. Da ist er weggegangen, und ich mußte alleine weitermachen. Kommt mir doch eine Biene unter den Schleier und summt mir vor der Nase. In dem Moment wird es einem kalt vor Grausen, man spürt richtig, wie es einem den Rücken runterläuft. Man hat nur noch ein Bestreben, die Biene muß weg. Der Imker geht dann hin und zerquetscht sie von außen durch den Schleier. Aber das konnte ich ja nun nicht verantworten und wollte die Biene retten. Ich greife mit meiner behandschuhten Hand, auf der einige hundert Bienen saßen, von unten her unter den Schleier, um die eine Biene zu retten. In dem Moment, da sah ich vor meinen Augen nur noch eine Wolke von Bienen, die haben sich von meiner Hand gelöst und sausten bei mir ums Gesicht rum. Das hört sich schrecklich an, eine Biene, besonders wenn sie aggressiv ist, die hat einen ganz hohen Ton. Sie saßen und stachen. Ich stürze aus dem Bienenhaus, Schleier runter, Hut in die Hecke geworfen und in Richtung Heiligenhaus.

Wollten Sie beten?
Da war der Brunnen vor dem Heiligenhaus. Ich konnte nur noch meinen zerstochenen Kopf unter Wasser halten, und die Bienen sausten über mir im Kreise. Und wie ich den Kopf nur raus tat, kamen sie gleich wieder. Das schwoll dann fürchterlich an. Die Lippen, die Augen, die Ohren. Ich war total verunstaltet.
Das war kein Grund für Sie, die Bienenzucht aufzugeben?
Nein, im Gegenteil, die konnten ja nichts dafür, ich war ja schuld. Ich mußte sogar gleich wieder runter, ich hatte doch den einen Stock aufgelassen.
Worin sehen Sie den Sinn all dessen, was Sie hier tun?
Der Sinn, den ich in der Gestaltung des Grundstücks und des Berges sehe, ist vor allen Dingen, eine möglichst große Vielzahl von Leben hier zu vereinigen. Tierisches und pflanzliches Leben. Aus dem Grund habe ich auch einen Baumgarten eingerichtet mit den seltensten Bäumen. Gleichzeitig erhalte ich aber auch natürlich vorkommende Bäume und pflanze sie, soweit sie nicht vorhanden sind, an. Ich siedle Tiere an, die hier leben können und leben sollen, auch wenn sie eigentlich nicht mehr vorkommen. Ich unterstütze die Tiere, die hier leben, damit sie überleben, denn sie werden ja von vielen Seiten her angegriffen und dezimiert oder ganz ausgerottet. Fledermäuse, Bussarde, Eulen, bestimmte Krötenarten...
Arche Noah?
Ja, genau. Es ist im Prinzip eine Arche Noah. Nur nicht so sicher wie die Arche Noah. Ich kann ja nicht davonschwimmen. Ich habe mir von vorneherein vorgestellt, mir einen kleinen Garten Eden zu schaffen, eine Insel der Seligen. In dem alles friedlich miteinander harmoniert. In dem das eine die Grundlage für das Leben des anderen bietet. Aus dem Grund verwende ich ja auch ungerne moderne Methoden, beispielsweise Spritzmittel, Gifte, Insektizide, Pestizide,

Herbizide. Ich versuche, das auf natürliche Weise auszugleichen.

Tun Sie das für sich selber, oder können auch andere davon profitieren?

Letztlich glaube ich, daß viele davon profitieren. Natürlich geht die heile Welt, wie ich sie hier schaffen will, nur bis zu meiner Grundstücksgrenze, denn außerhalb ist Krieg. Jeder gegen jeden und vor allen Dingen gegen die Natur. Während der Bauer bisher über Jahrtausende mit der Natur in Einklang lebte, lebt er jetzt als Fabrikant von Konsumgütern, von Lebensmitteln, gegen die Natur. Er setzt alle die Mittel ein, die für die Natür abträglich sind. Von den Spritzmitteln angefangen, die das Leben von Tierarten, die jahrtausendelang die Fluren bevölkerten, direkt vernichten. Nehmen wir beispielsweise den Fasan. Fasanengehege, soweit sie überhaupt noch vorkommen, sind tot, sie sind taub, die Eier sind unbefruchtet. Die Wachteln, Feldhühnchen und was es alles gibt, die wir sonst in Menge hier hatten, die sind Seltenheit geworden, sind Raritäten.

Ich möchte für meinen Teil das Stückchen Land, was mir gehört, in einen Garten Eden verwandeln. In ein Paradies von Menschenhand, soweit das möglich ist, und den Leuten, die hierher kommen, das vermitteln.

Sie haben diese Bank hier gebaut mit einem herrlichen Blick weit in die Eifel hinein. Wenn Sie hier sitzen, woran denken Sie dann?

Woran soll ich denken, da ich nicht die Gelegenheit habe, mich auf die Bank zu setzen?

Sie haben keine Zeit?

Nein.

Vermissen Sie diese Zeit nicht?

Ja, was ich am meisten vermisse, das ist die Muße. Das *dolce far niente,* das man eigentlich braucht, um schöpferisch Atem zu holen.

Ist das der Preis, den Sie für Ihr einfaches Leben mit der Hand zahlen?
Preis will ich nicht sagen. Ich habe ja Gelegenheit, mich mit mir selbst zu beschäftigen während der Arbeit. Man kommt da oft zu den ulkigsten Vorstellungen. So kann es durchaus sein, daß ich irgend etwas tue und bin in zeitlichem Druck, weil die Sonne schon untergeht. Und dann mit einemmal taucht irgendein altes Gedicht auf, das man irgendwann in der Schule gelernt hat. Da schimmern im Abendrot Strahlen von ferne ... Und jede schöne Wolkenbildung, die sehe ich sehr wohl. Alleine die Abendschattierungen vom Rosa bis zum Violett, das ist einmalig schön. Wenn ich zum Einkaufen in die Stadt fahre, dann bin ich krank danach. Meiner Frau geht es nicht anders. Den Tag danach fühlen wir uns ganz schlecht. Wir haben Kopfschmerzen, sind niedergeschlagen. Von diesem kurzen Aufenthalt.
Was stört Sie am meisten in der Stadt?
Die Menschen.
Warum?
Dieses Rennen, dieses Hetzen und der unglückliche Gesichtsausdruck. Gehen Sie mal durch die Stadt und sehen den Menschen in die Gesichter. Sie sehen verkniffene Gesichter, Sie sehen die Menschen bepackt, vor Weihnachten, mit Paketen voll Geschenken, und sie keuchen unter der Last. Das ist fürchterlich, die Stadtmenschen zu sehen, wenn sie sich unbeobachtet fühlen. Was anderes ist es, wenn man im Gespräch mit ihnen ist. Dann setzen sie sich eine Maske auf.
Hatten Sie immer schon Interesse für die Natur?
Überhaupt nicht.
Was gibt Ihnen die Natur heute?
Alles. Ja, alles ... Ich weiß, daß der Weg in die Katastophe mündet, die Menschheit lebt auf des Messers Schneide. Die Politiker und die profittreibenden Unternehmer, das sind

unsere Henker. Wider besseres Wissen richtet sich unsere Gesellschaft zugrunde. Wer jetzt noch bei der Möglichkeit eines zigfachen Overkills beider Seiten an eine Fortsetzung der Rüstung denkt, der ist ganz bewußt ein Henker. Wir wissen, daß wir uns gegenseitig umbringen können, und wir trachten nur danach, uns noch mehrmals umbringen zu können. Ein zigfaches Overkill reicht nicht. Wir streben ein hundertfaches Overkill an.

Meinen Sie, daß wir alle wahnsinnig sind?

Ich glaube, daß es ein Ausdruck des Wahnsinns ist, ja.

Wodurch hervorgerufen?

Vielleicht durch den Mechanismus, der in allen Lebewesen, die zu einer Überpopulation neigen, eingebaut ist, um sich selbst einzugrenzen. Man hat das Phänomen der Ratten, man hat es bei den Lemmingen. Man hat es nie erklären können. Aber Überpopulationen erzeugen asoziale Auswüchse, beispielsweise daß die sonst sehr familiär veranlagte Ratte ihre eigenen Kinder frißt. Wir fressen ja auch schon unsere eigenen Kinder. Das Jahrhundert des Kindes, als das das zwanzigste Jahrhundert anfangs bezeichnet wurde, ist das Jahrhundert geworden der größten Kindervernichtung, vom Mutterleib angefangen... Ich glaube, auch mit den besten Vorsätzen und mit den intelligentesten Leuten an der Spitze können wir das alles nicht mehr aufhalten.

Sie warten hier in Ihrem persönlichen Paradies auf die Katastrophe?

Ich warte, daß die Katastrophe kommt, ohne die Möglichkeit zu haben, das zu verhindern oder etwas dagegen zu tun. Ich glaube nicht, daß ich die Katastrophe überleben werde. Das ist auch gar nicht entscheidend. Die neue Ordnung, die danach kommt, eine ganz neue Ordnung, das ist viel wichtiger. Entwicklungsgeschichtlich befinden wir uns viel zu nah an der Steinzeit, als daß wir heute in der Lage wären, unserer veränderten Umwelt auch veränderte Haltungsweisen, veränderte Denkschemata entgegenzusetzen. Wahrscheinlich ist uns das erst möglich, wenn das große Ende gekommen ist. Der Mensch heute fühlt sich seiner Persönlichkeit beraubt. Er ist frustriert, ein häßliches Wort. Aber tatsächlich ist es doch so, daß er nur noch ein Rädchen im Getriebe ist und nur noch eine Funktion ausübt, die nicht befriedigen kann. Weil er nicht mehr der Schöpfer ist. Selbst der Schreiner, der den Stuhl herstellte, konnte sagen, diesen Stuhl habe ich gemacht. Was kann denn heute ein Fabrikarbeiter sagen? Ich habe da einen ganz Tag lang Löcher gestanzt. Die jetzige Generation hat das Denken nicht gelernt, die werden manipuliert durch Fernsehen, Radio und die Massenmedien. Sie sind nicht fähig, ihre Meinung zu entwickeln, und daher sind sie gefährlich.

Haben Sie früher so viel nachgedacht? Sie haben gearbeitet wie ein Wahnsinniger, um viel Geld zu verdienen...

Natürlich, damals war das für mich ganz normal. Im Grund genommen haben wir nicht gelebt. Man braucht Zeit und Ruhe, ohne Ablenkung, ohne Fernsehen, um sich selbst zu entdecken. Sich in sich zu versenken. Ich möchte wünschen, daß die Jugendlichen heute diese Möglichkeit haben.

Bücher zur Sache

Manfred Blödorn
Der Olympische Meineid
Idee und Wirklichkeit der Olympischen Spiele
288 Seiten

Nigel Calder
Atomares Schlachtfeld Europa
Report über die Wahrscheinlichkeit
eines Atomkrieges in den 80er Jahren
Mit einem Vorwort von Rüdiger Lentz, 248 Seiten

Karl Corino (Hrsg.)
Intellektuelle im Bann des Nationalsozialismus
256 Seiten

Lea Fleischmann
Dies ist nicht mein Land
Eine Jüdin verläßt die Bundesrepublik
Mit einem Nachwort von Henryk M. Broder
272 Seiten

Barbara Franck
Ich schau in den Spiegel und sehe meine Mutter
Gesprächsprotokolle mit Töchtern
240 Seiten

Hoffmann und Campe